VIELGEPRÜFTES ÖSTERREICH

PAUL LENDVAI

VIELGEPRÜFTES ÖSTERREICH

Ein kritischer Befund
zur Zeitenwende

ecoWING

Sämtliche Angaben in diesem Werk erfolgen trotz sorgfältiger Bearbeitung ohne Gewähr. Eine Haftung der Autoren bzw. Herausgeber und des Verlages ist ausgeschlossen.

Gendererklärung
Der besseren Lesbarkeit wegen verwendet der Autor im nachfolgenden Text zumeist die Sprachform des generischen Maskulinums. Personenbezogene Aussagen beziehen sich auf alle Geschlechter.

1. Auflage

Medieninhaber, Verleger und Herausgeber:
Red Bull Media House GmbH
Oberst-Lepperdinger-Straße 11–15
5071 Wals bei Salzburg, Österreich

Satz: MEDIA DESIGN: RIZNER.AT
Gesetzt aus der Palatino, Bauer Bodoni

Umschlaggestaltung: nita. studio für visuelle gestaltung.
Umschlagmotiv: Fotografie (c) Florian Rainer
Autorenillustration: Claudia Meitert/carolineseidler.com
Printed by Finidr, Tschechien
ISBN: 978-3-7110-0269-3

INHALT

VORWORT

Ich gehöre zu einer Minderheit mit einer Bindestrich-Identität in Österreich: als gebürtiger Ungar mit einem fremden Akzent in einem deutschsprachigen Land, als Jude unter Katholiken und Protestanten, ohne Verwandte im Land, da meine verstorbene Frau Margaret Engländerin war und meine geliebte Frau Zsóka eine waschechte Budapesterin ist wie ich.

Und trotz allem sage ich mit Joseph Roth in der *Kapuzinergruft*: Österreich ist »kein Staat, keine Heimat, keine Nation«, sondern »eine Übernation«, das einzige Land jedenfalls auch für mich, wo ich, wie weiland Roth, »zugleich Patriot und Weltbürger« sein kann. Das vorliegende Buch ist eine kritische Fortsetzung meines Werkes *Mein Österreich – 50 Jahre hinter den Kulissen der Macht*. Es war das beliebteste politische Sachbuch der Österreicher im Jahr 2008. Dieser »kritische Befund zur Zeitenwende« ist härter im Urteil über das politische Personal, aber – so hoffe ich – nicht ungerecht.

Diese Schrift eines vielgeprüften Neuösterreichers über ein vielgeprüftes Österreich, das mich, wie so viele vor mir, am 4. Februar 1957 aufgenommen und am 29. September 1959 eingebürgert hat, ist ein Produkt der kritischen Liebe und der tief verwurzelten Dankbarkeit, aber zugleich auch der Sorge um die Zukunft. Deshalb habe ich mit über 50 Politikerinnen und Politikern sowie Persönlichkeiten des öffentlichen

Lebens Gespräche geführt (ihre Namen stehen in der Danksagung am Ende dieses Buches), die zeitgeschichtlichen Analysen und Dokumente verarbeitet und meine persönlichen Erlebnisse zusammengefasst.

Ich beschäftige mich nicht mit der Frage »Was wird kommen?«, sondern mit den Lehren der Vergangenheit dafür, was wir vermeiden und was wir tun sollen. In diesem Sinne ist das Buch also ein Weckruf.

Wien, im Juni 2022

DIE LAST DER VERGANGENHEIT

Es war in den 1960er-Jahren, zur Zeit der ersten Verhandlungen über die Einbindung des neutralen Österreichs in die europäische Integration trotz des wachen Misstrauens der Sowjetunion als Signatarmacht des österreichischen Staatsvertrages: Bei einer Pressekonferenz des Präsidenten der Industriellenvereinigung, Franz Josef Mayer-Gunthof, für die Auslandspresse hatte der Wiener Korrespondent der *New York Times*, Mike Handler, leicht irritiert die Frage gestellt: »Warum spricht der Präsident, wie auch manche andere Gesprächspartner, stets über die ›besondere Position‹ dieses Landes?«

Mayer-Gunthof, der in Oxford studiert hatte, antwortete ihm in fließendem Englisch mit einem improvisierten Kurzreferat über den kurvenreichen Weg zur Zweiten Republik, vom Zusammenbruch der Doppelmonarchie über die NS-Zeit und den Zweiten Weltkrieg bis zur Erlangung der vollen Unabhängigkeit durch den Staatsvertrag. Er gehörte zur Gründergeneration und war stolz darauf, den ersten Nachkriegskredit für Österreich mit der Londoner Hambros Bank erfolgreich verhandelt zu haben. Als junger Wiener Korrespondent des Weltblattes *Financial Times* und wohl auch als frischgebackener österreichischer Staatsbürger (seit September 1959) war ich tief beeindruckt von seiner eleganten und überzeugenden Verteidigung des Opfermythos und des Sonderweges Österreichs zwischen den Blöcken.

Erst im Rückblick, nach mehr als 60 Jahren des Erlebens und des Studiums des »Österreich-Komplexes«[1], konnte ich begreifen, wie tief mich bei meiner Beschäftigung mit der österreichischen Geschichte die Erinnerung an diese Szene und an viele ähnliche Gespräche mit dem damaligen Außenminister Bruno Kreisky und mit befreundeten Historikern wie unter anderen Adam Wandruszka und dem Sozialphilosophen Norbert Leser geprägt haben. Doch es besteht kein Zweifel, dass das unerschütterliche Grundgerüst meiner Haltung gegenüber Österreich vor allem in Krisensituationen bis heute auch die unendliche Dankbarkeit geblieben ist, dass dieses Land und seine Menschen mir, dem Zugereisten, wie Hunderttausenden anderen, in »finsteren Zeiten« (Bertolt Brecht) nicht nur einen Reisepass, sondern auch eine neue Heimat geboten haben.[2]

Trotz dieser Solidarität wäre es töricht, die unverkennbare Verschlechterung der innenpolitischen Lage und der internationalen Position des Landes in den letzten Jahrzehnten, vor allem seit dem Ende der Kreisky-Ära (1970–1983), zu übersehen. Als Auslandskorrespondent und später als Chefredakteur der Osteuropa-Redaktion des ORF und Intendant von *Radio Österreich International* habe ich nicht nur den Aufschwung unseres Landes, sondern auch die Umbrüche und Krisen, nicht zuletzt im Spiegel meiner Beziehungen zu maßgeblichen Politikern, erlebt. Diese persönlichen Eindrücke und Erfahrungen bestimmen auch meine Analyse der Wendungen in der Zeitgeschichte und der Rolle des Erbes der Vergangenheit in den nächsten Kapiteln.

Die Frage der Identität

Alles, was man auch heute über Österreich sagt, muss von der grundsätzlichen These ausgehen: »Es gibt kein geschichtliches Gebilde in Europa, dessen Existenz so sehr mit den Identitätsproblemen seiner Mitglieder verbunden ist wie Österreich.«[3] Diese Feststellung stammt von Friedrich Heer, dem bedeutendsten Denker der Zweiten Republik. Dass dieser so produktive, noble Freidenker, »ein rückwärtsgewandter Prophet« (Gerhard Roth), trotz wiederholter Versuche keine Professur an der Wiener Universität bekommen hat, ruft den Fall von Sigmund Freud in Erinnerung. Der epochale Gründer der Psychoanalyse wurde wegen seines Judentums von der Universität ferngehalten, Heer wegen seiner offenen Geisteshaltung. Ich erinnere mich an unser letztes Treffen kurz vor seinem Tod. Er hatte einen Text zur Diskussion über die Provinzialisierung Österreichs in der *Europäischen Rundschau* verfasst und mich zu einem Gespräch in sein winziges Dramaturgen-Büro im Burgtheater eingeladen. Die Kluft zwischen seinem internationalen Ruf und seiner schäbigen Behandlung durch das offizielle Österreich provozierte und bestätigte zugleich seine bittere Diagnose: »Eine innere Geschichte der Zweiten Republik musste sich vorrangig mit der Verhinderung der Ausbildung kultureller Funktionen Österreichs durch Träger unserer beiden vorrangigen Nationallaster, Neid und uneigennützige Gemeinheit, beschäftigen.«[4]

Die Hass-Liebe-Hass-Beziehung so vieler österreichischer Schriftsteller zu ihrer Heimat hängt mit dem »Sonderfall Österreich«, mit der Gratwanderung zwischen der Dämonisierung im Ausland und der Verniedlichung im Inneren, geprägt von der Verstrickung des Landes in den Nationalsozialismus, zusammen. Das aus der Konkursmasse der von den Siegerstaaten des Ersten Weltkriegs zerschlagenen Donaumonarchie künstlich entstandene Restösterreich nannte man »eine Republik ohne Republikaner«, »ein Land ohne Existenzberechtigung«, »ein Land ohne Namen«, »einen Staatskörper ohne Herz«.

Diese Dialektik zwischen Außenbild und Selbstbild der Österreicher, die zur Herausbildung so vieler Klischees und Vorurteile geführt hat, kann nur vor dem Hintergrund des Zerfalls Österreich-Ungarns, der Schrumpfung eines Staatsgebildes von rund 680 000 auf knapp 84 000 Quadratkilometer und von 51 auf 6,5 Millionen Einwohner, der Verwandlung einer europäischen Großmacht mit dem »buntesten Völkergemisch Europas« (Friedrich Umlauft) in einen verstümmelten Kleinstaat begriffen werden, handelte es sich doch bei der Doppelmonarchie um flächenmäßig den zweitgrößten und nach Einwohnern den drittgrößten Staat Europas. Auch der Weg zum »Anschluss«, der Jubel nach dem Einmarsch der deutschen Truppen und der Massenrausch am Heldenplatz können ohne die mit dem Zusammenbruch der österreichisch-ungarischen Monarchie verbundene Zäsur nicht erklärt und nicht verstanden werden.

Es ging in diesem »Staat, den keiner wollte« (Hellmut Andics) um »das österreichische Identitätsproblem im 20. Jahrhundert« schlechthin, darum nämlich, dass die Bürger »erst lernen mussten, Österreicher zu sein«[5], zumal in der Monarchie die deutschsprachigen Bewohner einfach Deutsche genannt wurden. Sie sahen sich als die eigentliche Staatsnation nicht nur der deutschsprachigen Reichshälfte, sondern der ganzen Habsburgermonarchie. Dieser Staat wider Willen nannte sich »Deutsch-Österreich«, eine Republik, die »Bestandteil des Deutschen Reichs« sei. Infolge des Anschlussverbotes der Siegermächte musste Österreich seinen Namen von »Deutsch-Österreich« bald auf »Republik Österreich« umändern.

In seinem literarischen Testament, *Die Welt von gestern*, schrieb Stefan Zweig: »Zum ersten Mal meines Wissens im Lauf der Geschichte ergab sich der paradoxe Fall, dass man ein Land zu seiner Selbstständigkeit zwang, die es selber erbittert ablehnte.« Die politischen Eliten, allen voran die Sozialdemokraten, natürlich auch die Deutschnationalen, weniger die christlich-sozialen Konservativen, lehnten den Rumpfstaat ab. Sie alle, Karl Renner, Staatskanzler der Ersten und Bundespräsident der Zweiten Republik, ebenso wie Otto Bauer, sein Rivale und herausragender Kopf der Sozialdemokratie sogar noch im Exil, waren für den Anschluss an Deutschland.

Eine Geschichte aus den Memoiren des Bundespräsidenten (1957–1965) und ersten SPÖ-Vorsitzenden nach dem Zweiten Weltkrieg Adolf Schärf liefert den überzeugendsten Beweis, wie tief die Idee des Anschlusses verwurzelt war. Im Frühsommer 1943 widersprach Schärf in Wien einem deutschen Sozialdemokraten, der ihn und die österreichischen Genossen um die Unterstützung des geplanten Aufstandes gegen Hitler ersucht und davon geschwärmt hatte, dass der Anschluss auch nach Hitlers Niederlage aufrechterhalten bliebe: »Der Anschluss ist tot. Die Liebe zum Deutschen Reich ist den Österreichern ausgetrieben worden …« Der britische Historiker der österreichischen Geschichte, Gordon Brook-Shepherd, wies allerdings darauf hin, dass die berühmte Schärf-Aussage hierzulande »zwar oft zitiert wurde, doch hielt niemand von den Österreichern kurz inne, um sich darüber zu wundern, dass ein achtbarer und intelligenter Mann wie Schärf erst fünf Jahre unter den Nazis und Piefkes leben musste, um seinen alten sozialistischen Traum aufzugeben – und selbst dann nur, weil ein Deutscher versuchte, ihn am Leben zu erhalten.«[6]

In seinem großartigen Werk *Der Kampf um die österreichische Identität* wies Friedrich Heer darauf hin, dass der »permanente Bürgerkrieg« in der Ersten Republik 1918–1938 die Folge der gegensätzlichen, in Tiefenschichten verwandten Identitätskrisen von Österreichern gewesen sei. Über die Zahl von rund 540 000 im Jahre 1947 registrierten Nationalsozialisten hinaus[7], Familien mitgerechnet, schätzte Brook-Shepherd, dass vor der Amnestie von 1948 ein Viertel der Bevölkerung vom Entzug des Wahlrechts betroffen war. Die Arisierung von 70 000 von Juden bewohnten Wohnungen, Geschäften und Unternehmen trug zum »Beginn einer einzigartigen Übung in Massenamnesie« bei, stellte Brook-Shepherd sarkastisch fest: »Zehn Jahre nach dem Anschluss und nicht einmal drei Jahre nach dem Ende des Hitler-Terrors hatten die Österreicher bereits begonnen, ihr Gedächtnis auszumustern und damit auch ihr Gewissen.«[8]

Friedrich Heer zeigt in seinem oben genannten Werk auch auf, dass die »heißen Eisen« der Identitätskrisen der Österreicher im Schatten der Besatzungsmächte von den führenden Politikern und den Medien verdeckt wurden. Erst nach dem Staatsvertrag von 1955 fragten sich die Menschen – sehr spät und sehr zögernd: »Was ist Österreich? Was ist der Österreicher? Welchen *Lebenssinn* [kursiv im Originalzitat] hat es, Österreicher zu sein? Gibt es eine österreichische Nation?«[9] Heer beschreibt auch die leidenschaftliche Diskussion über die Existenz einer österreichischen Nation, die in der von Friedrich Torberg herausgegebenen Monatsschrift *Forum* 1955–1956 veröffentlicht wurde, ausgelöst durch die Warnung des Historikers Ernst Hoor vor der Berufung auf Österreichs Charakter als »zweiter deutscher Staat« und auf seine »deutsche Mission«. Er hatte die »antiösterreichische Geschichtsfälschung« angegriffen, die »das immer noch schwächliche Fundament unserer nationalen und staatlichen Gemeinschaft« untergrabe.

Das Bekenntnis zur österreichischen Nation

Damals und noch Jahrzehnte später handelte es sich bei den Debatten um die österreichische Nation keinesfalls um abstrakte Streitigkeiten. Im Jahr 1956 behauptete jeder zweite Befragte, dass die Österreicher keine Nation seien, auch 1964 bekannten sich nur 47 Prozent zu einer österreichischen Nation; allerdings meinten immerhin 23 Prozent, »die Österreicher beginnen sich bald als Nation zu fühlen«. Obwohl bis zum Ende der 1970er-Jahre der Anteil derjenigen, die sich zur österreichischen Nation bekannten, auf zwei Drittel stieg und der Anteil jener, die das nicht taten, auf 16 Prozent sank, blieb Heer in einem Ende 1978 veröffentlichten Artikel in der *Solidarität*, dem Organ des Österreichischen Gewerkschaftsbundes, nach vielen Gesprächen mit Schülern, Gymnasiasten und Studenten sehr pessimistisch: »Noch immer wissen unsere Schüler über die neue Geschichte so viel wie gar nichts (...) Warum werden brennende Ereignisse weggewischt, überschwiegen oder verharmlost, die zum 13. März 1938 führten?? Die Gründe sind einfach: weil Geschichte weh tut. Nahezu alle älteren Österreicher, und hier bereits auch jüngere Jahrgänge, die aber durch ihre in der Ersten Republik Österreich und im Dritten Reich zu Erfolg oder Misserfolg gekommenen Väter und Mütter belastet sind – Familiengeschichte gehört zu den heikelsten Bereichen der Geschichte –, sind mit Narben behaftet. Mit Narben, von denen sie nicht gerne sprechen (...) Die Tragödie Österreichs besteht aus den Tragödien von Menschen, die mit ihren persönlichen Vergangenheiten nicht fertig wurden, auch heute noch nicht, wenn man sie ankratzt oder auch nur antippt, nicht fertig geworden sind und deshalb nicht darüber sprechen wollen. Und schon gar nicht wollen, dass ›ihre‹ Kinder, die ja gar nicht ihnen gehören, sondern dem Volkskörper, der Gesellschaft Österreich, in der Schule davon erfahren.«

Dass das deutsch-österreichische Problem auch grenzüberschreitende Aspekte aufwies, bestätigte die lebhafte Diskussion, die der umstrittene Aufsatz des Kieler Historikers Karl Dietrich Erdmann – »Drei Staaten – zwei Nationen – ein Volk?« – 1986 ausgelöst hat. Erdmann bezog sich damals auf die Bundesrepublik Deutschland, die DDR und – als dritten Staat und zweite Nation – Österreich. Er sprach sogar von der »Dreistaatlichkeit der deutschen Mitte Europas« oder vom »dreigegliederten Deutschland«. Die große Mehrheit der österreichischen Historiker lehnte Erdmanns Thesen vehement als »unzulässig« und »absurd« ab. Gerald Stourzh, der angesehene Geschichtswissenschaftler, warnte vor einer »Tendenz zur Wiedervereinnahmung« und vor einer Wiederbelebung großdeutschen Gedankentums, vor einer womöglich nicht nur musealen »Heimholung ins Reich«. Die grenzüberschreitende Debatte wurde vor allem hinsichtlich der Einbeziehung Österreichs in das Konzept für das geplante Deutsche Historische Museum in West-Berlin angezündet, zumal Erdmann auch der Sachverständigenkommission für das Museum angehörte.[10]

Die medial wirkmächtigste politische Kontroverse, ausgerechnet im Kontext des Gedenkjahres 1988 zur 50-jährigen Wiederkehr des »Anschlusses«, hat Jörg Haider, der damalige

Landeshauptmann Kärntens, ausgelöst. In einem Fernsehinterview im ORF-*Inlandsreport* am 18. August 1988 bezeichnete Haider die österreichische Nation als eine »ideologische Missgeburt. Denn die Volkszugehörigkeit ist die eine Sache, und die Staatsangehörigkeit ist die andere Sache«. Dieser Ausspruch stand in der Tradition des Verhältnisses der FPÖ zum Deutschnationalismus und Nationalsozialismus. Später, noch unter Haider, schlug die FPÖ, die auch heute unter Herbert Kickl als »Heimatpartei« gilt, eine patriotische Linie ein, allerdings im Zeichen der unveränderten Fremdenfeindlichkeit.

Seit dem Staatsvertrag und dem Neutralitätsgesetz 1955 als identitätsstiftende Ereignisse wurde aus dem »Staat, den keiner wollte« allmählich »einer, den alle wollen« (Rudolf Burger). Trotz der Kritik an der Neutralität als inhaltsleere Formel wollten 2019 noch immer 79 Prozent der Befragten an der Neutralität festhalten.[11] Auch die ausdrückliche Bejahung der österreichischen Nation hat bis 2007 eine Spitze mit 82 Prozent erreicht, 8 Prozent sehen Österreich auf dem Weg dahin. Nur 7 Prozent antworteten mit einem Nein.

Der neue Patriotismus

Die so rasche Identitätsbildung, wohl auch verbunden mit der wirtschaftlichen Erfolgsgeschichte nach zwei Weltkriegen, nach dem Verlust zuerst der Großmachtstellung und dann der Unabhängigkeit, dürfte man auch im historischen Rückblick als fast beispiellos bezeichnen. Wie so oft hat auch in dieser Hinsicht Bruno Kreisky, der wohl bedeutendste Staatsmann Österreichs im 20. Jahrhundert, die treffendsten Worte gefunden. In einem langen Gespräch anlässlich des

25. Jahrestages des Staatsvertrags im Frühjahr 1980 sagte er mir unter anderem: »Der österreichische Patriotismus ist jedenfalls deshalb so überzeugend, weil er so selbstverständlich, so natürlich und so wenig plakativ ist. Die Formel des ›Deutschland, Deutschland über alles‹, die immer so verstanden wurde, dass es über allen sein soll, und jene österreichische Formel, dass alles Erdreich Österreich untertan sei, alle diese Formeln sind nicht mehr gültig für einen echten Patriotismus. Ein echter Patriotismus ist relativ still, will das eigene Land und stellt es gar nicht zur Diskussion. Es gibt unter jungen Leuten gar keine Diskussionen wie zu meiner Zeit, ob Österreich da sein oder bleiben soll oder nicht. Es ist ja auch verschwunden. Heute nimmt jeder mit größter Selbstverständlichkeit zur Kenntnis, dass Österreich so ist wie die Schweiz und dass es Österreich so geht wie Holland.«[12]

Von einer Deutschland-, Habsburg- oder Monarchie-Nostalgie kann seit vielen Jahren keine Rede sein. Im Gegensatz zu dem von Kreisky auch in seiner parlamentarischen Abschiedsrede (28. September 1983) gepriesenen »stillen Patriotismus« steht aber der bei Sportübertragungen zuweilen peinlich anmutende und auch im internationalen Vergleich rekordverdächtige Nationalstolz der Österreicher. In seinem grundlegenden Werk *Die paradoxe Republik* bietet der Historiker Oliver Rathkolb mit dem Schlüsselbegriff »Austrosolipsismus«, der permanenten, krankhaften Ichbezogenheit, eine Erklärung für den extrem überhöhten Nationalstolz, dessen fortdauernde Wurzeln er bereits in den Nationalkonflikten der letzten Jahrzehnte der Monarchie und in der dominierenden Stellung der deutschsprachigen Minderheit über die anderen Minderheiten (mit Ausnahme der Ungarn ab dem Ausgleich 1867) sieht. Hier fasst er auch die theoretischen Diskussionen über die Definitionen von Nation und

Identität mit der Betonung des Trends zur allgemeinen Akzeptanz der österreichischen Nation als Staatsnation, als »politische Willensgemeinschaft«, zusammen.[13]

Ich komme noch zurück auf Anlassfälle für die permanente Selbstbespiegelung zwischen tief sitzendem Minderwertigkeitsgefühl und maßloser Überschätzung. Man sieht das Ausmaß des Erfolgserlebnisses und der Verwandlung der Zweiten Republik im Unterschied zur Ersten auch am Beispiel der Kennziffer über die Auswanderung der Deutschen nach Österreich. Heute sind die Deutschen die mit Abstand größte Gruppe unter den in Österreich lebenden ausländischen Staatsangehörigen. Am 1. Januar 2021 lebten 208 732 deutsche Staatsangehörige in Österreich, verglichen mit 144 102 Anfang 2011. Wer hätte gedacht, dass das kleine Nachbarland das bevorzugte EU-Zielland deutscher Auswanderer sein würde? Braucht man einen besseren Beweis für die Überwindung des »Deutschland-Komplexes« im Zeichen der politischen und wirtschaftlichen Überlebensfähigkeit?

Es wäre trotzdem unklug, die Ergebnisse der diversen Meinungsumfragen über den so raschen Nationsbildungsprozess zum Nennwert zu nehmen. Eine im Juni 2019 durchgeführte empirische Online-Befragung über das österreichische Nationalbewusstsein ergab zum Beispiel nur einen Wert von 73 Prozent für die Bestätigung einer österreichischen Nation, statt 82 Prozent wie 2007 festgestellt. Diesmal sahen 7 Prozent Österreich auf dem Weg dorthin, 8 Prozent verneinten.[14] Ob dieser überraschende Rückgang nur methodische Gründe hat, muss dahingestellt bleiben. Besonders deutlich ist die Ablehnung bei den Sympathisanten der FPÖ: Nur 69 Prozent sehen in Österreich eine eigenständige Nation, während 14 Prozent dies verneinen. Dieser mit Abstand höchste Negativ-Wert dürfte trotz der Betonung des Charakters der FPÖ als »Heimatpartei« durch die Parteispitze die starken deutschnationalen Wurzeln bei den Anhängern widerspiegeln.

Das große Schweigen

Ich will hier nicht den Erfolg der Identitätsförderung bestreiten, aber doch davor warnen, die großdeutschen Tendenzen und die Wirkung der familiären Traditionen, vor allem das Schweigen über die Verstrickung der Vorfahren oder Freunde in der NS-Zeit, außer Acht zu lassen. Ich rufe nur drei persönliche Erfahrungen in Erinnerung, die auch ich selbst verdrängt habe. Einer meiner ältesten Freunde war Prof. Dr. Adam Wandruszka (1914–1997), der herausragende Historiker, den ich in Warschau auf meinem Weg nach Österreich im Januar 1957 kennengelernt habe, er war damals Ressortchef für Außenpolitik der *Presse*. Er hat mir, wie auch unserem gemeinsamen Freund, dem amerikanischen Zeithistoriker Dennison Rusinow, bei der Knüpfung wertvoller Kontakte geholfen. Mit seiner Hilfe fand ich den Weg zur *Presse* als Ostkommentator und traf ihn auch in Köln, wo er zwischen 1959 und 1969 Professor an der Universität war. Er lud mich nach meinen Auftritten bei Werner Höfers TV-Frühschoppen mehrmals ein. Als ich ihn einmal fragte, warum er eigentlich in Köln und nicht an der Wiener Universität sei, erklärte er mir ohne Umschweife, er sei NS-Studentenführer gewesen und deshalb sei seine Berufung abgelehnt worden. Nachdem er 1969 doch Professor für österreichische Geschichte an der Wiener Universität wurde, habe ich ihn und seine italienische Frau von Zeit zu Zeit, auch zusammen mit dem nach dem »Anschluss« emigrierten, angesehenen amerikanischen Historiker Robert A. Kann, getroffen. Ich hörte von ihm seinerzeit nur, dass er sich in der amerikanischen Kriegsgefangenschaft im Lager Concordia im Bundesstaat Kansas 1943–1946 von seiner Vergangenheit distanziert hatte. Er hat jedenfalls zu den wenigen Österreichern gehört, die ihre Vergangenheit nicht beschönigt oder verschwiegen haben. Wie in so vielen ähnlichen Fällen habe ich ihn nicht gefragt, was er damals gemacht hat. Auch er hat mich nie gefragt, wie ich in Budapest die Judenverfolgung überlebt habe. Diese gegenseitige Zurückhaltung war in der damaligen Zeit eher die Regel als die Ausnahme. Erst bei den Recherchen für dieses Werk erfuhr ich aus einem Interview, dass Wandruszka sogar illegaler Nazi gewesen und bereits 1933 in die SA eingetreten war.[15] Warum habe ich ihn nie über seine Vergangenheit gefragt? Wohl aus demselben Grund, warum ich in zwei anderen Fällen, mit noch engeren Freunden, heikle Themen vermieden habe.

Prof. Dr. Franz Gerstenbrand (1924–2017) war ein auch international angesehener Neurologe und Begründer der Komaforschung in Wien, der lange Jahre mich und meine später verstorbene Frau nicht nur behandelt hat – wir sind darüber hinaus auch enge Freunde geworden. Dass er auch mit Bundeskanzler Bruno Kreisky über die ärztliche Betreuung hinaus freundschaftliche Beziehungen gepflegt hat, trug zu unserer Eintracht bei. Er war in Mähren in der Tschechoslowakei aufgewachsen, war im Zweiten Weltkrieg Kampfflieger in der deutschen Luftwaffe, studierte und habilitierte sich an der Wiener Universität. Er stand mir in schwierigen persönlichen Situationen seelisch bei. Trotzdem sprach ich mit ihm nie über seine Vergangenheit. Auch dann nicht, als seine Frau mir erzählte, dass er ihr nach der Lektüre meiner Erinnerungen, unter anderem über den ungarischen Holocaust, gesagt habe, er schäme sich, ein Deutscher zu sein.

Wohlgemerkt, nach vielen Jahren und Erfolgen in Wien bezeichnete er sich nicht als Österreicher. Auch diesmal schwieg ich und habe das Thema nicht angeschnitten. Wohl deshalb, weil ich Angst vor seiner Vergangenheit in der NS-Zeit hatte.

Im dritten persönlichen Fall ist es irgendwie umgekehrt. Ein sehr enger Freund von mir ist ein ehemaliger bürgerlicher Spitzenpolitiker und erfolgreicher Unternehmer, einige Jahre jünger als ich, der mir beruflich sehr viel geholfen hat. Wir haben uns sehr oft getroffen und uns immer offen über Politik und Wirtschaft unterhalten. Ich habe meiner Frau gesagt, falls mir etwas passiert, müsse sie sofort diesen Freund als Ersten kontaktieren. Selbstverständlich habe ich ihm auch alle meine Bücher sofort nach Erscheinen mit einer Widmung geschenkt. Während dieses halben Jahrhunderts der persönlichen Freundschaft erfuhr ich bloß, dass er als kleiner Junge bereits für die NS-Eliteschule Napola vorgesehen gewesen war. Er hat mich nie über meine Erfahrungen während des Krieges befragt, obwohl das alles in mehreren meiner Bücher detailliert geschildert ist. Ich vermute, dass er diese bis heute auch nicht gelesen hat.

Niemals vergessen!

Diese drei Fallbeispiele können als isolierte persönliche Erlebnisse registriert werden. Doch ich vermute, dass das von Friedrich Heer kritisierte Schweigen nicht nur die Lehrer, sondern auch die Generation der Großeltern und Eltern geprägt hat, vor allem in den Familien der schwer Belasteten und der Nutznießer der groß angelegten Arisierung von Zehntausenden Wohnungen, Geschäften und Unternehmen, vor allem in Wien. Die Juden sind – in einer Formulierung des französischen Historikers Jacques Le Goff – das »Gedächtnisvolk par excellence« geworden. Für jeden einzelnen Juden hat daher immer, so Elie Wiesel, der Schriftsteller, Holocaust-Überlebende und Friedensnobelpreisträger in einem Interview, die Maxime gegolten: »Jude sein heißt, sich zu erinnern.«[16]

Natürlich gilt auch für die österreichische Geschichte nach 1945 die Maxime Nietzsches, der seinen Lesern empfiehlt: »die Kunst und Kraft, vergessen zu können«, denn, so Nietzsche weiter: »zu allem Handeln gehört Vergessen« und »selig sind die Vergesslichen«.[17] Doch für mich, wie wohl für die meisten von der Shoah direkt oder familiär betroffenen Menschen, kann vieles nicht einfach »vergeben und vergessen« werden. Ich habe immer wieder – so 1973 nach der Schließung des Transitlagers Schönau für russische Juden, 1986 zur Zeit der Waldheim-Affäre und 2000 nach der Bildung der ÖVP/FPÖ-Regierung – unser Land gegen Pauschalverdächtigungen mit voller Überzeugung in Reden und Artikeln im Ausland verteidigt.[18] Ich anerkenne auch den unbestrittenen Wandel und die Leistungen bei der Aufarbeitung der Vergangenheit. Trotzdem oder gerade deshalb war ich vom Skandal um die unbeschreiblichen Liederbücher der schlagenden Verbindungen und die saloppe Art der Rechtfertigung durch die führenden FPÖ-Funktionäre (»Wir wussten es nicht«, »es wurde ja nicht gesungen«) tief betroffen. Auch der rasante Wiederaufstieg der FPÖ ab 2008 hat meine Besorgnisse über das nach wie vor große Reservoir der potenziellen FPÖ-Wähler bestätigt. Sowohl die vorher erwähnten Beispiele aus dem Freundeskreis wie auch die Vorgänge bei den Demonstrationen während der Pandemie lassen berechtigte Zweifel an der Stichhaltigkeit mancher schön klingenden Umfrageergebnisse über die Vergangenheit aufkommen.

Das zweifellos positivste Beispiel in dieser Hinsicht in meinem Bekanntenkreis war mein bester Freund und »Österreich-Lehrer«, der große katholische Journalist Kurt Vorhofer (1929–1995), mit dem ich im Laufe der Jahre unzählige Gespräche über die Gegenwart und die Vergangenheit geführt hatte. »Jetzt kommt wieder eine grausliche Geschichte …«, seufzte er, wenn ich mich an die Verfolgung 1944/45 in Ungarn erinnerte. Man muss allerdings hinzufügen, dass sein tiefes, aufrichtiges Verständnis auch durch die Lebensgeschichte seiner Frau Lydia mitgeprägt wurde. Sie hatte einen jüdischen Vater, den – ebenso wie zahlreiche Verwandte – die Nazis umgebracht haben. Sie, Jahrgang 1931, lebte mit ihrer Mutter, musste fast jedes Jahr die Schule wechseln, und ihre Jugendfreundinnen waren ausnahmslos auch »Halbjuden«. Sie wurde zwar eine gläubige Katholikin, aber die Narben blieben. Diese Ausnahmegeschichte in meinem Freundeskreis zeigt mir im Rückblick, dass die volle Wahrheit über die Nazi-Terrorherrschaft nur jene Menschen begreifen konnten und wohl auch wollten, deren Familien aus welchem Grund immer Anti-Nazi gewesen waren und die künftigen Generationen in diesem Sinne erzogen. Auf einem anderen Blatt stehen jene jungen Österreicher und Österreicherinnen, die bereits 1968, oder noch mehr nach 1986, ihre Eltern und Großeltern, ohne lockerzulassen, gezwungen haben, ihre Vergangenheit in der NS-Zeit aufzudecken.

MYTHOS UND REALITÄT: DAS ERBE DER HABSBURGER

Es war ein strahlender Sommertag, als am 30. Juli 1996 eine Privatmaschine aus der Schweiz in Hohenems landete. Der Pilot hieß mit vollem Namen Karl Thomas Robert Maria Franziskus Georg Bahnam Habsburg-Lothringen. Es war der damals 36-jährige Enkel Kaiser Karls I., der älteste Sohn von Otto Habsburg. Auf die Frage, ob er etwas zu verzollen habe, soll er Nein geantwortet haben. Im Gepäck führte er allerdings ein Diadem im Wert von nach diversen Schätzungen zwischen 50.000 und 105.000 Euro mit. Er habe das Diadem erst erwähnt, als sie angefangen hätten, die Maschine unter die Lupe zu nehmen, erklärten die Zöllner. Beim Finanzstrafverfahren beteuerte Habsburg hingegen, das Diadem von sich aus erwähnt zu haben. Nach seiner Berufung gegen eine Geldstrafe landete der Fall schließlich drei Jahre später beim Berufungssenat der Finanzlandesdirektion für Vorarlberg. Dieser bestätigte das Urteil der ersten Instanz und verurteilte Karl Habsburg wegen versuchten Schmuggels eines Diadems zu 13.081 Euro Strafe. In seiner Stellungnahme räumte Habsburg ein, er habe »vielleicht einen Fehler gemacht«, habe aber jedenfalls nie etwas schmuggeln wollen. Für den Senatsvorsitzenden handelte der Angeklagte aber keineswegs aus Unwissenheit, sondern mit Vorsatz.[19]

Trotz dieses Vorfalls wurde Karl Habsburg nach einem erfolgreichen Vorzugsstimmenwahlkampf im selben Jahr für die ÖVP zum Abgeordneten im Europäischen Parlament gewählt. Seine kurze politische Karriere endete mit dem sogenannten World-Vision-Spendenskandal. Diese internationale Wohltätigkeitsorganisation vermittelt Patenschaften für bedürftige Kinder in aller Welt. Ein Prüfbericht bestätigte beträchtliche Überweisungen von Spendengeldern (rund 46.500 Euro) an die Paneuropa-Bewegung Habsburgs. Ein Teil davon floss 1996 in die Finanzierung seines Wahlkampfs. Paneuropa-Österreich-Generalsekretär Wolfgang Krones und seine Frau, die Geschäftsführerin von World Vision Österreich war, wurden später rechtskräftig verurteilt. Karl Habsburg zahlte erst 2004 rund 37.000 Euro an den Verein zurück, die – laut Habsburg ohne sein Wissen – für die Finanzierung seines Wahlkampfes verwendet worden waren. Trotz öffentlichen Druckes trat er als EU-Abgeordneter nicht nur nicht zurück, sondern wollte im Juni 1999 erneut kandidieren. Nachdem die ÖVP ihn nicht wieder für die EU-Wahlen aufstellte, trat er mit der eigenen Liste CSA – Christlich-Soziale Allianz (Liste Karl Habsburg) an, konnte aber nur 1,5 Prozent der Stimmen gewinnen.

Dass sich der damals 86-jährige Otto Habsburg (selbst EU-Abgeordneter der CSU 1979–1999) hinter seinen Sohn stellte und die Angriffe gegen Karl mit der Judenverfolgung verglich, löste allgemeine Empörung aus. Der Chef des Hauses Habsburg habe jedes Maß, jedes Gefühl für Verhältnismäßigkeit verloren und sich selbst nach einer langen Europa-Karriere demoliert, schrieb die österreichische Publizistin Anneliese Rohrer und fügte hinzu, dies könne »nur der tragische Schlusspunkt unter eine Serie von Fehlverhalten seines Sohnes sein; einer Serie, die immer und immer wieder mit ›Blauäugigkeit‹, Naivität und Intrigen der anderen erklärt wurde«.[20]

Karl Habsburg, seit 2007 familienintern Oberhaupt des Hauses Habsburg, sorgte 2018/19 mit einer Beschwerde gegen die Bestrafung wegen der Verwendung des Adelszeichens »von« auf seiner persönlichen Website wieder für Aufmerksamkeit. Schließlich scheiterte er beim Verfassungsgerichtshof: Das »Von«-Verbot verstößt nicht gegen die Verfassung. Die Strafe für die Verwendung von Adelsnamen wird in dem alten Gesetz (vom 3. April 1919 über die Aufhebung des Adels) noch in Kronen angegeben. Deshalb gab es für Karl Habsburg keine Strafe, aber einen Schuldspruch.[21] Abgesehen von diesen Gerichtsverfahren war der Kaiserenkel in den letzten Jahren kein Thema mehr. Erwähnenswert wäre noch, dass sein jüngerer Bruder, Georg Habsburg, nach einer wechselvollen Karriere in Ungarn Ende 2020 in den Dienst der Orbán-Regierung als ungarischer Botschafter in Paris getreten ist.

Nach dieser Rückblende auf die kleinen kompromittierenden Vorfälle im Leben des Trägers eines großen historischen Namens könnte man die Frage stellen: Warum ist das alles heute noch interessant? Warum sollte man sich damit beschäftigen?

Für die Behauptung, dass Österreich den Sturz vom Weltreich zum Kleinstaat auch nach einem Jahrhundert nicht verwunden hat, findet man in der politischen Kultur der Zweiten Republik keine Bestätigung. Für eine Sehnsucht nach einer monarchischen Bewegung, nach einer Restauration, gibt es nicht die geringsten Anzeichen. Zugleich sind aber die Spuren der Zeit der Habsburger, die das Land 640 Jahre lang regierten, im Bereich der Fremdenverkehrsindustrie und im Kulturverständnis der Österreicher und Österreicherinnen auch heute allgegenwärtig. Es dürfte kaum Demokratien in Europa geben, die so stark wie Österreich auf monarchischen Fundamenten aufbauen.[22]

Es vergeht auch jetzt kaum ein Jahr, in dem nicht mehrere Bücher über die historische Langzeitwirkung des Vielvölkerstaates oder die tragenden Persönlichkeiten der Habsburgermonarchie erscheinen. Der US-amerikanische Politikwissenschaftler A. Wess Mitchell würdigte als Schlussfolgerung seiner Studie über die Strategie des Habsburgerreiches den seither nie erreichten Grad der »geopolitischen Stabilität und des relativen Wohlstandes« im Herzen Europas.[23] In ähnlichem Sinn beschrieb einmal der deutsch-böhmisch-amerikanische Schriftsteller Johannes Urzidil (1896–1970) die Donaumonarchie als eine »Hinternationale«. »Ein Reich, das hinter den Nationen mit ihrem Nationalismus zurückblieb, weil es so viele Völker und Nationen verknüpfte und damit in die Zukunft wies, in eine Zukunft, in der Mannigfaltigkeit und Einheit, nicht Vereinheitlichung, einander ergänzten: Die Donaumonarchie glich einem Anachronismus und war zugleich eine Verheißung.«[24]

In seinem glänzenden, 624 Seiten langen, 2021 erschienenen Werk über die Habsburger unternimmt der britische Historiker Martyn Rady eine Neubewertung der Herrscherfamilie (»das erste globale Unternehmen«) und schließt mit einer hierzulande kaum vorstellbaren ausführlichen Würdigung der Persönlichkeit Otto Habsburgs: »Er war wahrscheinlich der beste Kaiser, den die Habsburger niemals hatten.«[25]

Otto Habsburg – eine wechselvolle Geschichte

Vor diesem Hintergrund komme ich zurück zu meiner Begründung für die Schilderung der tragikomischen Abenteuer einer völlig unbedeutenden Figur, Überbleibsel einer historischen Entwicklung. Wenn man bedenkt, welche für das Schicksal Österreichs doch manchmal wichtige, wenn auch eher negative Rolle noch Otto Habsburg während des Zweiten Weltkrieges und dann in den ersten Jahrzehnten danach gespielt hat, kann man erst, im Spiegel des endgültigen Niederganges der einstigen Herrscherfamilie einer europäischen Großmacht, am hier gezeichneten erbärmlichen Beispiel des gegenwärtigen Oberhauptes, die Ironie der Geschichte ermessen. Deshalb habe ich mit diesem tragikomischen Schlusspunkt der Habsburger das Kapitel über die Spuren der Aristokratie in Gesellschaft und Politik begonnen.

Was die von dem Londoner Historiker Martyn Rady angeführte »herausragende Leistung« Otto Habsburgs betrifft, sind die positiven Seiten in seinem langen Leben (1912–2011) unbestreitbar: der konsequente Kampf für die Unabhängigkeit Österreichs und gegen Hitler-Deutschland, wenn auch zwischen 1935 und 1938 im Rahmen enger Kontakte mit dem Schuschnigg-Regime. Schuschnigg hat allerdings die Forderung Ottos nach der Übernahme der Kanzlerschaft mit Sondervollmachten abgelehnt. Otto Habsburg und seine Familie wurden nach dem »Anschluss« vom NS-Regime steckbrieflich gesucht, viele Monarchisten wurden verhaftet. Rady hebt auch die Rettung von einigen Tausend Juden in Frankreich durch Ottos persönlichen Einsatz und sein Engagement als EU-Parlamentarier für den europäischen Einigungsprozess und für die Aufnahme der osteuropäischen postkommunistischen Staaten in die EU hervor.

Es ist interessant, dass der britische Autor die Schattenseiten in Otto Habsburgs langem Leben ignoriert hat. Das starke Misstrauen der österreichischen Sozialisten und bürgerlichen Republikaner gegenüber den Mitgliedern des Hauses Habsburg ging auf Ottos Aktivität gegen die Provisorische

Staatsregierung Karl Renners 1945 und seine späteren politischen Absichtserklärungen zurück. So forderte er in einem Brief an US-Präsident Harry Truman vom 2. Juli 1945 die Nichtanerkennung der Provisorischen Regierung – sie sei ein trojanisches Pferd der Kommunisten. Schließlich siedelte sich die Familie Habsburg im bayerischen Pöcking an. Von hier aus betrieb Otto Habsburg die Rückkehr nach Österreich. Manche Andeutungen von seiner möglichen Rolle als »Staatsnotar« oder »Justizkanzler« lieferten seinen Gegnern sozusagen auf silbernem Tablett die Argumente in dem 1961–1963 voll entbrannten Konflikt in der ÖVP/SPÖ-Koalition um die Einreisegenehmigung für Otto Habsburg.

Die Lunte der aus heutiger Sicht bizarr und unverständlich erscheinenden Habsburg-Krise begann im Juni 1961 zu brennen, als die SPÖ in der Koalitionsregierung die Zustimmung zu einem Antrag Bundeskanzler Gorbachs verweigerte, eine Herrschaftsverzichtserklärung Ottos als ausreichend zu akzeptieren. Kurz die Vorgeschichte: Nach der Gründung der Republik beschloss der Nationalrat ein Gesetz, demzufolge alle Habsburger, die nicht ausdrücklich auf ihre Herrschaftsansprüche verzichten, des Landes verwiesen sind und bleiben. Eine Rückkehr nach Österreich war ihnen nicht gestattet, solange sie nicht eine derartige Verzichtserklärung abgaben. Als der Verwaltungsgerichtshof 1963 entschied, dass Habsburgs Verzichtserklärung für eine Einreise ausreichend sei, kam es zu schweren Tumulten im Nationalrat. Die SPÖ versuchte eine mögliche Rückkehr Ottos als eine große Gefahr für die Republik zu stilisieren. Im Parlament stimmten SPÖ und FPÖ in einer zentralen Frage erstmals gemeinsam gegen die ÖVP, um seine Rückkehr trotz Beschlusses eines Höchstgerichtes zu verhindern. Unter der ÖVP-Alleinregierung reiste Otto Habsburg dann am 31. Oktober

1966 zum ersten Mal legal in Österreich ein – es gab keine Massendemonstrationen.

Das berühmte Foto vom »historischen Händedruck« Bundeskanzler Kreiskys bei einem Empfang im Bundeskanzleramt mit Otto Habsburg am 4. Mai 1972 am Rande der 50. Jubiläumstagung der von Habsburg geführten Paneuropa-Bewegung symbolisiert in den Geschichtsbüchern das öffentlich entkrampfte Verhältnis der österreichischen Sozialdemokratie zu den Habsburgern. Der älteste Sohn des letzten regierenden Kaisers wurde dann zum 95. Geburtstag von Bundespräsident Heinz Fischer zu einem Besuch in der Hofburg eingeladen. »Sie haben es aber schön hier«, meinte der Gast, und Fischer sprach von »einem langen und nützlichen« Gespräch. Er fügte noch hinzu, die österreichische Sozialdemokratie sei in der Zeit des Kaisers Franz Joseph I. oft als »k. u. k. Sozialdemokratie« bezeichnet worden, weil sie ja zunächst ein durchaus pragmatisches Verhältnis zur Monarchie gehabt habe.

Als Postskript zu Ottos wechselvoller Karriere muss seine besondere Beziehung zu Ungarn kurz erwähnt werden. Seine Rolle als Schirmherr beim legendären »Paneuropäischen Picknick« auf dem Grenzstreifen bei Sopron ging in die Geschichte ein, weil es im August 1989 hier zur ersten Flucht von 640 DDR-Bürgern über die österreichisch-ungarische Grenze führte und damit zum Auftakt der späteren Grenzöffnung wurde.

Otto Habsburg war von seiner Mutter Zita auch zum künftigen König von Ungarn erzogen worden und musste dementsprechend Ungarisch lernen. Sofort nach der Wende stattete er Ungarn einen Besuch ab. Seine erste öffentliche Rede in Ungarn hielt er dann, vielleicht symbolträchtig, vor der jüdischen Gemeinde in Budapest. Als ich ihn bei einer

Konferenz von Auslandsungarn um 1996 in Budapest hörte, war ich, wie so viele andere Teilnehmer, über sein perfektes Ungarisch erstaunt. Einige Jahre später ließ er mich bei einer internationalen Konferenz in Prag, wo wir beide Vorträge gehalten hatten, zu sich rufen und führte mit mir ein längeres Gespräch auf Ungarisch. Zum letzten Mal traf ich ihn in Innsbruck bei einer Tagung, wo ich moderierte und Otto Habsburg, immerhin damals schon über 85, eine glänzende Rede über die Lage in Europa völlig frei, ohne Notizen, hielt.

Im Alter von 98 Jahren starb Otto Habsburg; er hinterließ 7 Kinder, 22 Enkel und 2 Urenkel. Sein Sarg wurde nach einer Messe im Stephansdom in der Kapuzinergruft und sein Herz getrennt in der Benediktinerabtei von Pannonhalma in Ungarn beigesetzt, als Zeichen seines Einsatzes für beide Hälften der Doppelmonarchie.

Es gibt übrigens verschiedene Schätzungen über die Zahl der Träger des Namens Habsburg. Weltweit zählt man über 400 Habsburger, rund zwei Drittel dürften in Österreich ihren Wohnsitz haben. Das Vermögen der Habsburger wurde auf rund 100 Millionen Euro und die Umwegrentabilität im Tourismus durch die Marke Habsburg auf 10 bis 30 Millionen geschätzt.[26]

Adelige als Spitzenbeamte

Wie so vieles in der österreichischen Geschichte nach 1945 geht nicht nur der persönliche Ausgleich mit Otto Habsburg, sondern auch die Förderung der Rolle der Aristokraten im Beamtentum auf die Amtsperiode Bruno Kreiskys zuerst als Außenminister und erst recht als Bundeskanzler zurück. Der konservative Publizist und langjährige *Presse*-Chefredakteur

Otto Schulmeister charakterisierte ihn einmal in einem Gespräch mit mir: »Unvergessen bleibt diesem Mann, dass er mehr wollte, als in ihm selbst und in den Ressourcen seines Landes vorhanden war. Da war er ein ›Großösterreicher‹, einer also, der Österreich nicht als Summe seiner Quadratkilometer verstand.«[27] Diese von Schulmeister »großösterreichisch« oder »österreichisch-patriotisch« genannte Einstellung Kreiskys hatte ich als journalistischer Begleiter bereits auf seinen Reisen als Außenminister noch im kommunistischen Osteuropa und später als sein Vertrauter immer wieder erlebt. Er hatte ein positives Verhältnis zur österreichisch-ungarischen Monarchie als Kultur- und Wirtschaftsraum und zu den Menschen in den Nachfolgestaaten. Auch gegen Widerstände in der eigenen Partei und zum Verdruss des Cartellverbandes und der Freimaurerlogen favorisierte er die sogenannte »Blutgruppe Null« im Außenministerium (1959–1966), wo zahlreiche Aristokraten tätig waren, und auch als Bundeskanzler (1970–1983) ebnete er den Weg zu einer »Renaissance der Aristokraten«, wie manche innerparteilichen Kritiker hinter vorgehaltener Hand spotteten. Seine offene Haltung zu Künstlern und zum Adel war ein wichtiger Faktor seiner Anziehungskraft, auch im Ausland.

Als ich ihn in den frühen 1960er-Jahren als Korrespondent der *Financial Times* mehrmals in seinem Büro im Außenministerium interviewte, wusste ich natürlich nicht, dass seine Sekretärin Eva Chiari einem italienisch-österreichischen Adelsgeschlecht entstammte und sein Kabinettschef, Botschafter (Graf) Olivier Rességuier, einer Familie aus dem französischen Uradel angehörte. Als dessen Nachfolger als Kabinettschef habe ich dann den parteilosen praktizierenden Katholiken (er war auch zeitweilig ÖVP-Mitglied) Rudolf Kirchschläger kennengelernt. Dieser wurde in der ersten Kreisky-Regierung trotz innerparteilichen Widerstands zum Außenminister ernannt und ab 1974 zum (zweimal erfolgreichen) Kandidaten für die Bundespräsidentenwahl. Ihm folgte als Außenminister der Berufsdiplomat Erich Bielka (Ritter von Karltreu). Es war wohl ein spätes Erbe der Kreisky-Ära, dass (Graf) Wolfgang Schallenberg und (Prinz) Albert Rohan in den 1990er-Jahren als langjährige Generalsekretäre, also ranghöchste Beamte des Außenministeriums, wirken konnten. Zu den adeligen Kabinettsmitgliedern unter Kreisky gehörte auch Verteidigungsminister Karl (Freiherr von) Lütgendorf (er beging später Selbstmord infolge eines Korruptionsskandals), übrigens auch der Armeekommandant General Emil (Graf) Spannocchi.

Den Höhepunkt der politischen Karriere eines Aristokraten seit dem Zusammenbruch der Doppelmonarchie hat zweifellos (Graf) Alexander (mit vollem Namen: Alexander Georg Nicolas Christoph Wolfgang Tassilo) Schallenberg aufzuweisen, zuerst als Außenminister (ab Juni 2019) und dann als Bundeskanzler (Oktober bis Dezember 2021).[28] Seine adeligen Wurzeln haben weder mit den politischen Realitäten heute noch mit seiner Karriere etwas zu tun. Schallenberg verdankte seinen Aufstieg ausschließlich seinem Förderer und Vorgänger in beiden Funktionen, Sebastian Kurz. Seine Zeit als Bundeskanzler war allerdings ein schwieriges Zwischenspiel nach dem Abgang von Kurz.

Karel Schwarzenberg, ein leidenschaftlicher Europäer

Nichts kann allerdings die Tatsache ändern, dass die international bedeutendste Rolle in den letzten Jahrzehnten ein

Nachkomme des neben den Habsburgern bekanntesten österreichisch-mitteleuropäischen Adelsgeschlechtes, Fürst Karel Schwarzenberg, gespielt hat.[29] Ich habe das Glück gehabt, ihn in fast jeder Phase seiner Karriere in Wien und Prag immer wieder unter vier Augen für Interviews und bei internationalen Konferenzen zu treffen und seine funkelnden Bonmots und brillanten Berichte zu bewundern. Der im Wiener politischen Umfeld lange unterschätzte katholische Adelige, liberale Intellektuelle, leidenschaftliche Europäer und kompromisslose Kämpfer gegen Nationalismus und Antisemitismus ist eine Renaissancepersönlichkeit mit vielen Facetten.

Noch bevor ich ihn persönlich kennengelernt hatte, hörte ich zum ersten Mal irgendwann in den frühen 1960er-Jahren während eines Gesprächs mit Außenminister Bruno Kreisky den Namen seines Großonkels, Prinz Johannes Schwarzenberg, der damals österreichischer Botschafter (1955–1966) in London war. Kreisky zeigte mir, dem jungen Korrespondenten der Londoner *Financial Times*, mit unverkennbarem Stolz die erste Seite eines vertraulichen Berichtes des Botschafters über den Stand der europäischen Integrationsverhandlungen. Da hieß es wörtlich: »Vorgestern auf der Jagd sagte mir der Premierminister im Vertrauen, dass …« Der britische Regierungschef und vormalige Außenminister war damals Lord Home, befreundet mit dem österreichischen Aristokraten. »Sehen Sie, welch exklusive Kontakte das kleine Österreich mit einer Großmacht pflegen kann!«, prahlte Kreisky mit seiner unverkennbaren Schwäche für die Aristokratie. Er hat die mit der Hand verfassten politischen Berichte des Botschafters sogar in einem ungewöhnlichen persönlichen Brief gelobt: »Seit geraumer Zeit lese ich Deine Berichte mit wirklichem Vergnügen. Eine der wenigen angenehmen Unterbrechungen der täglich zu verrichtenden Routinearbeit.«[30]

Kreisky gab rund 20 Jahre später als Altbundeskanzler den entscheidenden Anstoß zur beispiellosen internationalen Karriere eines anderen Schwarzenberg, als er den Großneffen des zitierten Botschafters, nämlich Fürst Karel von Schwarzenberg, den in Österreich als reicher Waldbesitzer und unbekümmerter Freund der Boheme bekannten Spross (und damals schon zugleich Oberhaupt) einer der berühmtesten Adelsfamilien Mitteleuropas, als Vorsitzenden der Helsinki-Föderation, der internationalen Menschenrechtsorganisation mit Sitz in Wien, vorschlug. Bereits in dieser Position (1984–1991) hat niemand, vielleicht außer Erhard Busek, so viel für die Menschenrechte und die Öffnung in dem von den Kommunisten abgeschotteten Mitteleuropa getan wie er.

Bis zum Zusammenbruch des Ostblocks hatten die meisten österreichischen Zeitungsleser und TV-Zuschauer »Kary«, wie der Fürst seit eh und je von Freunden genannt wird, für einen Lebemann, einen bodenständigen (Agrar-)Millionär mit Marotten gehalten. Schwarzenberg lebte nach seiner erzwungenen Emigration mit elf Jahren immerhin 41 Jahre in Österreich, hat sich stets bescheiden als »Land- und Forstwirt« bezeichnet und war am Beginn seiner eigentlichen politischen Karriere bereits 52 Jahre alt. Erst als er Kabinettschef und engster Berater des Dichterpräsidenten Václav Havel (1989–1992) in Prag wurde, begriff die breite Öffentlichkeit, dass er trotz seiner Verwurzelung in Österreich einen Schweizer und einen tschechischen, aber nie einen österreichischen Pass hatte. Er ist »einer der größten Europäer unserer Zeit«, sagte Havel über Schwarzenberg, den er als in ganz Osteuropa höchst aktiven Präsidenten der Helsinki-Föderation erst 1987 kennen- und schätzen gelernt hatte. »Er ist ein außerordentlicher Tscheche, ein außerordentlicher Europäer und ein außerordentlicher Mensch. Obwohl er gezwungen war, den größten Teil seines Lebens außerhalb seiner Heimat zu verbringen, ist er immer ein Patriot geblieben. Obwohl er als Aristokrat geboren wurde, ist er ein überzeugter Demokrat und Kämpfer für die Menschenrechte.«[31]

Nach dem Zerfall der Tschechoslowakei schied auch Schwarzenberg, nach dem Rücktritt von Havel, aus der Präsidentschaftskanzlei aus. Dann, zur allgemeinen Überraschung, gelang es ihm, 2004 einen Sitz im tschechischen Senat zu gewinnen. Es gab natürlich erheblichen Widerstand gegen sein politisches Engagement, zum Teil wegen der Rückgabe eines relativ kleinen Teiles des großen Familienvermögens. Größeres Medienecho löste der Versuch des Staatspräsidenten Václav Klaus 2007 aus, die Angelobung des von den Grünen als Außenminister vorgeschlagenen Schwarzenberg mit der Begründung zu verweigern, dass dieser halber Österreicher sei und aufgrund seiner Nähe zu Österreich »die tschechischen Interessen nicht ausreichend« verteidigen würde.

Als Senator in der Zweiten Kammer des tschechischen Parlaments und zweimaliger Außenminister (2007–2009 und 2010–2013) ist dieser Ausnahmepolitiker zum Symbol der inzwischen gefährdeten Europäisierung der postkommunistischen Reformstaaten geworden. Er war Mitgründer einer neuen, gemäßigt konservativen proeuropäischen Gruppierung, TOP 09, und wurde 2010 ins Abgeordnetenhaus gewählt. 2013 wäre er beinahe Staatspräsident geworden. In der Stichwahl gewann, dank auch der »deutschen Karte«, der Sozialist Miloš Zeman. Schwarzenbergs freimütige Kritik in Interviews und Reden, sowohl an der EU-Außenpolitik gegenüber Russland und Osteuropa wie auch an den außenpolitischen Alleingängen der beiden Kurz-Regierungen Österreichs, hat in den letzten Jahren stets starken Widerhall gefunden.

Wenn er auch aus alters- und gesundheitlichen Gründen im Oktober 2021 nicht mehr zu den Parlamentswahlen antrat, ist er bis zuletzt der Familientradition treu geblieben: »Die Schwarzenbergs standen niemals abseits; sie waren Marschälle, Kardinäle, Ministerpräsidenten. Wir haben gelernt, uns dort einzusetzen, wo wir etwas zustande bringen.«[32] Das geflügelte Wort trifft auch auf Schwarzenbergs faszinierende Lebensgeschichte zu: »Homo sum, humani nihil a me alienum puto« (»Ich bin ein Mensch, nichts Menschliches ist mir fremd«).

Es war ein Glücksfall, dass ich der feierlichen Zeremonie der Auszeichnung von Karel Schwarzenberg im Schloss Belvedere mit der Marietta und Friedrich Torberg-Medaille durch die Israelitische Kultusgemeinde beiwohnen durfte. Diese Ehrung wird an Persönlichkeiten verliehen, die gegen Antisemitismus, Rassismus und Neonazis aufgetreten sind. In seiner Laudatio dankte der israelische Historiker Prof. Shlomo Avineri dem Fürsten für seinen humanitären Einsatz für das Judentum und Israel. »Ihre Vorfahren waren und Sie sind Verteidiger von Menschenrechten, Kämpfer für Freiheit und Frieden. Wie wir Juden kannten auch Sie Exil und Enteignung, Verfolgung und Demütigung. Aber, wie wir Juden, erlebten auch Sie Erlösung und Triumph.«[33]

Im Gegensatz zu anderen Aristokraten (versammelt im »Deutschen Klub« in Wien) waren die Schwarzenbergs mutige Gegner des NS-Regimes. Der Diplomat Johannes Schwarzenberg flüchtete knapp nach dem »Anschluss« nach Genf, für seinen Einsatz als Direktor des Roten Kreuzes für jüdische Opfer, auch in Budapest, erhielt er mehrere Ehrungen. Nach seinem Tod bei einem Autounfall 1978 wurde in seiner Brieftasche ein zerknittertes Foto von einem Leichenhaufen aus dem KZ Mauthausen gefunden, das er offenbar immer bei sich getragen hatte.

Ein anderer Großonkel von Karel Schwarzenberg, Adolph Schwarzenberg, hatte nach dem »Anschluss« am Park seines Wiener Palais sogar eine Tafel mit der Aufschrift »Hier sind Juden erwünscht« anbringen lassen. Er floh in die USA. Sein Adoptivsohn Heinrich (später der Adoptivonkel von Karel) wurde auf Befehl von SS-Führer Himmler in das KZ Buchenwald eingewiesen und sein gesamter Besitz auf dessen persönlichen Befehl enteignet.

Schatten der Vorfahren

Es steht zweifellos fest, dass »in seiner Grundhaltung der österreichische Adel dem Nationalsozialismus ungleich reservierter gegenüberstand als der Adel in Deutschland«.[34] Trotzdem gibt es sogar in der Geschichte der Schwarzenbergs Spuren der Konflikte zwischen den Mitläufern und den Gegnern von Hitlers Terrorregime. Der Vater von Karel Schwarzenbergs Ehefrau Therese (Johannes Graf Hardegg) war nämlich schon als Illegaler ein aktiver Nazi. Im Unterschied zu den anderen sogenannten »besten Familien« mit schwarzen Schafen aus der NS-Zeit hat Therese Schwarzenberg nie einen Hehl aus der Nazi-Vergangenheit ihres Vaters gemacht.[35] Dieser gehörte übrigens auch zu den rund 100 Adeligen, die Mitglieder des Deutschen Klubs in Wien waren. In dessen Satzung in den 1930er-Jahren hieß es: »Mitglieder können nur Deutsche arischer Abkunft sein, die sich zu den Grundsätzen des deutschen Nationalsozialismus bekennen.« Fünf Mitglieder des Klubs waren sogar auf der Ministerliste des ersten »Anschlusskabinetts«. Mit Hinweis auf die Tatsache, dass zehn Prozent der Mitglieder und ein Viertel des Vorstands Adelige waren, zerpflückt eine

2021 veröffentlichte Studie über die »Austro-Nazis in der Hofburg« die Versuche, die Sympathien vieler Bürgerlicher und Adeliger für das NS-Regime mit Zuschreibungen wie »betont national« und »katholisch-national« kleinzureden und zu verbergen.[36]

Dieses Buch über die Verstrickung der Aristokratie mit dem NS-Regime hat auch mich persönlich überrascht, da ich darin auch mir völlig unbekannte Details über den Vater eines hochgeschätzten Freundes erfahren habe. Es geht um einen gewissen Karl Anton (Prinz) Rohan, einen Journalisten und Autor, der aktives Mitglied des Deutschen Klubs und seit 1. Mai 1938 Mitglied der NSDAP gewesen war. Er hatte auch einen Beitrag für das *Bekenntnisbuch österreichischer Dichter* verfasst, das den »Anschluss« begeistert begrüßte. Im Zweiten Weltkrieg war Karl Rohan im Nachrichtendienst und in der Auslandspropaganda des NS-Regimes tätig. Er wurde 1946 verhaftet, nach seiner Freilassung schrieb er für die rechtsextremen Zeitschriften *Die Aula* und *Die Neue Ordnung*.[37]

Seinen Sohn Albert Rohan habe ich in meinem Nachruf als »den international bedeutendsten Diplomaten der Zweiten Republik« gewürdigt und habe seine Verdienste in der Balkan-Politik und im Kampf um die Pressefreiheit in Osteuropa besonders hervorgehoben.[38] Es gibt keine Sippenhaftung und die für mich neuen Informationen über seinen Vater ändern an meiner Bewunderung für diesen Freund überhaupt nichts. Was mich aber verblüfft hat, war die Tatsache, dass er in seinen Erinnerungen ein ganzes Kapitel über den »Schatten der Vorfahren«, einschließlich der Details der Verfolgung seines antifaschistischen ungarischen Onkels, verfasst, aber kein Wort über die politische Vergangenheit seines Vaters geschrieben hat.[39] Über ein solches Loch im

Gedächtnis, über das Vergessen, das herbeigesehnt wird, schrieb Matthias Claudius im »Abendlied«:

»Wie ist die Welt so stille
Und in der Dämmerung Hülle
So traulich und so hold!
Als eine stille Kammer,
Wo ihr des Tages Jammer
Verschlafen und vergessen sollt.«[40]

HITLERS SCHATTEN, GESTERN UND HEUTE

Es ist selten, dass eine Vergangenheit nach fast acht Jahrzehnten eine Gegenwart in ihrem Bann hält. Dies gilt für die Shoah, die Vernichtung von sechs Millionen jüdischer Männer, Frauen und Kinder durch Hitler-Deutschland. Trotz der Herausgabe von Tausenden Büchern, die unter dem Begriff »Holocaust« verzeichnet werden[41], trotz einer Vielzahl von Bildungsprogrammen und Kursen, trotz neuer Filme und Museen zum Thema registrieren die Institutionen der Europäischen Union und internationale Forschungsgremien in den Mitgliedsstaaten einen wachsenden Antisemitismus. Die Pandemie hat überall die Verschwörungsmythen, die Demagogie und die Verantwortungslosigkeit gefördert. In einer tiefen politischen, wirtschaftlichen und internationalen Krise erweist sich immer wieder, wie dünn der Firnis der Zivilisation und wie zerbrechlich die Herrschaft des Gesetzes ist. Deshalb ist der Ruf »Wehret den Anfängen« immer wieder, und besonders heute, zeitlos gültig.

Für mich stellte gerade deshalb die feierliche und symbolträchtige Einweihung der Shoah-Namensmauern im Wiener Ostarrichipark am 9. November 2021 einen ganz besonderen Höhepunkt des langen Prozesses der Erinnerungsarbeit in Österreich dar. Auf den 160 indischen Granitplatten, jeweils über zwei Meter hoch, die in ovaler Form um ein Rasenstück mit Bäumen stehen, sind die Namen von 64 440 ermordeten jüdischen Kindern, Frauen und Männern aus Österreich verewigt. Als ich die Namen mit dem jeweiligen Geburtsjahr las, darunter, unterschiedlich geschrieben, die Reihen von Namen wie Polacsek und Leimdörfer, hatte ich das unheimliche Gefühl, dass da auch an meine Großeltern, Tanten und Onkel, Vetter und Cousinen, an die spurlos verschwundenen 29 Verwandten aus Siebenbürgen, der Slowakei und Budapest, mit unterschiedlich geschriebenen, ähnlichen Namen erinnert wurde.

Immer wenn ich in Wien oder auch in Gunskirchen oder Rechnitz vor Denkmälern oder Gedenkstätten stehe, bestätigt meine eigene Erfahrung das, worauf Nietzsche einmal hinwies: »Nur was nicht aufhört, *weh zu tun*, bleibt im Gedächtnis.«[42] Wohl deshalb gilt für uns, die noch lebenden Zeitzeugen, die klassische Formel »Erinnern – Verdrängen – Vergessen« in der Regel nicht.

Die Namensmauern rufen die oft gezeigten Bilder aus den TV-Dokumentationen, die Fotos und Bücher über die Gewalttaten gegen die Juden in den Märztagen nach dem von der großen Mehrheit der Bevölkerung begrüßten »Anschluss« in Erinnerung, und auch das unauslöschliche Bild vom Heldenplatz, wo Hitler vor einer unüberschaubaren, jubelnden, auf 250 000 Personen geschätzten Menschenmenge die Rückkehr seiner Heimat ins Deutsche Reich verkündete.

Über die Terroraktionen, über die Pogromstimmung als Auftakt zur Vernichtung der rund 200 000 Mitglieder zählenden jüdischen Gemeinde durch Mord und Vertreibung in den nächsten Jahren schrieb der deutsche Dramatiker Carl Zuckmayer in seinen Erinnerungen: »An diesem Abend brach die Hölle los (…) alle Menschen verloren ihr Gesicht, glichen verzerrten Fratzen: die einen in Angst, die andren in Lüge, die andren in wildem, hasserfülltem Triumph (…) Was hier entfesselt wurde, war der Aufstand des Neids, der Missgunst, der Verbitterung, der blinden, böswilligen Rachsucht – und alle anderen Stimmen waren zum Schweigen verurteilt (…) Hier war nichts losgelassen als die dumpfe Masse, die blinde Zerstörungswut, und ihr Hass richtete sich gegen alles durch Natur oder Geist Veredelte. Es war ein Hexensabbat des Pöbels und ein Begräbnis aller menschlichen Werte.« Unzählige persönliche Geschichten der Betroffenen oder ihrer Nachkommen haben Zuckmayers Beobachtung bestätigt: »Die Unterwelt hatte ihre Pforten aufgetan und ihre niedrigsten, scheußlichsten, unreinsten Geister losgelassen.«[43]

Nach den Jahrzehnten des geschürten Antisemitismus wurde die Verfolgung der Juden von der großen Mehrheit der Österreicher hingenommen und wohl vielfach gutgeheißen – ähnlich wie dies einige Jahre später in den benachbarten mittel- und osteuropäischen Ländern geschah. Waren die Dämonen, die 1944 aus der Budapester Volksseele hervorbrachen und die ich als 15-Jähriger miterlebt habe, nicht ebenso erschreckend wie jene 1938 in Wien?

Späte Auseinandersetzung

Man muss allerdings schon jetzt betonen, dass im Gegensatz zu Ungarn oder Polen die dunklen Jahre in Österreich heute von der Wissenschaft mit offizieller Unterstützung beispielhaft verarbeitet werden. Es genügt, hier auf den 2018 herausgegebenen, 1167 Seiten umfassenden Sammelband *Antisemitismus in Österreich 1933–1938* hinzuweisen. In diesem Buch werden alle Facetten des »schleichenden«, des »kaschierten«, des »verlogenen« Antisemitismus in den Jahren des Austrofaschismus analysiert und durchgehend als »Wegbereiter für den brutalen Vernichtungsantisemitismus des Nationalsozialismus« festgemacht.[44]

Dass das NS-Regime auch einen staatlich geförderten, systematischen und organisierten Raub und Diebstahl jüdischen Besitzes durch Arisierung und Zwangsmaßnahmen in Österreich bedeutet hat und dass dieser zwischen 1938 und 1945 durch eine riesige Schar an willigen Helfern und opportunistischen Mitläufern bedenkenlos bis zum letzten Augenblick unterstützt wurde, konnten die nächsten Generationen, die breite Öffentlichkeit, erst mit 40 bis 50 Jahren Verspätung durch die Abrechnung mit dem Opfermythos infolge der Waldheim-Affäre überhaupt erfahren. Unter dem Mantel der pauschalen Distanzierung von Hitler-Deutschland mit Hinweis auf den Unbedenklichkeitsbeweis durch den Staatsvertrag wurde die volle Wahrheit über die eigene Vergangenheit viel zu lange unter der Decke gehalten.

Die Geschichte der Shoah-Namensmauern ist auch ein eindrucksvoller Beweis dafür, wie stark das Beschweigen und die Verdrängung in Österreich selbst im 21. Jahrhundert sind und wie lange es dauert, bis in der politischen Elite die Bereitschaft heranwächst, sich der Vergangenheit mit all ihren Schrecken zu stellen. Das Erstaunliche an der so oft zur verlogenen Selbstheiligsprechung neigenden Regierungspolitik war, dass sie bereit war, das Verdienst für die Errichtung der Shoah-Namensmauern allein einer einzigen Person, nämlich dem 1930 geborenen Holocaust-Überlebenden Kurt Yakov Tutter anzurechnen.

Der gebürtige Wiener, der seit 1948 in Kanada lebt und ein pensionierter Informatiker ist, hat über 20 Jahre um diese Gedenkstätte gekämpft.[45]

Mit seiner Familie war er 1939 nach Belgien geflohen. Drei Jahre später wurden der zwölfjährige Yakov und seine kleine Schwester bei einer Razzia der deutschen Wehrmacht in ihrer Wohnung in Brüssel von der Mutter in letzter Minute in einem Dachbodenzimmer versteckt. Nach gefährlichen Situationen überlebten sie schließlich bei einer katholischen Familie in Gent; ihre Eltern wurden in Auschwitz ermordet. Die Idee für eine Gedenkmauer hatte Tutter auf einer Reise nach Brüssel, als er 1974 das dort kurz zuvor errichtete Memorial besuchte. An diesem Ort, unter den 26 000 auf Granittafeln eingravierten Namen, waren die Namen seiner Eltern wie auch jene von 800 anderen Österreichern zu finden, die Zuflucht in Belgien gesucht hatten und von dort deportiert wurden.

Tutter machte in seiner Rede bei der feierlichen Eröffnung der Namensmauern am 9. November 2021, zum 83. Jahrestag der Novemberpogrome, und in Interviews keinen Hehl aus der Tatsache, dass er mit seinen Bemühungen um die Gedenkstätte lange Zeit auf großes Desinteresse seitens Stadt und Bund gestoßen war: »In Österreich waren die Behörden seit langen Jahren eher damit beschäftigt, die Gräueltaten der Shoah zu verschleiern und sich selbst als erstes Opfer des Faschismus zu präsentieren. Eine Gedenkstätte für ermordete Juden war daher unerwünscht.«

Erst im Gedenkjahr 2018 stieß sein Vorhaben auf offene Ohren. Tutter habe Anfang 2018 Bundeskanzler Sebastian Kurz schriftlich um Unterstützung ersucht. Nach Gesprächen im Bundeskanzleramt entschied Kurz, dass der Bund den Großteil der 5,3 Millionen Euro Gesamtkosten übernehmen werde.[46] Die Entscheidung wurde von allen Parteien und den Ländern mitgetragen. Die Umsetzung der Gedenkstätte begann im November 2018 und wurde im Herbst 2021 vollendet.

Besonders wichtig scheint mir auch im Rückblick die Tatsache, dass bei der Einweihung alle offiziellen Redner ohne Wenn und Aber die Versäumnisse der Vergangenheit offen zugegeben und die bahnbrechende Initiative Kurt Yakov Tutters gewürdigt haben. Dass Ronald S. Lauder, Präsident des World Jewish Congress und US-Botschafter in Wien 1986/87 in seiner Botschaft im gedruckten Programm zur Eröffnung der Shoah-Namensmauern Österreich sogar als »Vorreiter bei der Prävention und Bekämpfung von Antisemitismus in Europa« bezeichnet und die Maßnahmen zur Erinnerung an die Opfer des Nationalsozialismus ausdrücklich gewürdigt hat, ist deshalb beachtenswert, weil er vorher an die »sehr späte Akzeptanz der Verantwortung für die Shoah« erinnerte. Auch andere jüdische Persönlichkeiten, etwa die Präsidenten bedeutender Institutionen wie des European Jewish Congress und Yad Vashem, haben Österreichs Beitrag zum europaweiten Kampf gegen Judenhass in ihren Grußworten hervorgehoben.

In den Rahmen der verspäteten Auseinandersetzung mit der Vergangenheit fügt sich auch der Abschied vom Opfermythos im Zuge der Neugestaltung der 1978 errichteten Gedenkstätte in Auschwitz. Es wurden nun auch die Mittäterschaft und die Verantwortung Österreichs an den Verbrechen des Nationalsozialismus dargestellt. Bei der Eröffnung der neuen Ausstellung am 4. Oktober 2021 erklärte Bundespräsident Alexander Van der Bellen, der von einer großen, hochrangigen Delegation begleitet wurde: »Auschwitz ist nicht vom Himmel gefallen.« Antisemitismus und Rassismus seien in der österreichischen Gesellschaft schon vor dem März 1938 »sehr präsent« gewesen. »Der Boden war bereitet, der Samen gesät – und die Saat ging auf.« Auch wenn Österreich als Staat nicht mehr existierte, sondern als »Ostmark«

ein Teil des sogenannten Dritten Reiches gewesen sei, »so waren doch viele Menschen unseres Landes, teils an führender Stelle, unter den Tätern und Täterinnen in diesem Vernichtungsprogramm.«[47]

Von der Geschichtserinnerung zum Geschichtsbewusstsein

Trotz der aufrichtigen Bekenntnisse muss man sich auch heute fürchten, über all das zu stolpern, was man in diesem Land so viele Jahre unter den Teppich gekehrt hat. So hat *Der Standard* am Vorabend der feierlichen Eröffnung der Shoah-Namensmauern berichtet, dass an der Errichtung der Gedenkstätte, konkret der Fundamente der Steintafeln, in die die Namen der Ermordeten eingraviert wurden, auch ein Unternehmen beteiligt war, dessen früherer Besitzer 1944 ungarisch-jüdische Zwangsarbeiter beschäftigt hatte.[48] Die gegenwärtige Geschäftsführung der vor fast 150 Jahren gegründeten Firma habe sich mit diesem Kapitel der Firmenchronik nie beschäftigt, hieß es. Das Blatt zitierte die in diesem Fall symbolträchtigen Worte des Nationalratspräsidenten Wolfgang Sobotka anlässlich des Baubeginns: »Wer sich der Geschichte nicht stellt, den stellt die Geschichte.«

Es gab auch kritische Stimmen sowohl zur Ästhetik der Namensmauern wie auch zur Tatsache, dass es im Vorfeld der Errichtung weder eine Ausschreibung noch eine gesellschaftliche Debatte gegeben habe. Der Schriftsteller Doron Rabinovici und andere Kritiker beklagten auch das Fehlen der Namen der ermordeten Roma und anderer Opfergruppen. Da den Beschluss über das Projekt im März 2018 die damalige türkis-blaue Regierung gefasst hatte, wurde auch der

Vorwurf der Instrumentalisierung laut. Kurt Yakov Tutter hat wohl zu Recht nach seinem jahrzehntelangen Ringen um die Namensmauern die auf *orf.at* geschilderten, unter dem Schutz der Anonymität erhobenen diversen Vorwürfe einiger (Zeit-)Historiker empört als »billige Verachtung« zurückgewiesen.

Rabinovici schrieb unter anderem: »Die Freiheitlichen vermeinten wohl, mithilfe des Gedenkens vergessen machen zu können, wie tief der Antisemitismus in ihrer Partei verankert ist.«[49] Ähnliche Kritik lösten 2017–2019 die Reisen von Bundeskanzler Kurz und FPÖ-Vizekanzler H.-C. Strache nach Jerusalem aus. In diesem Zusammenhang möchte ich hinsichtlich des merkwürdigen Vermächtnisses dieser Koalition jenes Schiller-Zitat anführen, mit dem ich einmal das große Entschädigungspaket der schwarz-blauen Regierung unter Bundeskanzler Wolfgang Schüssel für ehemalige Zwangsarbeiter und Holocaustopfer 2000/01 charakterisiert habe: »… dass der selbstsüchtige Mensch niedrige Zwecke zwar verfolgen kann, aber unbewusst vortreffliche befördert.«[50]

Es stimmt schon, dass das 2000 errichtete Mahnmal auf dem Judenplatz, eine nach außen umgestülpte und in sich verschlossene Bibliothek der britischen Künstlerin Rachel Whiteread, jahrelang von den Freiheitlichen (und nicht nur von ihnen!) bekämpft wurde. Ohne jene ÖVP/FPÖ-Regierung hätten aber wohl kaum alle Abgeordneten dem verspäteten, aber umso bedeutenderen internationalen Washingtoner Abkommen zugestimmt. Es ging doch bei dem im Juli 2000 beschlossenen Versöhnungsfonds-Gesetz um einen Gesamtbetrag in der Höhe von 436 Millionen Euro. Stuart E. Eizenstat, der US-Diplomat und unter anderem frühere Staatssekretär im US-Außenministerium, der die Verhandlungen mit Österreich über die »Regelung von Fragen der Entschädigung und Restitution für Opfer des Nationalsozialismus« geführt hatte, die 2001 in das sogenannte »Washingtoner Abkommen« mündeten, schrieb in seinem Buch *Unvollkommene Gerechtigkeit*: »Schüssel war zuversichtlich, die Gemäßigten in der FPÖ durch Beteiligung an der Macht zu stärken und damit vom radikalen Flügel ihrer Partei zu isolieren. Die weiteren Ereignisse bewiesen, dass er recht hatte ...«[51]

Ich komme auf die rechtsradikalen Tendenzen in der FPÖ und die Rolle der Burschenschaften in einem späteren Kapitel zurück. Es ging mir vor 20 Jahren und geht mir auch jetzt nicht um die Hintergedanken oder die Motive bei der Beschlussfassung der schwarz-blauen und türkis-blauen Regierungen, sondern um die Resultate und ihre längerfristigen Auswirkungen. Die düstere Bilanz der Auseinandersetzung mit der NS-Vergangenheit und ihren historischen Wurzeln lehrt uns, dass wir aus der Geschichts*erinnerung* ein österreichisches Geschichts*bewusstsein* machen müssen. Gerade die Begegnung mit den Shoah-Namensmauern und anderen Gedenkstätten[52] erinnert an das vom deutschen Romanisten Harald Weinrich angeführte Verwirrspiel des Vergessens: »Das *möchte* man wohl vergessen, *darf* es aber nicht vergessen.«[53]

Die Tatsache, dass ausgerechnet am Tag der Einweihung der Namensmauern die Behörden zum dritten Mal innerhalb eines Jahres die Entdeckung eines riesigen Waffenlagers und neonazistischer Materialien im rechtsextremen Milieu bekannt gaben, unterstreicht die große Gefahr, die von rechtsextremen Kreisen und der »Querdenker«-Szene ausgeht. Zehn Tage später wurden in sieben Bundesländern bei einer konzertierten Aktion bei 20 Personen aus der rechtsextremen Szene Hausdurchsuchungen durchgeführt. Alle wurden wegen NS-Wiederbetätigung angezeigt.[54] Ohne die Bedrohung durch den islamistischen Terror zu unterschätzen, muss man den Kampf gegen die Netzwerke der alten und neuen Neonazis, die die Corona-Demonstrationen als Bühne benützen, national und international intensivieren. Die übereinstimmenden TV- und Printberichte über die Massendemonstrationen zeigen, wie Menschen sich immer wieder mit Holocaust-Opfern vergleichen, Davidsterne tragen oder in sozialen Netzwerken Corona-Impfstoffe mit Zyklon B, dem in Auschwitz eingesetzten Nervengift, vergleichen. Die blühenden Verschwörungstheorien, nur zum Teil mit Israel-Bezug, wirken seit dem Anfang der Pandemie als Katalysatoren für den Judenhass. Die Antisemitismus-Meldestelle der Israelitischen Kultusgemeinde berichtet von einem rapiden Anstieg der diversen Vorfälle besonders infolge der Corona-Demonstrationen. Allein im ersten Halbjahr 2021 waren es 562 Vorfälle, doppelt so viele wie im Vergleichszeitraum des Vorjahres. Laut dem Bericht dürfte auch die Dunkelziffer, also die Zahl der nicht gemeldeten Fälle, zugenommen haben.[55]

Wie sagte schon Bertolt Brecht? »Der Schoß ist fruchtbar noch, aus dem das kroch!« Es sind dies die heute nach wie vor aktuellen Schlussworte des Epilogs zum Parabelstück *Der aufhaltsame Aufstieg des Arturo Ui*. Dass ich trotz besorgniserregender Statistiken und trotz international bekannt gewordener Vorfälle wie der Beschädigung und Zerstörung mehrerer Porträtfotos von Holocaust-Überlebenden bei einer Ausstellung auf der Wiener Ringstraße[56] oder einem Vandalenakt gegen das von Künstlern errichtete mobile jüdische Bethaus in Innsbruck[57] nicht ausschließlich negative Erwartungen hege, hat den folgenden Grund: Im Gegensatz zu den Jahrzehnten der Verdrängung und des Verschweigens vor der bahnbrechenden Rede Bundeskanzler Franz Vranitzkys über die österreichische Mitschuld im Juli 1991 bekennt sich das offizielle Österreich heute uneingeschränkt, ohne Wenn und Aber, zur Arbeit an der unabweisbaren Erinnerung und zum gesamtstaatlichen Schulterschluss mit der kleinen jüdischen Gemeinde und der Zivilgesellschaft zu einer »Nationalen Strategie gegen Antisemitismus«. Der 180 Seiten lange, Anfang 2021 veröffentlichte Maßnahmenkatalog dazu ist ein eindrucksvoller und glaubhafter Beweis dafür. Dass für diesen so wichtigen Bereich in der Regierung in erster Linie Karoline Edtstadler als Bundesministerin für EU und Verfassung zuständig ist, gilt für mich angesichts der glaubwürdigen und scharfen Verurteilung antisemitischer und rassistischer Vorfälle durch diese begabte ÖVP-Politikerin auch als ein symbolträchtiges Zeichen.

DIE ACHTERBAHNFAHRT DER FPÖ: VON FRIEDRICH PETER ZU JÖRG HAIDER

Der erste Besuch eines österreichischen Regierungschefs in der Tschechoslowakei seit dem Zweiten Weltkrieg, im Februar 1976, war über das Protokollarische, das Vordergründige hinaus mit den Worten Bundeskanzler Kreiskys »ein besonderes Ereignis«. Der Kanzler begann seine improvisierte Tischrede bei dem Bankett mit einer persönlichen Bemerkung: »Für jemanden, der schon so alt ist, dass er sich noch an jene Zeit erinnern kann, als wir alle in ein und demselben Staat gelebt haben, ist der heutige Abend und dieser ganze Aufenthalt in Prag ein Ereignis von besonderer Art.« In Anspielung auf den Streit, wer Smetana oder Mozart besser spiele, die österreichischen Musiker oder die tschechoslowakischen, sprach er sogar von einer »musischen Nähe, in der wir uns befinden«. Die bereits im nächsten Jahr ausgebrochenen Konflikte zwischen Prag und Wien wegen der brutalen Unterdrückung der Menschenrechtsbewegung Charta 77 bestätigten bald die gleichzeitig ausgesprochene Warnung Kreiskys: »Es darf keine Politik der schönen Worte bleiben, es muss das eine Politik der nüchternen Taten sein.«[58]

Der blendend aufgelegte Kanzler schwelgte vor seinen österreichischen Begleitern in Erinnerungen an das Jahr 1934, etwa, als er in dieser Stadt als junger Student eine Begegnung zwischen Otto Bauer und dem später ermordeten sowjetischen Theoretiker Nikolai Bucharin miterleben durfte, oder an seinen ersten Nachkriegsaufenthalt auf dem Weg von Stockholm nach Wien, als die österreichische Gesandtschaft in Prag von Tausenden Österreichern belagert wurde, die wieder nach Hause wollten. Wie bei fast jedem Besuch Bruno Kreiskys in den damals kommunistisch regierten Ländern des sowjetischen Machtbereiches lagen das Amüsante und das Makabre dicht nebeneinander, der Wechsel von Komik zu Tragik war abrupt.

Für mich ist vor allem der Abstecher der österreichischen Regierungsdelegation ins Konzentrationslager Theresienstadt auch nach mehr als 45 Jahren ein unauslöschliches Erlebnis geblieben. Die Abordnung war groß, außer von zahlreichen Journalisten wurde der Bundeskanzler von den Landeshauptleuten des Burgenlands, Nieder- und Oberösterreichs, den Klubchefs der drei Parlamentsparteien (SPÖ, ÖVP und FPÖ) und den bei Staatsbesuchen üblichen heimischen »Beschützern« begleitet.

Aber nur zwei Männer trugen hier die Last der Vergangenheit unsichtbar, aber allgegenwärtig, in ihrem Gepäck mit. Bruno Kreisky, der das Konzentrationslager und die Verbrennungsöfen von Theresienstadt besichtigte, wo sich unter den 43 000 Opfern und den 90 000 in das Vernichtungslager Auschwitz Deportierten auch 6182 österreichische Juden, einschließlich naher Verwandter von ihm, befanden. Blass und sichtlich bewegt stand er im Mittelpunkt der Aufmerksamkeit der Gastgeber und legte Kränze nieder.

Ebenfalls bleich und perfekt beherrscht stand dort, mit seiner Frau diskret im Hintergrund, Friedrich Peter, Klubobmann der Freiheitlichen Partei Österreichs (FPÖ), der zu jener Zeit, als Juden, aber auch viele Antifaschisten nichtjüdischer Herkunft nach Theresienstadt deportiert wurden, seinen Dienst als Obersturmführer beim 10. Regiment der 1. SS-Infanteriebrigade leistete, die zahlreiche Kriegsverbrechen beging. Kurz zuvor hatte Simon Wiesenthal, der Leiter des Jüdischen Dokumentationszentrums, diese Tatsache bei einer Pressekonferenz enthüllt und damit eine jahrelange, leidenschaftliche Auseinandersetzung mit Kreisky und der SPÖ provoziert.[59] Viele meinten, es wäre taktvoller und würdiger gewesen, wenn der FPÖ-Obmann nicht dabei gewesen wäre.

Die Szene war gespenstisch: Ein deutscher Kameramann verfolgte Peter unerbittlich, in welche Richtung er sich auch drehte, um seinen Gesichtsausdruck zu filmen. All das spielte sich im Hof des Lagerkomplexes ab. Manche jungen Kollegen aus Wien genossen die Jagd auf Peter. Selbst das stille Weinen von Margit Fischer, der jungen Frau des damaligen SPÖ-Klubobmannes Heinz Fischer, und die allgegenwärtige Erinnerung an das Leiden der österreichischen und tschechischen, deutschen und ungarischen Opfer bildeten bloß die grausige Kulisse für eine Episode der österreichischen Innenpolitik.

Peter sagte mir am Abend beim Empfang in Prag, der Bundeskanzler habe ihm geraten, trotz der Presseangriffe nach Prag mitzufahren. Kreisky bestätigte dies ausdrücklich und fügte noch hinzu: »Wo sind denn die angekündigten, angeblich neuen Beweise gegen Peter geblieben?« Der FPÖ-Klubobmann, in Prag boykottiert von den Journalisten, ergänzte im Gespräch mit mir noch verbittert: »Ihre Kollegen behandeln mich als einen Aussätzigen, obwohl ich diese meine Partei vom Nazismus zur Demokratie weggeführt hatte!«[60] In seinen Erinnerungen schrieb Heinz Fischer, Friedrich Peter sei vom Besuch des Konzentrationslagers »tief beeindruckt und betroffen gewesen«. Er fügte hinzu, dass »seine Einstellung zur Demokratie, zur Zweiten Republik und insbesondere auch zu den Verbrechen der Hitlerzeit einwandfrei war«. Ich war damals und nach jedem Gespräch mit Peter ebenfalls von seiner Wandlung zum aufrechten demokratischen Politiker überzeugt – über die Details seines Dienstes in der Waffen-SS-Einheit hatte ich freilich nichts gewusst …[61]

VdU, FPÖ – die Gründungsjahre

Das herausragende, übergreifende Thema beim Rückblick auf diese Erlebnisse in Theresienstadt und Prag ist die einer Achterbahnfahrt ähnliche Geschichte der FPÖ, des sogenannten »dritten Lagers«, seit dem Ende des Zweiten Weltkriegs. Sie war voller Wendungen und Windungen, voller Aufs und Abs und Wechselfälle, die einander vor allem seit dem Jahr 2000 manchmal in immer rasanter werdendem Tempo ablösten. Die Wechselhaftigkeit, von Zeit zu Zeit mit atemberaubenden Augenblicken, war stets von markanten Persönlichkeiten symbolisiert und geprägt, von Friedrich Peter bis Jörg Haider, von Heinz-Christian Strache bis Herbert Kickl.

Man muss die faktische Beendigung der »Entnazifizierung« durch das NS-Gesetz 1947 und die Amnestie 1948 im Blick behalten, um das Werben der beiden großen Parteien ÖVP und SPÖ um die Stimmen der »Ehemaligen«, fast 500 000 neue Wähler, zu verstehen.[62] Die Initiative zur Gründung einer Sammelpartei der seit 1945 von der Wahl Ausgeschlossenen, einer »Partei der Parteilosen«, hatten zwei bekannte, sich als »liberal« bekennende Mitarbeiter der *Salzburger Nachrichten*, Viktor Reimann und Herbert Kraus, ergriffen. Beide Journalisten verdankten ihre Popularität der Kritik an den

Entnazifizierungsmaßnahmen und ihrem Eintreten für die minderbelasteten Nationalsozialisten.[63]

Der »Verband der Unabhängigen« (VdU) errang bei der Nationalratswahl 1949 als »Wahlpartei der Unabhängigen« mit 11,7 Prozent der gültigen Stimmen (489 000 Stimmen) und 16 Mandaten vor allem in Oberösterreich, Salzburg und der Steiermark einen großen Erfolg. Nach dem Einzug ins Parlament und Wahlverlusten 1953 spalteten die Konflikte zwischen den sogenannten »Nationalen«, also den überzeugten ehemaligen Nationalsozialisten, und der als »liberal« auftretenden Parteiführung den VdU und führten schließlich 1956 zur Gründung der FPÖ. Der gestürzte Vorsitzende Kraus sprach öffentlich von einer »lange vorbereiteten Machtübernahme durch einen kleinen Kreis von Rechtsextremisten und NS-Führern«. Er und Reimann traten aus der Partei aus. Die Wahl des prominenten NSDAP-Funktionärs und SS-Brigadeführers Anton Reinthaller, nach langen Jahren in Haft, zum ersten Obmann der FPÖ war eine Bestätigung des deutschnationalen Rechtsrucks.

Ich möchte hier kurz auf die schillernde Figur Viktor Reimann (1915–1996) eingehen, den ich als Pressechef der Bundestheaterverwaltung und dann als langjährigen Kolumnisten der *Kronen Zeitung* kennengelernt habe. Was mir unverständlich erschien, war die Tatsache, dass jemand, der wegen »Vorbereitung zum Hochverrat« im Dezember 1943 zu zehnjähriger Zuchthausstrafe verurteilt wurde, bereits seit 1940 in Haft war und insgesamt vier Jahre im Gefängnis verbrachte, sowohl in der Politik als VdU-Abgeordneter (1949–1956) als auch in seiner langen journalistischen Laufbahn seit 1945 konsequent Verständnis für das NS-Regime und deutschnationale Ansichten bekundet hat. Es stimmt zwar, dass Reimann bereits 1938 der NSDAP beitrat, aber er hatte Kontakt mit der von Roman Scholz, dem mit ihm befreundeten Priester, geleiteten katholischen Widerstandsgruppe. Scholz wurde im Mai 1944 als Widerstandskämpfer hingerichtet. Reimanns Leben war also nicht frei von Widersprüchen. Zu diesen gehörte auch seine lebenslange Bewunderung für Bruno Kreisky. Fast gleichzeitig mit dem von mir und Karl Heinz Ritschel, dem Chefredakteur der *Salzburger Nachrichten,* verfassten Essayband über Kreisky präsentierte Reimann im Herbst 1972 auch eine sachliche und von Sympathie getragene Kreisky-Biografie. Fast zwei Jahrzehnte später veröffentlichte Reimann in einem Sammelband[64] einen 40 Seiten langen Text auf der Grundlage von zehn Gesprächen mit dem schwer kranken, halb gelähmten und fast blinden Kreisky im Laufe seines letzten Lebensjahres. Auch diesmal ließ der Verfasser seine ungebrochene Wertschätzung für den jüdischen Staatsmann erkennen. Wer kann aber vergessen, dass derselbe Viktor Reimann 1974 im Massenblatt *Kronen Zeitung* in 42 Folgen eine umstrittene, ambivalente Serie über »Juden in Österreich« geschrieben hat, die auch eine Flut von antisemitischen Leserbriefen auslöste? Sein besonderes Verhältnis zu Kreisky kann man wohl nur tiefenpsychologisch deuten.

Friedrich Peter – wendiger Steigbügelhalter oder geläuterter Demokrat?

An dieser Stelle komme ich auf die bedeutende politische Rolle Friedrich Peters zurück, der nach Reinthallers Tod von 1958 bis 1978 Bundesparteiobmann der FPÖ war. Beim Wandel der Politik und wohl auch der Persönlichkeit des FPÖ-Chefs hat die Beziehung von Bruno Kreisky, damals Außenminister, zu Friedrich Peter als Oppositionsführer eine prägende Rolle gespielt. Bei der Schilderung dieses kaum bekannten, aber in der Folgewirkung wichtigen Kapitels benütze ich auch die vom langjährigen SPÖ-Klubobmann Heinz Fischer verfassten Erinnerungen.[65]

Für seine offensive Südtirol-Politik, die letzten Endes die Grundlagen für das optimale Abkommen mit Italien schuf, wollte Außenminister Kreisky (1959–1966) auch die Unterstützung der Opposition gewinnen, informierte deshalb die FPÖ über die wichtigsten außenpolitischen Fragen und traf von Zeit zu Zeit auch Friedrich Peter. Im Laufe der Zeit dürfte ein engerer Kontakt entstanden sein, in dem der aus einer oberösterreichischen, sozialdemokratischen Eisenbahnerfamilie stammende FPÖ-Obmann den Außenminister über seinen Wandel von seiner Waffen-SS-Vergangenheit und der deutschnationalen Gesinnung zur aufrichtigen Bejahung der Demokratie, der Eigenstaatlichkeit Österreichs und der Zweiten Republik überzeugt haben dürfte.

Als die SPÖ unter Kreiskys Führung im März 1970 die Nationalratswahl überraschend mit einem Mandatsstand 81 SPÖ zu 78 ÖVP und 6 FPÖ gewonnen hatte, sorgte Bundeskanzler Josef Klaus für eine zweite Überraschung. Er verblüffte mich und die anderen anwesenden Journalisten am Wahlabend im großen Saal der Hauptwahlbehörde im Innenministerium und empörte (insgeheim) seinen Vizekanzler Hermann Withalm und viele anwesende Parteigranden, als er vor den Fernsehkameras kurz und bündig eine »Koalition der Verlierer« ablehnte, also eine Option für die FPÖ. Eine ÖVP / FPÖ-Koalition hätte ja über 84 gegen 81 Mandate der SPÖ verfügt, doch – sagte Klaus viele Jahre später in einem Interview – das hätte er nie getan, das wäre unanständig gewesen.

Mit diesem ungewöhnlich raschen und eindeutigen Verzicht ohne Konsultation der Parteigremien (Withalm traf die Aussage »wie ein Blitz aus heiterem Himmel«) auf ein durchaus mögliches Machtmittel in den bevorstehenden Koalitionsverhandlungen mit der SPÖ stellte Klaus unbewusst und wohl ungewollt die Weichen für 13 Jahre sozialistische Alleinregierung. Noch in der Wahlnacht richtete Kabinettschef Peter Jankowitsch dem FPÖ-Chef aus, dass Kreisky mit ihm zusammentreffen möchte. Peter erschien knapp vor Mitternacht in der bereits verwaisten SPÖ-Zentrale zu einem Vier-Augen-Gespräch mit dem Wahlsieger. Es gab keine schriftlichen Vereinbarungen, aber Kreisky bekräftigte auf meine wiederholten Fragen, als ich seine Biografie verfasste, dass es ein »informelles Verständnis« über die Möglichkeit einer SPÖ-Minderheitsregierung gab, die von der FPÖ-Fraktion, im Tausch gegen eine Wahlrechtsreform, die der Benachteiligung der kleineren Parteien ein Ende setzen würde, toleriert werden könnte. Beide Seiten standen zu ihrem Wort: Die FPÖ wurde gegen die Zusage, dem Budget 1971 zuzustimmen, mit der längst fälligen Wahlrechtsreform belohnt.

Aus dem Obersturmführer der Waffen-SS mit ungeklärter Kriegsvergangenheit wurde eine Schlüsselfigur der Zweiten Republik, die sogar zwei Mal die Geschichte in entscheidenden Momenten mitprägte. 1970 verdankte Kreisky Peter die Kanzlerschaft. Es war eine Ironie des Schicksals, dass sich die vom FPÖ-Chef erträumte Regierungsbeteiligung infolge der absoluten SPÖ-Mehrheit bei der vorverlegten Nationalratswahl am 10. Oktober 1971 in Luft auflöste. Dank der Wahlrechtsreform konnte die FPÖ immerhin die Zahl ihrer Mandate trotz stagnierenden Stimmenanteils von sechs auf zehn erhöhen.

Als Auslandskorrespondent habe ich die Aufwertung der FPÖ im Parlament und Peters Politik als FPÖ-Klubobmann beobachten können und bin mit der Wertung des Historikers Friedrich Weissensteiner einverstanden: »Friedrich Peter profilierte sich als Oppositionspolitiker und entwickelte sich mit pointierten, gut vorbereiteten und glänzend vorgetragenen Reden zu einem in allen Parteien geachteten Parlamentarier.«[66] Er setzte zweifellos liberale und proeuropäische Markierungen trotz Gegenwind aus dem nationalen Flügel. Wie schon erwähnt, gab es seit 1975 erhebliche innenpolitische Auseinandersetzungen wegen der Enthüllungen Simon Wiesenthals über Peters Rolle in der NS-Zeit. Mit den vermeintlichen Beweggründen für Kreiskys leidenschaftliche Angriffe gegen Wiesenthal und seine Parteinahme für Peter habe ich mich in einem früheren Buch ausführlich beschäftigt.[67]

Zum zweiten Mal stellte Peter die innenpolitischen Weichen nach der Nationalratswahl 1983, bei der die SPÖ die absolute Mehrheit verlor. Obwohl seit 1978 nicht mehr Parteiobmann, blieb er FPÖ-Klubobmann und spielte trotz des schwächsten Ergebnisses in der Parteigeschichte zusammen mit Kreisky als Architekt der ersten rot-blauen Koalition wieder eine entscheidende Rolle. An der Spitze der Koalitionsregierung standen aber zwei andere Personen: Fred Sinowatz als Bundeskanzler und Norbert Steger als Vizekanzler. Die Wahl zum Dritten Nationalratspräsidenten scheiterte an seiner Nazi-Vergangenheit: Deren Hypothek und Folgen »trage ich bis an den Rand meines Grabes«, so Peter wörtlich.

Zur Rolle dieser komplexen Persönlichkeit gehört auch sein endgültiger Bruch mit jener Partei, die er 20 Jahre lang geführt hat. 1986 zog sich Peter nach der innerparteilichen Machtübernahme Jörg Haiders aus der Politik zurück. Sechs Jahre später trat er wegen der »beschämenden Entgleisung«

Haiders mit seiner Aussage über die »ordentliche Beschäftigungspolitik im Dritten Reich« aus der Partei aus. »Trotzdem kann es als historisches Verdienst von Friedrich Peter gewertet werden, die FPÖ und damit das Dritte Lager als stabilen Faktor in der österreichischen Innenpolitik verankert zu haben«, heißt es im offiziellen Lebenslauf des Freiheitlichen Bildungsinstituts.[68] Man darf aber Folgendes auch nicht vergessen: »Kreisky war ein wichtiger Steigbügelhalter für die FPÖ. Überspitzt formuliert: Ohne Kreisky gäbe es heute vielleicht gar keinen Haider«, schrieb ich zur Zeit der Bildung der schwarzblauen Koalitionsregierung durch Wolfgang Schüssel.[69]

Jörg Haider – der Virtuose der Demagogie

Den erfolgreichsten und widersprüchlichsten FPÖ-Politiker, Jörg Haider, habe ich von allen freiheitlichen Politikern am besten gekannt, weil ich ihn seit 1990 sowohl bei zwei TV-Diskussionssendungen wie auch mehrmals in Vier-Augen-Gesprächen treffen konnte. Er war in seiner Rhetorik, in seinem politischen Stil, in seiner Haltung zum Konsens als Leitspruch der Zweiten Republik und vor allem in seiner Einstellung zur NS-Vergangenheit eine einzigartige Figur in der Nachkriegsgeschichte Österreichs. Der Politologe Anton Pelinka hat treffend festgestellt: »Haider verstand es, eine Freiheitliche Partei der Deutschtümelei mit einem Österreich-Patriotismus zu versöhnen, ohne dass die Kerntruppen des Deutschnationalismus – die Burschenschaften und Corps, die Turnvereine und Landsmannschaften – sich deshalb von ihm abgewandt hätten.« Allerdings teile ich seine Ansicht überhaupt nicht, dass er bloß ein »politischer Pausenclown in der österreichischen Politik« gewesen sei.[70] Seine politischen

Erfolge und seine Bedeutung bei politischen Weichenstellungen kann man nicht bagatellisieren oder bloß einer überschäumenden Medienberichterstattung zuschreiben.

Der 1950 in Bad Goisern geborene Haider konnte mit seiner Übernahme der FPÖ-Führung im Herbst 1986 bereits bei den unmittelbar nach dem von Bundeskanzler Franz Vranitzky vollzogenen Bruch der SPÖ/FPÖ-Koalition ausgeschriebenen Wahlen die Stimmen für die FPÖ verdoppeln und die Zahl der Mandate von 12 auf 18 steigern. Mit seiner aggressiven und kompromisslosen Oppositionspolitik, unbändiger Energie, rhetorischer Brillanz und bedenkenloser Wendigkeit griff Haider schon damals die Migrationspolitik und die Auswüchse des versteinerten Proporzsystems pausenlos an. Der »postmoderne Robin Hood« (Rudolf Burger)[71] konnte von Wahl zu Wahl sprunghaft an Stimmen und Mandaten zulegen: von 9,73 Prozent im Jahr 1986 auf 16,63 Prozent 1990, auf 22,5 Prozent 1994 und schließlich auf die Rekordhöhe von 26,91 Prozent 1999. Zum ersten (und bisher zum letzten Mal) erhielt die Haider-Partei damals sogar, wenn auch nur um 415, mehr Stimmen als die ÖVP und wurde so nach der SPÖ zweitstärkste Partei und dann Koalitionspartner der ÖVP in der von Wolfgang Schüssel gebildeten Koalitionsregierung.

Es war ein beispielloser und für viele Beobachter besorgniserregender Aufstieg einer rechtspopulistischen und wegen rechtsextremistischer und NS-nostalgischer Ausrutscher international diskreditierten Partei. Aus einer Nazi-Familie stammend und in einem rechtsradikalen Studentenmilieu aufgewachsen, bediente Haider mit zahlreichen Entgleisungen die schrumpfende Gruppe der Altnazis und die stetig wachsende Gruppe der radikalen Ausländerfeinde, vom Lob der »ordentlichen Beschäftigungspolitik im Dritten Reich«

über seine Rede in Krumpendorf vor Waffen-SS-Veteranen, die er als »anständige Menschen, die einen Charakter haben«, begrüßte, bis zur Verharmlosung der NS-Vernichtungslager, die er im Parlament als »Straflager« bezeichnete. Das von ihm erfundene »Anti-Ausländer-Volksbegehren« erhielt im Januar 1993 416531 Unterschriften und führte am Heldenplatz zum »Lichtermeer« – mit rund 300000 Demonstranten mit Kerzen in der Hand gegen die Ausländerfeindlichkeit die größte politische Kundgebung in der Geschichte der Zweiten Republik.

Zugleich brachen damals Heide Schmidt, frühere Generalsekretärin und Stellvertreterin Haiders, FPÖ-Präsidentschaftskandidatin 1992 und Dritte Präsidentin des Nationalrats, und vier andere Abgeordnete aus prinzipiellen Gründen mit der FPÖ. Sie gründeten das proeuropäische Liberale Forum, das nach anfänglichen Erfolgen 1999 an der Vier-Prozent-Hürde bei der Nationalratswahl scheiterte.

Die Bildung der ÖVP/FPÖ-Koalition am 4. Februar 2000 war ein beispielloser Erfolg für ÖVP-Obmann Wolfgang Schüssel, der dank einer Abmachung mit Haider trotz des dritten Platzes seiner Partei bei der Wahl und trotz der Androhung des Ganges in die Opposition, falls die ÖVP Nummer drei werden sollte, trotz auch der Missbilligung durch Bundespräsident Thomas Klestil Bundeskanzler wurde. Zugleich bedeutete die schwarz-blaue Koalition natürlich einen persönlichen Triumph für Jörg Haider, wenn er auch aus Rücksicht auf das internationale Echo als Landeshauptmann in Kärnten blieb. Trotzdem führte er die Koalitionsverhandlungen und trat an der Seite von Schüssel vor die internationalen Medienvertreter, und nicht die designierte Vizekanzlerin Susanne Riess-Passer, um ihre Einigung zu verkünden.

Ich habe mich in meinem Buch *Mein Österreich* mit den Folgen der Empörung im In- und Ausland, den zeitweiligen symbolischen Sanktionen der übrigen 14 EU-Staaten und mit meinen Stellungnahmen in Print, Ton und Bild gegen die heuchlerische, ungerechtfertigte und kontraproduktive internationale Ausgrenzung Österreichs beschäftigt.[72] Vor allem ging es mir darum zu betonen, dass Haider nicht etwa wegen antisemitischer Äußerungen, sondern infolge seiner berechtigten, wenn auch oft skrupellosen Attacken gegen die Fehlentwicklungen und Missbräuche, die Verlogenheit und die Korruption des versteinerten Proporzsystems gewonnen hatte. So konnte die FPÖ unter diesem Virtuosen der Demagogie bis 1999 die Mehrheit der Arbeiterschaft und fast die Hälfte aller Wähler unter 30 Jahren erobern. Die hysterische Dämonisierung eines Provinzpolitikers und seiner Anhänger wirkte sich zum Nutzen derer aus, denen sie eigentlich schaden sollte.

Höhenflug und Absturz

Im Rückblick, sieben Jahre später in einem langen Gespräch mit mir[73], sah Haider die Bildung der schwarz-blauen Regierung als »sicherlich den größten Erfolg meines politischen Lebens an, stärker als die ÖVP und aus der Position der Stärke heraus eine Regierungsbeteiligung zu erreichen«. Warum erlitten dann er und seine Partei nach ihrem »größten Sieg« binnen zweieinhalb Jahren, bereits im November 2002, die größte Niederlage einer politischen Partei in der Geschichte der Zweiten Republik, einen Absturz von 27 Prozent auf 10 Prozent, den Verlust von zwei Dritteln ihrer Wähler von 1999?

Der Architekt der Niederlage war derselbe Politiker, der die Wende überhaupt ermöglicht hatte, nämlich Jörg Haider. Damals sagte er mir in seiner saloppen Art, sein entscheidender Fehler sei nur die bereits Anfang Februar angekündigte und dann am 1. Mai 2000 realisierte Abgabe des FPÖ-Parteivorsitzes an Vizekanzlerin Susanne Riess-Passer gewesen. Es sei eben zu viel gewesen für sie, die Regierungsfraktion und die Partei zu führen, meinte Haider mit anscheinend ungebrochenem Selbstvertrauen.

Nach zwei Jahrzehnten muss man die Vorgeschichte dieser dramatischen Wende in Erinnerung rufen. Bereits im Februar 2002 war der innerparteiliche Bruch offenkundig geworden, als Haider, ohne den FPÖ-Regierungsmitgliedern ein Wort zu sagen, nach Bagdad flog und Saddam Hussein traf, genau zur gleichen Zeit, als Riess-Passer ihren ersten offiziellen Besuch in Washington absolvierte. Es folgte die unter einem fadenscheinigen Vorwand geübte scharfe Kritik an seiner eigenen Partei aufgrund der Verschiebung der Steuerreform wegen der Hochwasserkatastrophe. Am 1. September 2002, einem Samstag, erreichten die internen Spannungen bei einem Treffen Haider-treuer FPÖ-Delegierter in der steirischen Kleinstadt Knittelfeld ihren Höhepunkt: Den freiheitlichen Regierungsmitgliedern wurde das Misstrauen ausgesprochen. Am darauffolgenden Sonntagabend erklärten Vizekanzlerin Riess-Passer, Finanzminister Karl-Heinz Grasser und FPÖ-Klubobmann Peter Westenthaler vor den Fernsehkameras ihren Rücktritt. Schüssel reagierte sofort mit der Aufkündigung der Koalition mit der FPÖ und stellte die Weichen für Neuwahlen. Die ÖVP errang den größten Wahlsieg ihrer Geschichte mit einem Sprung von 27 auf 42 Prozent und mit einem Zugewinn von 800 000 Stimmen. Erstmals seit 1966 war die ÖVP wieder stärkste Partei und steigerte die Zahl ihrer Mandate von 52 auf 79, während die FPÖ von 52 auf 18 Mandate zusammenschrumpfte. Noch nie hatte eine Partei bei einer Nationalratswahl so viel gewinnen können wie die ÖVP, und noch nie hatte eine Gruppierung so viel verloren wie die FPÖ.

Bereits vor und auch nach der Sprengung der schwarzblauen Koalition spielte Haider wiederholt mit dem Feuer und setzte zerstörerische Aktionen. Dazu gehörte auch die Gründung der neuen Partei BZÖ (Bündnis Zukunft Österreich) 2005 und der Bruch mit der FPÖ. Dass er trotz verblüffender Fahrlässigkeit und wiederholter Kapriolen noch immer und immer wieder viele Menschen, vor allem in Kärnten, für sich gewinnen konnte, zeigte sein Erfolg bei den Landtagswahlen 2004 mit 42,5 Prozent der Stimmen und der Verdreifachung der BZÖ-Sitze im Parlament bei der Nationalratswahl 2008. Mit 58 Jahren projizierte Haider noch einmal ein völlig neues Bild auf den Bildschirm: Er wirkte beinahe staatsmännisch, nicht so rücksichtslos aggressiv wie sein um fast 20 Jahre jüngerer Rivale an der Spitze der FPÖ, Heinz-Christian Strache.

Zurück zur Frage: Warum hat Jörg Haider die von ihm zunächst so überschwänglich gelobte Koalition in die Luft gesprengt? Ich habe im Laufe der Jahre mit ihm selbst und seinen engsten Mitarbeitern, aber auch mit Wolfgang Schüssel und anderen Beobachtern, über seine möglichen Beweggründe gesprochen, um die Tiefen dieser zerrissenen Persönlichkeit auszuloten. Schüssel und Riess-Passer hatten damals, im Einklang mit der Mehrheit der Kommentatoren, gemeint, Haider habe den Popularitätsvorsprung der von ihm eingesetzten FPÖ-Vertreter, Riess-Passers und des damaligen jungen Strahlemanns der Regierung, Finanzminister Karl-Heinz Grasser, nicht ertragen können. Riess-Passer fügte noch hinzu,

Haider sei ein »genialer Oppositionspolitiker« gewesen, mit »Provokation und Polarisierung« als ganz entscheidenden Elementen.[74]

Auch ich habe diese schillernde und widerspruchsvolle Persönlichkeit in verschiedenen Phasen ihres kometenhaften Aufstiegs und jähen Absturzes bei mehreren Begegnungen erlebt. In privaten Gesprächen mit mir hatte Haider gewinnend, stets interessiert und respektvoll gewirkt. Einmal flogen wir nach einer Veranstaltung in der Kärntner Landeshauptstadt zusammen nach Wien und er befragte mich ausführlich über die Lage in Bosnien und Kosovo. Zweifellos hat er die NS-Vergangenheit in Österreich zuweilen verharmlost; er war ein rücksichtsloser Populist, aber kein Neonazi. Zum letzten Mal traf ich ihn in der größten Klagenfurter Buchhandlung, *Heyn*, bei der Präsentation meines Buches *Mein Österreich*. Ich hatte ihm persönlich eine Einladung beim Portier der Landesregierung hinterlassen. Zum allgemeinen Erstaunen erschien er kurz nach Beginn der Veranstaltung. Ich überreichte ihm nach der Diskussion ein Exemplar des Buches mit Widmung. Er blieb bei einem Glas Rotwein noch länger, und nach einem Gespräch mit mir unterhielt er sich in blendender Laune mit einigen Zuhörern. Ich musste damals daran denken, dass Haider selbst erzählt hatte, er habe in sehr früher Jugend ernsthaft Schauspieler werden wollen. Das Spiel in verschiedenen Rollen – Hasardeur und Provokateur, Tabubrecher in einem verkrusteten System und Symbol eines aggressiven Narzissmus – betrieb er stets mit jugendlichem Image und großem Geschick.

Knapp ein Jahr nach unserem letzten Treffen, am Samstag, dem 11. Oktober 2008, fuhr Landeshauptmann Jörg Haider um 1.15 Uhr allein und betrunken mit 142 km/h, doppelt so schnell wie auf diesem Abschnitt bei Klagenfurt erlaubt, nach

Hause. Sein Auto kam von der Straße ab und überschlug sich. In seinem Tod bei einer beschleunigten Bewegung seiner großen Dienstlimousine sah man eine »grausame innere Logik« seines stets »rast- und ruhelosen Lebens«. Er sei so gestorben, wie er gelebt habe: »Immer Vollgas, immer über das Limit. Er war das größte politische Genie seit Kreisky, aber auch der größtmögliche Zerstörer«, hieß es in den verschiedenen Nachrufen.[75]

Die nächtliche Tragödie erschütterte das ganze Land, vor allem Kärnten. An der Trauerfeier eine Woche später, die vom ORF live übertragen wurde, nahmen 25 000 Menschen, auch der Bundespräsident und alle führenden Politiker des Landes, teil. Diözesanbischof Egon Kapellari würdigte den Verstorbenen beim Requiem im Klagenfurter Dom, er sei »ein brennender Mensch gewesen«. Bundeskanzler Alfred Gusenbauer zollte Haider bei der Feier am Neuen Platz »Respekt und Anerkennung«. Seine Nachfolger als Landeshauptmann (Gerhard Dörfler) und als BZÖ-Chef (Uwe Scheuch) versprachen: »Wir passen auf Dein Kärnten auf.«

Ganz abgesehen davon, dass zu Haiders Vermächtnis auch der enorme Skandal um die Bankengruppe Hypo Alpe Adria gehörte, wurden beide Nachfolger, Dörfler und Scheuch, wegen Untreue und versuchter Vorteilsnahme verurteilt. Was die »Heldenverehrung« betrifft, mit der Haider nach seinem Tod teilweise bedacht wurde, formulierte vielleicht Werner A. Perger (selbst Österreicher) in der Hamburger *Zeit* am schärfsten: »In den Stunden und Tagen nach Haiders Unfall wurde in Österreich von politischen Honoratioren der Republik und von Journalisten, die sich für solche halten, so hemmungslos gelogen wie nie zuvor (…) Der Höhe- oder besser Tiefpunkt dieses Hypes der Nachrufer war die Ergriffenheit, mit der sie Jörg Haider zur Ausnahmegestalt der österreichischen Politik erklärten und auf eine Ebene mit Bruno Kreisky erhoben.« Der Autor, Co-Autor einer Kreisky-Biografie, merkte auch an: »Die einzige zulässige Analogie ist die Tatsache, dass beide über die Grenzen ihres Landes hinaus bekannt und wirkungsvoll waren. Der eine als Demokrat, der andere als Demagoge.«[76]

ÖSTERREICH: IMMER WIEDER »UNTER BEOBACHTUNG«

Das Buch des angesehenen österreichischen Historikers Manfried Rauchensteiner zur Geschichte Österreichs seit 1918 trägt den ungewöhnlichen Titel *Unter Beobachtung*.[77] Bereits in der Einleitung erklärt der Autor, dass nach dem Zusammenbruch der Doppelmonarchie Österreich »von einer europäischen Notwendigkeit zu einem schwer zu definierenden Rest, von einer Unentbehrlichkeit zu einer Verlegenheit« geworden sei. Die spannende Geschichte der gescheiterten Ersten und der erfolgreichen Zweiten Republik (die ich seit Anfang 1957 miterleben durfte) bestätigt seine Grundthese: »Vom ersten Tag an stand das Land unter Beobachtung. Und es waren nicht nur freundliche Blicke, mit denen auf Österreich gesehen wurde. Sorge, Argwohn, Mitleid, Misstrauen und Gier mischten sich mit Gleichgültigkeit, Zufriedenheit und Wohlwollen.«[78] Aus eigenen Erfahrungen und Beobachtungen würde ich im Falle der erst 1989 frei gewordenen Nachbarländer noch den Neid der Bürger auf die Prosperität und die Angst der damaligen kommunistischen Machthaber vor dem Beispiel der wirtschaftlich blühenden liberalen Demokratie jenseits des Eisernen Vorhangs erwähnen.

Den Anfang der direkten und unverschleierten Bevormundung der 1922 in eine Hyperinflation gerutschten Ersten

Republik markierte die Völkerbund-Anleihe. Bundeskanzler Ignaz Seipel von der Christlichsozialen Partei hatte die Siegermächte von den Folgen einer österreichischen Katastrophe überzeugen können. Großbritannien, Frankreich, Italien und die Tschechoslowakei gewährten Österreich im Oktober 1922 eine Anleihe von 650 Millionen Goldkronen mit einer Laufzeit von 20 Jahren. Der Völkerbund, der für die aufzubringende Summe haftete, hatte an dessen Gewährung härteste Bedingungen geknüpft.[79] Der vom Völkerbund eingesetzte niederländische Generalkommissar Alfred Rudolph Zimmerman hatte an der Spitze des Kontrollkomitees der Geberländer das Ganze zu überwachen. Österreich musste ein 20-jähriges Anschlussverbot an Deutschland akzeptieren[80] und das Tabakmonopol sowie die Zolleinnahmen zur Besicherung der Anleihe verpfänden. Die radikalen Sparmaßnahmen zur Sanierung sahen unter anderem die Entlassung von rund 100 000 Staatsbediensteten, die Einschränkung der Krankenanstalten und Krankenkassen, die Erhöhung der Schulgelder und der Kollegiengelder an den Hochschulen, die Auflassung von entbehrlichen Postämtern und Bezirksgerichten, die Einschränkung der Gewerbeförderung und der Arbeitslosenversicherung, die Senkung der Pensionen und die teilweise Aufhebung des Mieterschutzes vor.

Als Sprecher der Sozialdemokraten bezeichnete Otto Bauer diese Form der internationalen Aufsicht als »Fremdherrschaft«; Österreich sei eine »Kolonie der Entente« geworden. Die Anleihe schuf aber die Bedingungen für die Sanierung und ab 1. Januar 1925 die Einführung der neuen Währung, des Schillings. Allerdings reichte der erste Rettungsschirm nicht aus, um die wirtschaftliche und soziale Stabilisierung dauerhaft zu sichern. 1932 war der Völkerbund bereit, eine neuerliche Anleihe in der Höhe von 300 Millionen

Schilling zu gewähren. Eine der Bedingungen war wieder das Anschlussverbot.

Darüber hinaus wurde das Land wieder unter Aufsicht gestellt. Ein anderer Niederländer, Meinoud Rost van Tonningen, sollte bis 1936 über die Verwendung der Gelder wachen.[81] Infolge der finanziellen Stabilisierung wurde der Schilling so hart, dass man ihn den Alpendollar nannte. Die sozialen Folgen der außerordentlich strengen Bedingungen der Völkerbund-Anleihen waren verheerend und trugen wesentlich zu verschärften Konflikten zwischen den politischen Lagern vor dem drohenden Schatten des Dritten Reiches bei. Das zweite Rettungspaket wurde im Parlament nur mit einer hauchdünnen Mehrheit von 81 zu 80 Stimmen angenommen. Die Radikalisierung des innenpolitischen Klimas erreichte ihren Höhepunkt 1934 mit dem Bürgerkrieg und mit der Errichtung der austrofaschistischen Diktatur durch Bundeskanzler Engelbert Dollfuß.

An dieser Stelle darf ich eine, wie mir scheint, nicht unwichtige Begebenheit erwähnen, die Hugo Portisch in seinem Buch *Was jetzt* beschreibt. Österreich hat die Völkerbund-Anleihen zurückgezahlt. Von 1923 bis 1938 wurden alle fälligen Zinsen und Raten pünktlich entrichtet. Nach dem »Anschluss« hat das Deutsche Reich zwar die Geld- und Goldreserven der Nationalbank konfisziert, aber die Zahlungen eingestellt. Nach dem Zweiten Weltkrieg wurde das demokratische Österreich bei einer Konferenz der Gläubigerstaaten zur Begleichung der offenen Zahlungen für die Völkerbund-Anleihen aufgefordert. Diese wurden bis zum Jahr 1973 weitgehend getilgt, der Rest 1980 beglichen. Wie Hugo Portisch mit einem Anflug von Spott bemerkt: »Es hat zwar fast 60 Jahre gedauert, aber keiner der Gläubiger hat draufgezahlt.«[82]

Aus der Bevormundung wurde nach dem »Anschluss« die nicht nur symbolische Ausmerzung Österreichs durch die Errichtung der sogenannten »Alpen- und Donaugauen«. Nach der Wiedergeburt Österreichs war das Land in vier Besatzungszonen aufgeteilt, aber im Unterschied zu Deutschland fanden, in erster Linie dank dem staatsmännischen Geschick Karl Renners[83], freie Wahlen auch in der sowjetischen Besatzungszone statt und die Okkupation endete nach zehn Jahren. Der Staatsvertrag vom 15. Mai 1955 besiegelte dauerhaft Österreichs Unabhängigkeit und verschärfte das 1919, 1922 und 1932 ausgesprochene Anschlussverbot an Deutschland. Die sowjetische Regierung hat Österreich mehrmals eine Vollmitgliedschaft in der EWG verweigert. Dabei wurde wechselweise auf die Neutralität und auf den Staatsvertrag verwiesen, der Österreich in Artikel 4 einen auch wirtschaftlichen Anschluss an Deutschland untersagte. Und so nimmt es auch nicht wunder, dass Österreich drei Jahrzehnte lang über eine Mitgliedschaft bei der Europäischen Gemeinschaft verhandeln musste. Nachdem die Bundesregierung im Juli 1989 die Aufnahme von Verhandlungen über eine Mitgliedschaft beantragt hatte, reagierte der frühere belgische Außenminister Mark Eyskens sogar mit der nicht ernst gemeinten Anregung, nun solle wohl die Europäische Gemeinschaft mit der Sowjetunion über die österreichische Neutralität verhandeln. Österreich wurde schließlich 1995, vier Jahre nach dem Zerfall der Sowjetunion, Mitglied der Europäischen Union.

Ohne diese Rückbesinnung auf die Vergangenheit, als Österreich wiederholt kritisch beäugt und bevormundet wurde, wäre vieles bei den Wechselfällen der im Großen und Ganzen so erfolgreichen Geschichte der Zweiten Republik und bei den bis heute spürbaren Folgen der Beobachtung unverständlich. Die Ereignisse seit dem Staatsvertrag haben die Wertung Manfried Rauchensteiners mehrmals bestätigt: »Das Land war über den Berg. Aus der Verlegenheit war plötzlich ein Stabilitätsfaktor geworden. Eines blieb freilich gleich: Jedes Mal, wenn sich in Österreich etwas tat, stand das Land unter Beobachtung. Und auch dann, wenn sich nichts tat. Immer wieder galt es als Problemzone, dann wieder als Sonderfall, als Musterschüler und gleich mehrfach als der böse Bub, dem man ganz genau auf die Finger schauen sollte.«[84]

Kurt Waldheim – Bilanz einer Krise

Ich darf jetzt kurz auf die Zeit zurückkommen, in der man sich den Kopf darüber zerbrach, ob der österreichische Bundespräsident Kurt Waldheim, ehemaliger Außenminister und zweimal gewählter Generalsekretär der Vereinten Nationen, zu Recht oder zu Unrecht als Nazi und potenzieller Kriegsverbrecher im Zweiten Weltkrieg beschuldigt wurde. Der sogenannte Waldheim-Skandal bleibt der vielleicht beste Beweis dafür, wie atemberaubend schnell ein Wechsel zwischen Höhen und Tiefen des Ansehens eines Landes und seines internationalen Aushängeschildes erfolgen kann. Wie der Historiker Michael Gehler anmerkte: »Es gibt nur ein Staatsoberhaupt in der Geschichte Europas, über dessen Amtsverbleib eine internationale Historikerkommission zu befinden versuchte: Es ging um die Kriegsvergangenheit des 1986 mit absoluter Mehrheit gewählten Bundespräsidenten Kurt Waldheim.«[85] Auch das im April 1987 von den Vereinigten Staaten ohne Beweise verhängte und bis zu seinem Tod 2007 nicht aufgehobene Einreiseverbot (er kam auf die

»Watchlist«) für ein amtierendes und bei freien Wahlen gewähltes Staatsoberhaupt und einen früheren UN-Generalsekretär war ein beispielloser Vorgang. Alle Proteste halfen nichts; 1992 verzichtete Waldheim auf die Kandidatur für eine zweite Amtsperiode.

Der Mann, der zehn Jahre lang als UN-Generalsekretär das Weltgewissen symbolisiert hatte, wurde weltweit direkt und indirekt mit NS-Kriegsverbrechen in Verbindung gebracht und Österreich mit ihm beziehungsweise mit den gegen ihn erhobenen, aber nie bewiesenen Vorwürfen identifiziert. Jüngere Generationen können sich kaum vorstellen, was die Dynamik dieser Kampagne weltweit bewirkt hat. In Vorträgen bei diversen Buchpräsentationen habe ich später manchmal drei Geschichten aus drei Ländern zur Illustration der Stimmung erzählt. Landkreis Wiltshire im Herzen Südenglands: Meine englische Frau Margaret wird beim Hotelempfang nach Bekanntgabe ihres Wohnorts im Tonfall trockenen britischen Humors gefragt: »Sie leben in Wien; haben Sie auch für Waldheim gestimmt?«; Washington, D. C.: Im Gespräch mit dem indischen Taxifahrer bei einer längeren Fahrt zur Residenz des österreichischen Botschafters fragt er mich freundlich: »Aus Österreich kommen Sie? Sie haben ein Problem da, mit Waldheim, nicht wahr?«; Istanbul: Zu später Stunde bei einem Abendessen am Rande einer Konferenz des Internationalen Presseinstituts greift mich der beschwipste Gastgeber, ein türkischer Verleger, nicht ernst gemeint an: »Und Sie Österreicher, mit einem bekannten Kriegsverbrecher zu Hause, werfen uns immer wieder die Sache mit den Armeniern vor!«[86]

Die von der Bundesregierung eingesetzte internationale Historikerkommission gab im Februar 1988 bekannt, dass Waldheim persönlich in keine Kriegsverbrechen involviert gewesen sei; er habe allerdings gewusst, was er zu wissen bestritt. Die Diskussionen waren darüber hinaus durch seine später bedauerte Formulierung von einer »Pflichterfüllung« in der Deutschen Wehrmacht und seine bis zuletzt behauptete und von niemandem geglaubte Unkenntnis von den Kriegsgräueln am Balkan (zum Beispiel von der Deportation der griechischen Juden aus Saloniki) angeheizt worden. Heinz Fischer sprach in seiner Funktion als Nationalratspräsident bei der Verabschiedung von Kurt Waldheim am Ende seiner Amtsperiode vor der Bundesversammlung aus, dass »dem Menschen und dem Bundespräsidenten Kurt Waldheim Unrecht zugefügt wurde, wenn ihm Handlungen – ja sogar Kriegsverbrechen – angelastet wurden, die er nach aller historischen Evidenz einschließlich des Gutachtens einer hochrangigen Historikerkommission nicht begangen hat«[87]. In Waldheims einen Tag nach seinem Tod veröffentlichtem Vermächtnis hieß es: »Zutiefst bedauere ich, dass ich (…) viel zu spät zu den NS-Verbrechen umfassend und unmissverständlich Stellung genommen habe.«[88]

Die sachkundigste Darstellung der traurigen Geschichte des Falles Waldheim findet man übrigens interessanterweise in den Erinnerungen Simon Wiesenthals.[89] Was er in dem Waldheim gewidmeten Kapitel erzählt, bestätigt die Vermutung, dass SPÖ-Wahlstrategen beziehungsweise ihnen nahestehende Journalisten und Zeitzeugen Hand in Hand mit den von der Arroganz der Ignoranz verblendeten Spitzenfunktionären des Jüdischen Weltkongresses die »Waldheim-Bombe« gezündet haben. Wiesenthal, der vom Anfang bis zum Ende die Meinung vertrat, dass Waldheim weder ein Nazi noch ein Kriegsverbrecher war, wurde von den Drahtziehern der Kampagne bewusst ignoriert, später unflätig angegriffen und sogar der Komplizenschaft mit Waldheim und der ÖVP verdächtigt.

Ich habe als Auslandskorrespondent, ORF-Chefredakteur und -Intendant die politischen Akteure dieses Dramas, allen voran Waldheim selbst und Bundeskanzler Fred Sinowatz, gut gekannt. Sinowatz wurde indirekt wegen eines unglücklichen und gerichtlich bestätigten, von ihm bestrittenen »Sagers« über die »braune Vergangenheit« Waldheims auch politisches Opfer des Skandals. Seinen berühmt gewordenen Ausdruck, nicht Waldheim, nur sein Pferd sei bei der SA-Reiterstandarte gewesen, hat übrigens der Kabinettschef des Bundeskanzlers, Hans Pusch, bei einer informellen Zusammenkunft von Intellektuellen, dem »Fliegenden Salon« im Haus von Fürst Karel Schwarzenberg, zuerst von mir gehört, aufgegriffen und Sinowatz weitererzählt, der dann bei einer Pressekonferenz den berühmten »Sager« lanciert hat. Pusch, eine schillernde Figur in jenen Tagen, wurde in der heimischen Berichterstattung verdächtigt, einer der fleißigsten Architekten der Waldheim-Enthüllungen zu sein.

Wie dem auch sei, die Linie von Hitler zu Waldheim und später zur Trias Hitler – Waldheim – Haider anlässlich der gegen die schwarz-blaue Koalition verfügten EU-Sanktionen war damals geboren. Sie wurde auch zu einer fast unvermeidbaren Begleitmusik bis in die unmittelbare Gegenwart, wann immer weit zurückreichende Ressentiments aufbrachen. Bereits der Abschluss des Staatsvertrages mit der Verstaatlichung des von den Russen zurückgegebenen »deutschen Eigentums« ohne Entschädigung für die deutschen Eigentümer durch Österreich hat den deutschen Bundeskanzler Konrad Adenauer zu der bekannten Äußerung provoziert, man würde österreichische Forderungen gegenüber Deutschland damit beantworten, dass man Österreich die Gebeine Adolf Hitlers restituiere. Dazu kamen später Vorwürfe deutscher Sozialdemokraten, dass sich Österreich durch die gemeinsame Geschichte durchgeschwindelt habe und es ihm gelungen sei, Beethoven zum Österreicher und Hitler zum Deutschen zu machen.[90]

Gerade im Hinblick auf diese klassischen und auch in unseren Tagen gelegentlich registrierten Unterstellungen sowie auf Entgleisungen von rechtsradikalen Funktionären der FPÖ und der AfD (Alternative für Deutschland) finde ich es wichtig, an dieser Stelle die von den maßgeblichen Historikern verfasste Charakterisierung Hitlers zu wiederholen. So beschrieb Peter Longerich, der international renommierte Experte für den Nationalsozialismus, in seiner Hitler-Biografie diesen als »eine Person, die bis zum Ende des Ersten Weltkrieges nichts weiter war als ein bedeutungsloser Niemand«, dessen politische Karriere in München im Jahre 1919 begonnen habe.[91] Brigitte Hamann zog nach ihrer Analyse von Hitlers Prägung durch die »von ihm gehasste Hauptstadt des Habsburgerreichs« die Schlussfolgerung: »Aus den Wiener Verhältnissen lässt sich Hitlers Karriere jedenfalls nicht ableiten und schon gar nicht begreifen. Im Deutschland der Weimarer Republik erst machte dieser Österreicher Karriere. Nach Österreich kam er im März 1938 als bis dahin zweifellos erfolgreicher deutscher Reichskanzler zurück.«[92] Einprägsam hatte die Frage – Wem gehört Hitler? – Joseph Roth in vielen Auseinandersetzungen mit deutschen Emigranten in Paris beantwortet, nachdem diese ihm immer wieder vorgeworfen hatten, Hitler sei schließlich ein Österreicher: »Bei uns konnte Hitler nichts werden – bei uns war er ein kleiner Strolch. Bei euch ist er groß geworden.« Dies zitiert Friedrich Heer im Epilog über Roth in seinem großen Werk und fügt hinzu: »Ich gab damals und später meinen deutschen Freunden dieselbe Antwort.« Heer widmet das letzte Kapitel diesem im Mai 1938 in Paris verstorbenen großen Schriftsteller, einem »Österreicher, der nahezu alles war, was man als österreichischer Patriot sein konnte: Sozialist, der Sozialdemokratie nahestehend, dem Kommunismus nahestehend, Legitimist, Katholik, Jude: Joseph Roth«.[93]

Nach dieser notwendigen Klarstellung frage ich mich aber doch auch, ob bei 50 Millionen Toten durch Krieg und Völkermord, verursacht von einem für beides verantwortlichen Diktator und seinem verbrecherischen Regime, nach zwölf Jahren in Deutschland und sieben Jahren in Österreich die Aufteilung der Stationen der Herausbildung seiner Persönlichkeit so entscheidend ist. Zwischen den Hunderttausenden, ja Millionen überzeugten Nationalsozialisten, willigen Helfern und opportunistischen Mitläufern, die dem »Führer« bis zum Ende gefügig dienten, gab es, ob sie nun im Reich oder in der »Ostmark« lebten, kaum Unterschiede. Anders liegen die Dinge, was die Folgen in der Nachkriegsgeschichte und die Aufarbeitung der NS-Zeit in den beiden Ländern betrifft.

Die Schüssel-Regierungen I und II

Den vielleicht wesentlichsten politischen Unterschied stellt bis jetzt die jeweilige Behandlung des extrem rechten Randes dar. In der Bundesrepublik erlebte nach dem »Flüchtlingsherbst« 2015 die 2013 gegründete und inzwischen von Rechtspopulisten und Rechtsextremen dominierte AfD einen enormen Zulauf und stieg in den folgenden Jahren mit starken Fraktionen in den Bundestag und in die Landtage auf. Trotzdem ist sie bisher in keiner Regierung vertreten. Zuletzt verhinderte Bundeskanzlerin Angela Merkel im Februar 2020 eine Zusammenarbeit mit der AfD im Bundesland Thüringen.[94] In Österreich wurde aber die FPÖ, wie bereits ausgeführt, durch den Kreisky-Peter-Pakt 1970 salonfähig und nach dem Verlust der absoluten Mehrheit 1983 wieder dank Kreisky sogar »regierungsfähig«. Die Freiheitlichen stellten, mit dem zeitweilig als liberales Aushängeschild geltenden Norbert Steger als Vizekanzler und Handelsminister, auch den Justiz- und den Verteidigungsminister und drei Staatssekretäre. Das »liberale Zwischenspiel«, das 1979 sogar zur Aufnahme der FPÖ in die Liberale Internationale führte[95], scheiterte endgültig 1986 mit der Machtübernahme durch Jörg Haider. Dieser schwenkte nach seinem deutschnationalen Beginn in der schlagenden Burschenschaft Silvania Wien[96] später mit der Partei auf einen populistischen, österreichisch-patriotischen Kurs um.

Die schwarz-blaue Regierung Schüssel war aus der Sicht des ehemals hochrangigen ÖVP-Politikers, früheren Ministers und Zweiten Nationalratspräsidenten Heinrich Neisser ebenso ein »Sündenfall« wie die auf Druck Kreiskys von Sinowatz gebildete bisher einzige SPÖ/FPÖ-Koalitionsregierung 1983 in den Augen späterer linker Kritiker. Neisser gehört zu jenen sehr wenigen ÖVP-Würdenträgern, die weder durch die Wahlerfolge von Wolfgang Schüssel noch durch jene von Sebastian Kurz geblendet wurden. Seine harte Kritik an der schwarz-blauen Regierung klingt auch im Rückblick eindrucksvoll: »Jedes Zusammengehen mit Haider ist eine Infektionskrankheit, macht dich krank. Ich bin überzeugt, die ÖVP hat Schaden genommen, das war kein Erfolg, diese Periode 2000–2006. Die ÖVP hat einen Rechtsruck gemacht, den ich persönlich überhaupt nicht unterstützen kann, die ÖVP hat zum Teil seine politischen Manieren angenommen, Haider hat ja diesem Land unglaublich geschadet, das muss man bei allen seinen Erfolgen sagen. Ich habe erlebt, wie er Menschen attackiert und ruiniert hat, systematisch. Er war einer der skrupellosesten Machtpolitiker, die es je gegeben hat.«[97] 15 Jahre später drückte er sich über das Techtelmechtel von Sebastian Kurz mit der FPÖ noch schärfer aus: »Persönlich bin ich froh, dass die Ära Kurz vorüber ist, weil sie der österreichischen Politik nicht gutgetan hat. Meine Probleme mit Kurz wurzeln ja gerade darin, dass er einen Rechtsruck der ÖVP bewirkt hat und man das Gefühl hatte, zwischen ihr und der FPÖ gibt es eine ideologische Einheit.«[98]

Rückblickend muss man allerdings feststellen, dass die beiden von Wolfgang Schüssel geführten Koalitionsregierungen, vor allem seit 2002, eher durch den bizarren Dilettantismus der meisten blauen Minister als durch die rechtsradikalen Sprüche der regierungstreuen FPÖ-Abgeordneten charakterisiert werden können. Die bedeutendste internationale Leistung Schüssels war zweifellos das Abkommen über die Entschädigung für ehemalige Zwangsarbeiter und jüdische Holocaustopfer. Diese so verspätete Aufarbeitung der NS-Vergangenheit konnte allerdings die durch den Tabubruch des Paktes mit Haider verursachten Imageschäden und ihre Folgen für die seit 2000 wieder verschärft von Verdacht geprägte »Beobachtung« unseres Landes nicht auslöschen. Alle positiven und negativen Facetten der Ära Schüssel wurden jedoch ein Jahrzehnt später und bis in unsere Tage durch die vom einstigen jungen Superstar Finanzminister Karl-Heinz Grasser ausgelösten Korruptionsskandale überschattet.[99]

Der Aufstieg der Rechten in Österreich

In diesem Kapitel ist es nicht mein vorrangiges Ziel, eine Bilanz der ersten Mitte-rechts-Regierung seit 1945 zu ziehen, sondern die Wandlungsprozesse im sogenannten »Dritten

Lager« zu beschreiben. Unter der Führung des um 20 Jahre jüngeren Haider-Nachfolgers, des Zahntechnikers und Berufspolitikers Heinz-Christian Strache, als Bundesparteiobmann konnte die FPÖ zuerst in Wien und einige Jahre später im Bund die Folgen der Spaltung überwinden. Es gelang ihr, die Stagnation und die Streitigkeiten der rot-schwarzen Koalitionen unter Bundeskanzler Werner Faymann auszunützen und mit den Kernthemen Ausländer, Sicherheit, Integration und Arbeitsplätze unerwartete Erfolge zu erzielen. Als Spitzenkandidat in Wien erreichte Strache mit der FPÖ 2010 25,8 Prozent und fünf Jahre später sogar fast 31 Prozent der Stimmen. Bei der Nationalratswahl 2013 gewann die FPÖ bereits über ein Fünftel der abgegebenen Stimmen. Die Bundespräsidentenwahl am 24. April 2016 markierte den größten Wahlerfolg der Freiheitlichen in der österreichischen Nachkriegsgeschichte. Ihr Kandidat, Norbert Hofer, seit 2013 Dritter Präsident des Nationalrates, gewann im ersten Wahlgang überlegen den ersten Platz mit 35 Prozent vor dem Grünen Alexander Van der Bellen, der mit 21,3 Prozent nur knapp vor der unabhängigen Überraschungskandidatin Irmgard Griss blieb, die auf Anhieb 19 Prozent erreichte. Den dramatischen Niedergang der beiden Großparteien zeigte der jämmerliche Stimmenanteil von knapp 11 Prozent für ihre jeweiligen Kandidaten. Der Flugtechniker und FPÖ-Politiker Hofer ließ sich bei Kommunikations- und Rhetorik-Kursen schulen und wurde später selbst Seminartrainer. Dies kam ihm bei den TV-Diskussionen und bei den Fernsehduellen mit Van der Bellen zugute. Bei der Stichwahl am 22. Mai unterlag er ihm nur hauchdünn mit 49,65 Prozent oder um 31 000 Stimmen. Der enorme Aufschwung des FPÖ-Kandidaten lässt sich erst aus einem Vergleich mit den früheren Präsidentschaftswahlen anschaulich ablesen.[100]

Es war eine Ironie des Schicksals, dass die FPÖ die Stichwahl beim Verfassungsgerichtshof erfolgreich anfechten konnte. Wegen formaler Mängel bei der Auszählung der Briefwahlstimmen wurde für den 4. Dezember 2016 ein neuer Wahlgang angeordnet. Die zweite Stichwahl konnte Van der Bellen dann mit 53,8 Prozent überzeugender gewinnen. In der relativ langen Periode zwischen den beiden Stichwahlen war über die Parteigrenzen hinweg eine zum Teil hochrangige Koalition zugunsten Van der Bellens entstanden. Vizekanzler und ÖVP-Obmann Reinhold Mitterlehner, die Ex-ÖVP-Vizekanzler Erhard Busek und Wilhelm Molterer sprachen sich öffentlich für ihn aus. Mehrere Äußerungen von Hofer trugen zur Mobilisierung seiner Gegner bei. Vor allem Hofers Bemerkung bei der ORF-Kandidatenrunde am 21. April 2016 über sein Amtsverständnis als möglicher Bundespräsident löste weitverbreitete Besorgnisse und Irritationen aus: »Sie werden sich noch wundern, was alles möglich ist!«[101]

Nach dem eindrucksvollen Prestigeerfolg des freiheitlichen Kandidaten konnte die von Strache geführte FPÖ bei der Nationalratswahl im Oktober 2017 trotz des Aufstiegs der von Sebastian Kurz geführten »Neuen Volkspartei« mit 26 Prozent das zweitbeste Ergebnis der Parteigeschichte erzielen. Der Stimmenanteil stieg verglichen mit 2013 um 5,45 Prozent und die Zahl der Abgeordneten um 11 auf 51. Politisch noch wichtiger als der Wahlerfolg war dank der Entscheidung des künftigen Bundeskanzlers Kurz der blaue Durchbruch zur exekutiven Macht. In der Koalitionsregierung mit der ÖVP gelang es der FPÖ, unter anderem solche Schlüsselressorts wie Innen-, Außen- und Verteidigungsministerium, die Kontrolle über alle Geheimdienste und den Posten des Gouverneurs der Nationalbank zu gewinnen. Keine andere rechtspopulistische Partei konnte damals in einem demokratischen Staat vergleichbare strategische Machtpositionen erringen.

Im Gegensatz zu den von Jörg Haider geprägten Erfolgen der 1990er-Jahre war der rasante Aufstieg in den Jahren 2016/17 vor allem die Folge der weltweiten Völkerwanderung. Ein Großteil der Millionen Flüchtlinge passierte Österreich, und der Flüchtlingsstrom hatte in zunehmendem Maß politische Auswirkungen. Die Zahl der Asylwerber erreichte 2015 88 000. Der von manchen Beobachtern angestellte Vergleich der Syrer und Afghanen mit den Ungarnflüchtlingen 1956 war historisch und politisch falsch. Um das zu verstehen, genügt es, an die historische Verwandtschaft bis zum Zerfall der Doppelmonarchie, an die Dramatik der Invasion in einem Nachbarland nur ein Jahr nach dem Erringen der eigenen Freiheit durch den Staatsvertrag und an die gemeinsamen kulturellen Wurzeln zu erinnern. Dennoch: Die Hilfsbereitschaft von Tausenden Helfern konnte eine humanitäre Katastrophe verhindern. Die verspäteten Maßnahmen zur Steuerung der massiven Migrationsbewegung führten jedoch zu immer stärkeren Schwankungen zwischen Mitgefühl und Fremdenfeindlichkeit, zwischen Offenheit und Abkapselung.

Der unbestrittene Nutznießer des lange Zeit ungesteuerten Zustroms war ganz klar die FPÖ. Die bei der Präsidentschaftswahl immer lauter und aggressiver gewordenen Verschwörungstheorien, die im Dunstkreis des FPÖ-Kandidaten hörbaren nationalistischen und antisemitischen Rülpser sowie Hofers Spekulation mit einem Aufstand gegen »Brüssel« sorgten auch international für Gesprächsstoff. Das Land stand im Fokus, vor allem in jenen Staaten, in denen im Jahr 1986 (Waldheim) und 2000 (erste schwarz-blaue Koalition) Österreich als das letzte Nest des Nationalsozialismus hingestellt wurde. Besonders in den spannenden Monaten zwischen den beiden Stichwahlen interessierte sich auch das Ausland immer mehr für das Kopf-an-Kopf-Rennen zwischen Hofer und Van der Bellen. Der tschechische Ex-Außenminister Karel Schwarzenberg sprach nicht nur seine eigene Meinung aus, als er warnte, Österreich würde bei einem Sieg Hofers unweigerlich wieder »unter Beobachtung« stehen.[102] Das Wahlergebnis wurde nicht nur in Österreich mit einer gewissen Erleichterung aufgenommen.

In dem Augenblick, als die sogenannte türkis-blaue Koalitionsregierung durch Sebastian Kurz und Heinz-Christian Strache am 18. Dezember 2017 gebildet wurde, riskierte sie, das Ansehen aufs Spiel zu setzen, das nach dem Bruch Schüssels mit Haider seit 2002 innerhalb der Europäischen Union aufgebaut worden war. Der Gefahr der europäischen Isolierung und der erwarteten Reaktion Israels bewusst, verankerten Kurz und Strache im Koalitionsabkommen ein »Bekenntnis zu Israel als jüdischem Staat«. Darüber hinaus verpflichtete sich die Regierung, die Doppelstaatsbürgerschaft auf Nachfahren von NS-Opfern auszuweiten.[103] Strache hatte bereits vor einer möglichen Regierungsbeteiligung persönlich immer wieder versucht, die Beziehungen zu Israel und zur Israelitischen Kultusgemeinde in Wien zu »normalisieren«. Er besuchte mehrmals Israel und die Gedenkstätte Yad Vashem in Jerusalem. Im April 2016 fuhr er sogar mit den Vizelandeshauptleuten Oberösterreichs und des Burgenlands zum Besuch von Yad Vashem nach Israel.

Es entbehrt nicht der Ironie, dass ebenjener Heinz-Christian Strache, Bundesparteiobmann der FPÖ (2005–2019), eine israelfreundliche Wende symbolisierte, der selbst bereits im Alter von 15 Jahren Mitglied der schlagenden und deutschnationalen Schülerverbindung Burschenschaft Vandalia war und jahrelang in neonazistischen und rechtsextremen Kreisen verkehrte.

Für die FPÖ wurde mit dem Flüchtlingsstrom, wie auch für die anderen rechtspopulistischen Parteien in Frankreich, Italien und den Niederlanden, der radikale Islam das absolute Feindbild. Angesichts der Stärke der nationalen Kerngruppen um die Burschenschaften gab es von Strache auch ambivalente innerparteiliche Signale. So trug er bei seinem ersten Besuch in Yad Vashem statt der Kippa ausgerechnet die Kappe seiner Burschenschaft. Noch 2012 postete er eine antisemitische Karikatur auf seiner Facebook-Seite. Seine späteren emotionalen Reden und eindeutigen Stellungnahmen gegen den Antisemitismus, sogar beim Wiener Akademikerball der Burschenschaften im Januar 2018, haben Aufmerksamkeit erregt. Es ging dem FPÖ-Obmann mit seinem israelfreundlichen Kurs offensichtlich darum, seine Partei als gemäßigt und regierungsfähig hinzustellen.

Ich habe seit dem Abgang Haiders überhaupt keine Kontakte mit der FPÖ-Führungsmannschaft gehabt. Nur bei den seit einigen Jahren im Bundeskanzleramt am 8. Mai zur Erinnerung an die Befreiung vom Nationalsozialismus und an die Beendigung des Zweiten Weltkrieges stattfindenden Veranstaltungen traf ich auch einige FPÖ-Vertreter. Im Jahr 2012 habe ich die Ehre gehabt, an diesem Tag den Festvortrag zu halten. Angesichts meines nackten Überlebens als 15-jähriger Mittelschüler nach der Flucht vom Todesmarsch Richtung Österreich war dieser Vortrag mit dem Titel »Europas Ende und Europas Aufbruch« auch ein sehr persönliches Bekenntnis.[104] Damals schüttelte mir Strache nach dem Vortrag die Hand. Sieben Jahre später, 2019, hielten an diesem Gedenktag vor dem Auftritt einer Holocaust-Überlebenden, der Mutter einer bekannten österreichischen Journalistin, Bundeskanzler Kurz und Vizekanzler Strache kurze Festreden. Die ganze FPÖ-Führungsriege war dabei. Während Kurz, routiniert und glatt wie immer, seinen Text vorlas, hielt Strache eine freie, sehr emotionale Gedenkrede, mit mehreren Hinweisen auf seine Besuche in Yad Vashem. Diesmal schüttelte ich ihm die Hand und merkte nur an: »Sie haben in Ihrer Partei noch viel im Sinne Ihres Vortrags zu tun.« Ich habe nachher meiner Frau den Ablauf der Veranstaltung erzählt und mit einem Anflug von Spott hinzugefügt: »Seine Worte klangen fast wie der Aufruf des Chefs eines philosemitischen Vereins ...«

Der Liederbuch-Skandal

Es gab nie wieder eine Möglichkeit, die Glaubwürdigkeit von Straches scheinbarer persönlicher Wende näher zu prüfen. Neun Tage später, am 17. Mai 2019, explodierte die Bombe des Ibiza-Videos, die seine politische Karriere zerstörte und der türkis-blauen Koalition ein jähes Ende setzte.[105] Die politischen Folgen des Skandals werden in einem späteren Kapitel über die Ära Kurz analysiert, jetzt kehre ich zurück zum bis zuletzt unveränderten Beschluss Israels und der Israelitischen Kultusgemeinde, keine Beziehungen zur FPÖ zu unterhalten – trotz der israelfreundlichen Stellungnahmen des Parteichefs. Unabhängig davon, ob diese vom politischen Kalkül diktiert wurden oder nicht, bestätigt eine lange Reihe von antisemitischen Vorfällen den unveränderten ideologischen Kern der FPÖ gerade während Straches Obmannschaft.

Das Mauthausen-Komitee hat in drei Broschüren seit 2013 Dokumentationen mit dem Titel »Viele Einzelfälle = ein Muster« über die rechtsextremen Aktivitäten von FPÖ-Politikern erstellt. Insgesamt wurden seit Anfang 2013 169 Einzelfälle dokumentiert, die laut den Autoren beweisen, dass sich die

FPÖ auch als Regierungspartei (für ein Jahr und 151 Tage) nicht gemäßigt hat. Nur einige Wochen nach der Bildung der ÖVP / FPÖ-Koalition erschütterte der Liederbuch-Skandal die Innenpolitik. Fünf Tage vor der niederösterreichischen Landtagswahl berichtete die Wochenzeitung *Falter* über das 1997 in dritter Auflage erschienene, 300 Seiten lange Liederbuch der Burschenschaft Germania zu Wiener Neustadt, in dem eine Reihe antisemitischer und rassistischer Liedertexte enthalten ist. Zum Beispiel: »Da trat in ihre Mitte der Jude Ben Gurion: ›Gebt Gas, ihr alten Germanen, wir schaffen die siebte Million.‹«[106] Der Spitzenkandidat der FPÖ in Niederösterreich, Udo Landbauer, damals 32 Jahre alt, war seit seinem 15. Lebensjahr Mitglied und zuletzt stellvertretender Vorsitzender dieser Burschenschaft. In einem aufschlussreichen ZiB 2-Interview am 24. Januar 2018 stellte Armin Wolf ihm unter anderem die Fragen:

»Jetzt haben Sie gestern gesagt in Ihrer ersten Reaktion: ›Ich habe weder in der FPÖ noch in meinem Bund in den vielen Jahren meines Wirkens auch nur das geringste Maß an Fremdenfeindlichkeit oder Antisemitismus wahrgenommen.‹ Vor zwei Monaten hat der niederösterreichische FPÖ-Funktionär sein Bundesrat-Mandat nicht angenommen, weil er auf einem Foto mit dem Hitler-Gruß gezeigt wurde. Vor drei Wochen mussten Sie einen Funktionär ausschließen, weil er ein Neonazi-Lied auf Facebook gelikt hat. Ihr niederösterreichischer Höbart nennt Asylwerber Erd- und Höhlenmenschen. Sie nennen Frau Mikl-Leitner Moslem-Mama. Im Nationalrat sitzt der FPÖ-Abgeordnete Zanger, der findet, ich zitiere: ›Natürlich hat es gute Seiten am Nationalsozialismus gegeben, nur die hören wir heute nicht mehr.‹ Und, und, und. Sie haben in Ihrer Zeit in der FPÖ noch nie etwas Antisemitisches oder Fremdenfeindliches wahrgenommen?«

Nachdem Landbauer beteuerte, von den Texten nichts gewusst zu haben, fragte Wolf:

»Aber auf Seite 198 findet sich das Bundeslied des Bundes Deutscher Mädels. Es findet sich auf Seite 217 das ›Fallschirmjägerlied‹ aus dem Zweiten Weltkrieg. Auf Seite 221 das Lied der ›Legion Condor‹, das war das erste Lied der deutschen Luftwaffe unter Hitler. Es findet sich auf Seite 140 ein unglaublich rassistisches Lied mit dem Titel ›Negeraufstand in Kuba‹. Ich zitiere nichts draus, weil es derartig ekelhaft ist. Das war alles geschwärzt? ... Jetzt sind Sie, wie Sie ja selber sagen, seitdem Sie 15 sind – also seit 17 Jahren – Mitglied in dieser Burschenschaft. Sie waren auch mehrere Jahre lang stellvertretender Obmann. Und Sie haben nie gefragt, warum im offiziellen Liederbuch der Burschenschaft Seiten geschwärzt sind oder herausgerissen sind?«

Landbauer antwortete immer wieder: »Seit meiner Mitgliedschaft waren sowohl ich wie auch alle, die zu der Zeit aktiv waren, mit solchen Liedtexten niemals befasst und sie wurden auch nie gesungen.«

Franz Schuh konnte in seinem letzten Buch die Liederbuchgeschichte bereits treffend zusammenfassen: »Die Reaktion der geistig Entblößten, der anhand ihrer Bibliothek Überführten, deren Familiengeheimnis plötzlich öffentlich wurde, war klassisch: Erstens habe man nichts davon gewusst und zweitens sei, was man davon gewusst habe, nicht so gemeint gewesen, außerdem hätte man ja die Zeilen geschwärzt, drittens habe man die betreffenden Worte zwar selber auch gesungen, aber zu einer Zeit, in der man für so etwas noch nicht ›sensibel‹ war.«[107]

Landbauer sprach sich zwar für eine gerichtliche Untersuchung aus, aber unter dem öffentlichen Druck trat er am 1. Februar 2018 von allen seinen politischen Funktionen zurück. Das Verfahren gegen die vier Herausgeber des Liederbuches aus dem Jahr 1997 wurde aus Beweismangel im August 2018 in Wiener Neustadt eingestellt. Landbauer wurde nur als Zeuge verhört. Bereits im September kehrte er in die Politik zurück und wurde zum geschäftsführenden Landesparteiobmann der FPÖ Niederösterreich und einen Tag danach unter heftigem Protest anderer Parteien und Organisationen zum geschäftsführenden Klubobmann seiner Partei gewählt. Im Sommer 2019 stieg er schon zum niederösterreichischen FPÖ-Parteiobmann und danach zum niederösterreichischen Klubobmann seiner Partei auf. Seine Karriere erreichte einen neuen Höhepunkt, als er im Juni 2021 bei der Wahl Herbert Kickls bei einem außerordentlichen Parteikongress in Wiener Neustadt zu einem seiner sechs Stellvertreter bestellt wurde. Er wurde von Kickl mit Lob überschüttet: Landbauer habe »nicht nur politisch Erfahrung, sondern auch Dinge, die ihn schon jetzt zu einem ganz Großen machen: Empathie, das Herz am rechten Fleck und du bist kein Feigling. All das sind Dinge, die die Landeshauptfrau nicht hat«, so der Bundesparteichef. In Anlehnung an die Liederbuchaffäre sagte Kickl: »Udo, du hast in Drachenblut gebadet, so schnell haut dich nichts mehr um.«[108]

Das Bezirksgericht Wiener Neustadt hatte übrigens bereits vorher für ein Happy End der Liederbuchgeschichte gesorgt. Ein Auflösungsverfahren gegen die Burschenschaft Germania wurde Anfang 2019 von der St. Pöltner Vereinsbehörde eingestellt. Die Staatsanwaltschaft hatte die Vernichtung der Gesangsbücher gefordert, die Burschenschaft Germania hatte sich dagegen ausgesprochen. Das Bezirksgericht entschied, dass die Seiten mit antisemitischen Texten entfernt werden. Am 30. April 2019 vormittags schnitt der Obmann der Germania bei einer Tagsatzung – in Anwesenheit eines Vertreters der Staatsanwaltschaft Wiener Neustadt und unter Aufsicht einer Richterin – die inkriminierten Seiten der 19 beschlagnahmten Liederbücher heraus, sagte der Germania-Anwalt im *Ö1-Mittagsjournal*. Die Tagsatzung endete mit dem Beschluss, dass die Liederbücher wieder an die Burschenschaft übergeben werden. Die Schere zum Entfernen der Seiten wurde vom Gericht zur Verfügung gestellt. Die Sprecherin begründete dies damit, dass keiner der Geladenen eine Schere mitbringen solle. An Gerichten herrsche Waffenverbot.[109]

Michael Köhlmeiers zeitlos gültige Warnung

Ich habe diese traurige Geschichte deshalb in die Einzelheiten gehend erzählt, weil sie mit eindrucksvoller Virtuosität bei der Inszenierung an jene Tradition der verlogenen Selbstdarstellung anknüpft, die der Schriftsteller und Sozialpsychologe Manès Sperber in seiner Erinnerung an das Wien der Zwischenkriegszeit so beschrieben hat: »›Eh scho wissen‹ war ein kaum noch von Zwinkern begleitetes Schlüsselwort. Es deutete an, dass alles, alles Komödie war. ›Gar net ignorieren‹, so lautete die Forderung, das Unangenehme zu ignorieren.«[110] Auch bei einem solchen gespenstischen »Einzelfall«, mit Texten von abgrundtiefem Zynismus, triumphiert letzten Endes die »geradezu gigantische Verdeckung der eigenen Vergangenheit«.[111]

Der Fall Landbauer ist deshalb politisch symbolträchtig, weil er gerade am Beispiel eines jungen politischen Aufsteigers zwei Hinweise auf die besondere Struktur der FPÖ enthält. Erstens kann man die Bedeutung der Burschenschaften sehen und zweitens die Praxis, dass scheinbar kompromittierte FPÖ-Politiker nach einer kurzen politischen Abstinenz wieder aufsteigen.

Es gehört zu den interessanten Phänomenen, dass gerade während des offiziell israelfreundlichen und gegen Antisemitismus auftretenden Strache-Kurses der prozentuelle Anteil der Nationalräte, die deutschnationalen Verbindungen angehören, sprunghaft angestiegen ist. Während der Anteil der Burschenschafter nach den beiden letzten Nationalratswahlen unter Haider bloß 5,4 und 6,3 Prozent betragen hatte, waren 2017 und 2019 31 Prozent und 33 Prozent der FPÖ-Abgeordneten schlagende Burschenschafter. Wenn man alle Mitglieder deutschnationaler Verbindungen in Betracht zieht, gehören bereits 40 Prozent der FPÖ-Parlamentarier dieser Kategorie an. In seinem über 600 Seiten langen, grundsätzlichen Werk bezeichnete der Politologe Bernhard Weidinger »den deutsch-völkischen Nationalismus als Kern burschenschaftlicher Ideologie«.[112]

Noch vor der Bildung der türkis-blauen Regierung warnte der FPÖ-Experte und Autor mehrerer Werke über Rechtsextremismus und Neonazismus Hans-Henning Scharsach in seinem letzten Buch (2017) vor einer »stillen Machtergreifung«. Er deckte mit seinen Recherchen die unbekannten Strukturen und weitverzweigten Machtpositionen der zahlenmäßig winzigen schlagenden Burschenschaften und deutschnationalen Verbindungen auf. Die Gesamtzahl der Mitglieder wird auf rund 4000 (0,04 Prozent der Bevölkerung) geschätzt, wobei die der Angehörigen der akademischen Burschenschaften maximal 1800 betragen dürfte. Trotzdem waren zur Zeit der Drucklegung des Scharsach-Buches zwei Drittel der Mitglieder des FPÖ-Parteivorstandes Burschenschafter und nach dem Eintritt in die rechtskonservative Kurz-Regierung gelangten sie teilweise als Minister, Generalsekretäre, Kabinettsmitarbeiter, Aufsichtsräte usw. an die Schaltstellen der Republik.[113]

Der Schriftsteller Michael Köhlmeier hat am Gedenktag des Parlaments »gegen Gewalt und Rassismus im Gedenken an die Opfer des Nationalsozialismus« am 4. Mai 2018[114] in einer fulminanten Rede die Heuchelei der FPÖ entlarvt, »von deren Mitgliedern immer wieder einige, nahezu im Wochenrhythmus, naziverharmlosende oder antisemitische oder rassistische Meldungen abgeben, entweder gleich in der krassen Öffentlichkeit oder klamm versteckt in den Foren und sozialen Medien«. Kann eine solche Partei, fragte Köhlmeier nach der Aufzählung empörender »Einzelfälle«, »sich zugleich zu Verteidigern und Beschützern der Juden aufschwingen? Man kann. Mich bestürzt das eine, das andere glaube ich nicht. Wer das glaubt, ist entweder ein Idiot, oder er tut als ob, dann ist er ein Zyniker.«

Diese kurze Rede, gehalten im Zeremoniensaal der Hofburg, in der ersten Reihe mit Strache und anderen aus der FPÖ-Führungsriege, war zu Recht ein Paukenschlag mit starkem Widerhall. Sie enthielt eine zeitlos gültige Warnung auch nach dem Verschwinden der blauen Regierungsfraktion an jene, die sich durch die »Einzelfälle« abstumpfen haben lassen: »Zum großen Bösen kamen die Menschen nie mit *einem* großen Schritt, sondern mit vielen kleinen, von denen jeder zu klein schien für eine große Empörung. Erst wird gesagt, dann wird getan.«

Nach dem Sturz Heinz-Christian Straches und dem schnellen Verglühen des Sterns seines Nachfolgers Norbert Hofer steht zum ersten Mal seit fast 40 Jahren mit Herbert Kickl ein Mann an der Spitze der Partei, der nie einer schlagenden Kameradschaft oder dem Vernehmen nach einer deutschnationalen Verbindung angehört hat. Trotzdem scheint dieser seit Jörg Haider taktisch fähigste, rhetorisch glänzendste und in seinen Methoden, selbst während der Pandemie, skrupelloseste Politiker zu allem bereit zu sein, um für seine Partei die Macht zu erobern. Sollte sich die bei der Drucklegung dieses Buches so spürbare gesellschaftliche Polarisierung weiter verstärken, könnte Österreich wieder und allzu leicht »unter Beobachtung« geraten.

KARL RENNER UND BRUNO KREISKY: ZWEI GROSSE PERSÖNLICHKEITEN DER SOZIALDEMOKRATIE

Wenige wissen heute in unserem Land, welch großes internationales Ansehen die österreichische Sozialdemokratie sowohl in der Zwischenkriegszeit wie auch nach dem Zweiten Weltkrieg, vor allem während der 13 Jahre der Ära Kreisky, genossen hat. Dies galt besonders für die osteuropäischen Nachbarländer, wo die liberale Demokratie unter dem Druck der totalitären Diktaturen nur ein Wunschtraum war.

Durch die mediale Konzentration auf die fast wöchentlichen Popularitätsumfragen werden die komplexen politischen Entwicklungen und auch die Lehren aus der Vergangenheit in journalistischen Schnellschüssen oft übersehen. Die deutsche Bundestagswahl am 26. September 2021 lieferte ein eindrucksvolles Beispiel dafür, wie ein »abgeschriebener« Kanzlerkandidat samt seiner Partei trotzdem einen überraschenden Sieg erringen konnte. Noch im Mai 2021 lag Olaf Scholz nur bei 14 Prozent in der Kanzlerumfrage. Ende September gewann die SPD dennoch mit 25,7 Prozent der Stimmen die Wahlen, wenn auch nur knapp, und im Politbarometer des ZDF sprachen sich mehr als zwei Drittel der Befragten für Scholz aus.[115] Bekanntlich hat Scholz danach eine sogenannte »Ampelkoalition« mit den Grünen und mit der FDP gebildet. Ohne die Pannen der beiden ursprünglich favorisierten Rivalen hätte Scholz freilich seinen Trumpf – als symbolträchtige Garantie der Stabilität, als »ein Mann der kleinen Gesten und leisen Reden«, als »eine männliche Merkel-Inkarnation« – kaum ausspielen können. Gerade das deutsche Beispiel zeigt, etwa im Falle des Machtkampfes in der CDU, auch die Auswirkungen der negativen Rolle von Politikern in kritischen Situationen. Auch Bundeskanzler Olaf Scholz, dieser hochgebildete und erfahrene Realpolitiker, hat infolge der Verwerfungen nach dem russischen Angriff gegen die Ukraine stark an Zustimmung verloren.

Nicht nur die Überraschung bei den Bundestagswahlen in Deutschland, sondern auch die Geschichte der Zweiten Republik bestätigt die Richtigkeit der Feststellung Isaiah Berlins, des aus Riga stammenden britischen Philosophen: Im Gegensatz zur materialistischen Geschichtsauffassung marxistischer Prägung »... kann der Zufall, können Individuen mit ihren Entscheidungen und Handlungen, die ihrerseits nicht vorhersagbar sind, die sogar selten vorhersagbar sind, den Lauf der Geschichte bestimmen«.[116] In der wechselvollen Geschichte Österreichs und insbesondere der österreichischen Sozialdemokratie gibt es herausragende Beispiele für persönlich bestimmte politische Weichenstellungen.

Karl Renners historische Leistung

Es bleibt zum Beispiel bis heute rätselhaft, wie und warum ein 75 Jahre alter, pensionierter österreichischer Politiker eines Aprilmorgens 1945 in Gloggnitz am Semmering mithilfe der russischen Besatzer aus der Versenkung auftauchen und zu einer Schlüsselfigur bei der Wiedererrichtung der Republik werden konnte. Der Mann, der bei der örtlichen russischen Kommandostelle gegen die Übergriffe sowjetischer Soldaten protestieren wollte, war Karl Renner, der bereits Staatskanzler der Ersten Republik 1918–1920 und Vorsitzender des letzten frei gewählten Nationalrats 1933 vor der Dollfuß-Diktatur gewesen war. Wenn auch alle Details der abenteuerlichen Geschichte der brieflichen Kontaktaufnahme mit Stalin umstritten geblieben sind[117], fest steht, dass ein anwesender Politkommissar schließlich erfasste, mit wem er es zu tun hatte. In seinem an den »Sehr geehrten Genossen, Seiner Exzellenz, Marschall Stalin« mit 15. April 1945 datierten persönlichen Brief erklärte sich Renner bereit, als letzter Präsident der damals noch freien Volksvertretung für das österreichische Volk zu sprechen und als erster Kanzler auch die öffentliche Verwaltung einzurichten. Bereits am 19. April soll Stalin den Befehl erteilt haben, Karl Renner mit der Regierungsbildung zu beauftragen. Und am 27. April 1945 wurde die Welt von der Errichtung einer Provisorischen Staatsregierung unter der Leitung von Renner völlig überrascht.

Die damals noch nicht so gut bekannten Einzelheiten des Ablaufs der Renner-Stalin-Kontaktanknüpfung, die Hugo Portisch zwei Jahrzehnte später filmisch so einprägsam darstellte – *Eine unglaubliche Geschichte: Vom Krieg zum Staat in 14 Tagen* –, hat mir der beste Kenner und erste Biograf Renners, der langjährige Redakteur der *Arbeiter Zeitung* Jacques Hannak, bei unseren häufigen Begegnungen erzählt. Der aus der französischen und amerikanischen Emigration bereits 1946 nach Wien zurückgekehrte Buchautor hatte mich, den um 40 Jahre jüngeren Auslandskorrespondenten, unter seine Fittiche genommen. Bei seinen als »Hannak-Heuriger« bekannt gewordenen informellen Gesprächsrunden mit Intellektuellen und Künstlern, neben einem Glas Gespritzten, aber auch im Café Landtmann, erzählte mir Hannak spannende und oft nur den Eingeweihten bekannte Details über die Richtungskämpfe in der österreichischen Sozialdemokratie vor und nach dem Zweiten Weltkrieg, vor allem über die politischen und ideologischen Konflikte zwischen den großen Führungspersönlichkeiten des Austromarxismus, dem linken Romantiker Otto Bauer und dem pragmatischen Rechten Karl Renner.

Jacques Hannak, dieser ungewöhnliche und gebildete Kollege, war eigentlich mein erster linker »Österreich-Lehrer« (der rechte war mein gleichaltriger Freund Kurt Vorhofer). Wie in meiner Autobiografie[118] beschrieben, war ich schon als Gymnasiast und Student ein Linkssozialist, natürlich auch vollgeladen mit Vorurteilen gegen die rechten Sozialdemokraten, auch in Österreich, die – unter ihnen auch Renner – schon von Stalin und Lenin wortreich als »Verräter am Sozialismus« und »Lakaien des deutschen Imperialismus« beschimpft worden waren. Wenn ich auch nie wieder Mitglied einer politischen Partei geworden bin, haben meine enge Beziehung zu Bruno Kreisky und die später erworbenen Kenntnisse über die Zeitgeschichte mir geholfen, die von den Kommunisten verbreiteten lächerlichen Dogmen schnell über Bord zu werfen und die historische Bedeutung der österreichischen Sozialdemokratie zu erkennen.

Von entscheidender Bedeutung für die Zukunft Österreichs war laut Hannak und allen anderen Beobachtern das Agieren Renners von Anfang an, als er die Zuständigkeit seiner Regierung für ganz Österreich verlangte. Dass Renner die Zustimmung der Russen für freie Wahlen am 25. November 1945 im ganzen Bundesgebiet gewinnen konnte, hing freilich auch mit der grenzenlosen Selbstüberschätzung der Kommunisten zusammen. Sie täuschten sich und die sowjetische Besatzungsmacht über die wirklichen Gefühle des österreichischen Volkes: Statt der erwarteten 25 Prozent erhielt die KPÖ bloß 5,4 Prozent und damit 4 Sitze gegenüber 85 Mandaten der ÖVP und 76 der SPÖ. Welch ungeheure Bedeutung die freien Wahlen und die Anerkennung einer gesamtösterreichischen Regierung für die Zukunft des Landes hatten, beweist das Schicksal des gespaltenen Deutschlands bis 1989 und die Tragödie der von den Kommunisten zu sowjetischen Satelliten degradierten mittel- und osteuropäischen Staaten.

Der Triumph der Taktik Renners, der nach der Nationalratswahl von der Bundesversammlung zum Bundespräsidenten gewählt wurde, war in der Tat eine einmalige historische Leistung: in seiner eigenen Lebenszeit als Staatskanzler zwei Republiken zu gründen – 1918 beziehungsweise 1945 – und bis zu seinem Tod Ende Dezember 1950 nach seinem 80. Geburtstag als eine von allen Seiten im In- und Ausland bewunderte Integrationsfigur zu gelten. Renner war natürlich auch bei der Formulierung der österreichischen Unabhängigkeitserklärung federführend, mit der gesamtösterreichischen Opferdoktrin ohne jede Mitschuld, ohne ein Wort den ermordeten Juden und Roma, den Opfern in Konzentrationslagern oder den zum Verlassen ihrer Heimat Gezwungenen zu widmen.[119]

Karl Renners Bekenntnis zum »Anschluss«

Am bleibenden historischen Verdienst Karl Renners ändern auch die Schatten der Vergangenheit nichts. Allerdings wiegt die Erinnerung an sein Verhalten 1938 und als Regierungs- und Staatschef nach 1945 heute, nach dem freieren Zugang zu den digitalisierten Archiven, zweifellos schwerer als in der Nachkriegszeit. Das gilt auch für die Haltung der Spitzenpolitiker der beiden Großparteien – Bundeskanzler Leopold Figl, Vizekanzler Adolf Schärf und Innenminister Oskar Helmer – zu den NS-Belasteten und den Holocaustüberlebenden. Die Frage, wie und warum das brisante Thema der Rückstellung von jüdischem Eigentum (bzw. dessen Ersatz) für Jahrzehnte auf Eis gelegt wurde, hat der britische Historiker Robert Knight in seinem bahnbrechenden Buch über die betreffenden Wortprotokolle der Bundesregierung von 1945 bis 1952 als Erster beantwortet. Bereits der Titel seines Werkes – mit einem Zitat von Innenminister Oskar Helmer (vom 9. November 1948), »Ich wäre dafür, dass man die Sache in die Länge zieht« – ist zutiefst symbolträchtig und gilt für die Hinhaltetaktik vieler Jahre über den von ihm behandelten Zeitraum (bis 1952) hinaus.[120]

Doch zurück zum rätselhaften und faszinierenden Gründungsvater der Zweiten Republik, dessen Taten und Motive bis in unsere Tage seine Biografen spalten und für Diskussionen sorgen.[121]

Es ist unbestritten, dass Karl Renner ein öffentliches, nicht erzwungenes Bekenntnis, ausdrücklich »als Sozialdemokrat und somit als Verfechter des Selbstbestimmungsrechtes der Nationen, als erster Kanzler der Republik Deutsch-Österreich und als gewesener Präsident ihrer Friedensdelegation zu St.-Germain«, zum »Anschluss« und zu einem »Ja« bei der von Hitler angeordneten Volksabstimmung in dem gleichgeschalteten *Neuen Wiener Tagblatt* abgelegt hatte. Über die Beweggründe wurde natürlich immer viel spekuliert, so unter anderem auch wegen seiner Sorge um seinen jüdischen Schwiegersohn und die »halbjüdischen« Enkelkinder. Doch er selbst betonte stets, dass er ohne Zwang und aus Überzeugung gehandelt habe. Sein auch von südmährischer Abstammung mitgeprägter Deutschnationalismus kam in einer langen, nur in Druckfahnen vorhandenen, zum Glück für seine Nachkriegskarriere nie veröffentlichten Schrift, *... der Anschluss und die Sudetendeutschen*, zum Ausdruck. In dieser Studie lehnte er den tschechoslowakischen Staat ab und diente im Grunde der Rechtfertigung der NS-Kriegspolitik. Infolge der Zerschlagung der Tschechoslowakei wurde die 87 Seiten lange Schrift von den Ereignissen überholt. Über den Weg zu der fast um ein halbes Jahrhundert verspäteten Entdeckung des brisanten Textes kann man nur Spekulationen anstellen.

Fest steht, dass damals, 1938, fast alle und noch in den Kriegsjahren viele führende Sozialdemokraten für den Anschluss an Deutschland waren. Als ich Anfang der 1970er-Jahre an meiner Kreisky-Biografie gearbeitet habe, erhielt ich von ihm Unterlagen auch über seine Korrespondenz mit Oscar Pollak (dem späteren Chefredakteur der *Arbeiter Zeitung*), der in den Kriegsjahren in Großbritannien Asyl gefunden hatte. Diese Briefe und andere Dokumente zeigen, dass Kreisky trotz seiner Bewunderung für Otto Bauer den »Anschluss« nie akzeptiert hat. In seinen Memoiren behandelte er die offizielle Sanktionierung des Anschlusses durch Renner mit ironischer Zurückhaltung: »Es war unvorstellbar für ihn, dass sich an den von Hitler geschaffenen Tatsachen während seiner Lebensspanne noch etwas ändern werde. Die Geschichte hatte gesprochen und dem musste man sich beugen, meinte er, fast möchte ich sagen, wie ein Rohr im Winde. Inwieweit persönliche Motive, Angst um seinen Schwiegersohn und dergleichen, dabei eine Rolle gespielt haben, weiß ich nicht. Es gibt für ein bestimmtes politisches Verhalten eben viele Gründe, subjektive wie objektive, und jedenfalls kam es mir vor, als ließe sich Renner immer auf eine gegebene Situation ein (…) Die Nazis hatten ihn vollkommen in Ruhe gelassen (…) warum sollten wir Renner etwas vorwerfen, was viele andere auch getan haben, nur halt nicht an so prominenter Stelle wie er.«[122]

Renner wurde offensichtlich von beiden Seiten, von Moskau und von den drei westlichen Besatzungsmächten, unterschätzt. Wie sein Stil und seine Persönlichkeit den staatspolitischen Durchbruch geprägt haben, kann man in einem interessanten Aufsatz eines britischen Journalisten in der Londoner Sonntagszeitung *Observer* 1949 lesen: »(…) diesmal hatten die Russen den falschen Mann ausgewählt. Renner war mild, freundlich und verbindlich, auch bereit, einige Ministerposten den Kommunisten zu überlassen, aber durchaus befähigt, die Zügel in den eigenen Händen zu behalten. Er fand sich sanftmütig damit ab, von einigen seiner ausländischen Freunde als eine russische Marionette bezeichnet zu werden; er erregte keinen Anstoß bei der Besatzungsmacht, er war beweglich, höflich, charmant. Aber der Punkt, auf welchem er mit entschlossener Ruhe bestand, war die Notwendigkeit allgemeiner Wahlen (…)«[123] Nach dieser Würdigung des »genialen Schachzugs« Renners, die Zustimmung der sowjetischen Besatzer und wohl auch Stalins zur Schaffung einer aus freien Wahlen hervorgegangenen Bundesregierung zu gewinnen, hieß es zum Schluss des *Observer*-Artikels mit fast prophetischer Voraussage: »Wenn diese zweite österreichische Republik erfolgreich bleibt, dann wird sie Dr. Renners Monument darstellen.«

Die Scheinheiligkeit der SPÖ gegenüber den jüdischen Genossen

In Anbetracht der Wandlungen in der Einstellung der meisten österreichischen Wähler zwischen 1938 und 1945 vermutet Oliver Rathkolb wohl zutreffend, dass Renner die perfekte Personifizierung typisch österreichischen Verhaltens und somit auch eine Integrationsfigur gewesen sei.[124] In Wien trafen sich 1945 in den neu formierten sozialistischen Führungsgremien jene, die geschwiegen, und jene, die gekämpft hatten, jene, die aus den Gefängnissen und Konzentrationslagern kamen, und jene, die sich mit den braunen Machthabern (natürlich immer »im Auftrag der Partei«) arrangiert hatten. Sie alle haben gemeinsam mit den führenden Persönlichkeiten der Österreichischen Volkspartei in den kritischen Jahren der Besatzungszeit Großes vollbracht. Man muss aber festhalten, dass in der sozialistischen Führung keine allzu große Bereitschaft bestand, die Emigranten zurückzuholen.

Die Sozialdemokraten waren nicht nur die älteste, sondern in der Zweiten Republik auch wiederholt die stärkste Partei, mit Stimmenanteilen über 40 Prozent und mit 700 000 Mitgliedern. Nach dem Zweiten Weltkrieg blieb ihr, wie auch dem ganzen Land, dank dem von Kreisky gelobten »ungeheuren Erfindungsreichtum« und Verhandlungsgeschick Renners das Schicksal der benachbarten Volksdemokratien erspart. Nach elf Jahren im Untergrund und nach der Ermordung und Vertreibung vieler führender Funktionäre verfügte die SPÖ, im Gegensatz zum Koalitionspartner ÖVP, nur über wenig geeignetes Personal. Ihre neuen Spitzenpolitiker, wie Vizekanzler Schärf und Innenminister Helmer, waren 1945 praktisch unbekannt. Der Personenmangel in der Parteielite war auch die Folge von deren besonderer Struktur. Der Gründer und legendäre Leiter ab 1889 war der Arzt Viktor Adler, ein Jude wie auch in der Zwischenkriegszeit unter anderen der herausragende Intellektuelle Otto Bauer, die Chefredakteure der *Arbeiter Zeitung* und die bedeutendsten Persönlichkeiten des »Roten Wien« mit den europaweit bewunderten Wohnbauprojekten. Um der antisemitischen Agitation gegen die »Judenpartei« SPÖ den Boden zu entziehen, war nicht Bauer der Parteivorsitzende gewesen, sondern Karl Seitz, der auch als Bürgermeister von Wien amtierte.

In seinen geradezu von »hysterischer Liebe zur Heimat« (Daniel Kehlmann) geprägten Memoiren schrieb der aus dem amerikanischen Exil als US-Kulturoffizier zurückgekehrte und in Wien angesiedelte Regisseur und Autor Ernst Lothar in einer bitteren Anmerkung: »Nach Rückkehrern, obschon man es offiziell nicht zugab, bestehe kein Verlangen, nach anerkannten am wenigsten; man wolle unter sich bleiben und sein angegriffenes Gewissen schonen.«[125] Die Tragweite und Schärfe der antisemitischen Stimmung bei der schwarz-roten Koalitionsregierung hinsichtlich der jüdischen Überlebenden im In- und Ausland und der Rückerstattung des geraubten Vermögens wurde erst nach dem freien Zugang zu den Wortprotokollen der Bundesregierung und der SPÖ-Vorstandssitzungen richtig bekannt. Angesichts der Tatsache, dass in der ersten frei gewählten Regierung 12 von 17 Regierungsmitgliedern ehemalige KZ-Häftlinge waren, wirkt die demonstrative Gleichgültigkeit gegenüber der Tragödie des österreichischen Judentums vermischt mit kaum verhohlenem Antisemitismus bedenkenswert.

Hier ein paar kurze Zitate aus dem Protokoll der Ministerratssitzung über die Bitte der jüdischen Gemeinde zur

Schaffung eines Fonds für verarmte jüdische Rückwanderer vom 9. November 1948:

Landwirtschaftsminister Kraus (ÖVP): »(...) ich weiß aber nicht, wie gerade jetzt eine Rasse besondere Privilegien bekommen soll. Andere, die nicht weggingen, bekommen keine Unterstützung, die Juden aber sollen eine solche erhalten.«

Handelsminister Kolb (ÖVP): »(...) das Unrecht, das den Juden zugefügt wurde, hat Österreich nicht zugefügt. Österreich und das Großdeutsche Reich, das ist ein Unterschied.«

Innenminister Helmer (SPÖ): »Was den Juden weggenommen wurde, kann man nicht auf die Plattform ›Großdeutsches Reich‹ bringen. Ein Großteil fällt schon auf einen Teil unserer lieben Mitbürger zurück. (...) Aber ich sehe überall nur jüdische Ausbreitung, wie bei der Ärzteschaft, beim Handel vor allem in Wien (...) Auch den Nazis ist im Jahre 1945 alles weggenommen worden (...) Ich wäre dafür, dass man die Sache in die Länge zieht.«

Bundeskanzler Figl (ÖVP): »Dem Antrag wird die Zustimmung im Ministerrat nicht gegeben (...) Außerdem würde hier ein Gegensatz, eine schwere Lage zu den Nationalsozialisten geschaffen werden.«[126]

Zum Zeitpunkt der Sitzung lebten insgesamt 9000 Juden in Österreich, viele in provisorischen Durchgangslagern. In der Ministerratssitzung wurde die Anmeldungsfrist für Ansprüche nach dem Rückstellungsgesetz nicht verlängert. In seinem 2021 erschienenen, aufrichtigen und kenntnisreichen Buch[127] über die schäbige Behandlung der Emigranten und jüdischen Opfer entlarvt der Publizist und Autor Herbert Lackner auch die abstoßende Heuchelei von Bundeskanzler Figl. Dieser hatte bei der »Trauer- und Gedenkfeier« der Israelitischen Kultusgemeinde in einer Rede anlässlich des zehnten Jahrestages der »Kristallnacht« im Sinne der »Opfertheorie« daran erinnert, dass »all diese Verbrechen und Scheußlichkeiten jenseits unserer Grenzen erdacht und organisiert worden sind« und die »Regierung von allem Anfang an alles daransetzte (...), dem Geist der Menschlichkeit, der Gerechtigkeit und der Moral in unserem Staate wieder zum Durchbruch zu helfen«.

Lackner beschreibt mit bisher unbekannten Äußerungen von Karl Renner, Adolf Schärf und Oskar Helmer auch die konsequente Ablehnung der Rückholung oder Einladung prominenter Emigranten durch die SPÖ-Spitze, nicht zuletzt die erniedrigende Hinhaltetaktik auch im Falle Bruno Kreiskys, der ohne Rücksicht auf die Angebote seines vermögenden Schwiegervaters, in Schweden in dessen Unternehmen einzusteigen, wiederholt versuchte, aus Schweden nach Wien zurückzukehren.

Ich hatte das Glück, Bruno Kreisky 30 Jahre lang dank seines Vertrauens aus der Nähe beobachten zu können, mit ihm zahlreiche private Gespräche zu führen und Dutzende Interviews zu veröffentlichen. Über sein Leben, auch während der zwölf Jahre Emigration in Schweden und als Diplomat für das freie Österreich, erhielt ich viele Dokumente und Informationen. Im Zuge der Vorbereitungen für meine Kreisky-Biografie 1972 und auch während unserer Unterhaltungen in den folgenden zwei Jahrzehnten hat er mir aber nie etwas Näheres über die enttäuschende Gleichgültigkeit der SPÖ-Spitze gegenüber seinen Wünschen nach einer frühen Rückkehr gesagt. Es fiel auch kein Wort über mögliche antisemitische Motive bei dem sich über Jahre hinziehenden Prozess seiner Rückkehr. Auch in seinen autobiografischen Schriften findet man keinen diesbezüglichen Hinweis. Was ich und die anderen Autoren der ersten Kreisky-

Biografien damals von ihm erhalten haben, war bloß die Kopie seines Briefes vom 1. April 1946, einen Monat vor seiner ersten Reise nach Österreich, geschrieben an Frieda Nödl, Widerstandskämpferin und Wiener Landtagsabgeordnete: »Eins aber ist gewiss, sehr aufdrängen werde ich mich nicht. Die Partei hat mir gegenüber keine Verpflichtungen, sie hat sich auch kaum sehr angestrengt, meine Rückkehr zu ermöglichen.«[128]

Kreiskys Verhältnis zum Judentum und Israel

Dass es ihm allerdings erst Anfang 1951, wenige Tage vor seinem 40. Geburtstag, gelang, als »Legationsrat dritter Klasse« in die wirtschaftspolitische Abteilung des damals noch dem Bundeskanzleramt angehörenden Außenministeriums einzutreten, spricht Bände. Es war der überraschende Sieg des 78-jährigen Bürgermeisters der Stadt Wien Theodor Körner bei der Präsidentschaftswahl am 27. Mai 1951 gegen den ÖVP-Kandidaten Heinrich Gleißner, der plötzlich den Weg für Kreisky in den innersten Führungskreis der SPÖ frei machte. Er wurde im Range eines Kabinettsvizedirektors außenpolitischer Berater des Bundespräsidenten.

Bei der Beschäftigung mit Bruno Kreisky ist es nicht meine Absicht, die Stationen seines Aufstiegs zum SPÖ-Vorsitzenden am 1. Februar 1967 und zum Bundeskanzler drei Jahre später zu skizzieren, sondern an ihm, als bedeutender Symbolfigur, das vielleicht größte Paradox der österreichischen Nachkriegsgeschichte zu beschreiben.

Dass Kreisky mit seinem überragenden Intellekt, seinem politischen Einfallsreichtum, seiner taktischen Begabung auch in sensiblen außenpolitischen Fragen, wie im Falle Südtirols unter Beweis gestellt, eine ideale Leitfigur für die Öffnung der Partei nach der letzten vernichtenden Niederlage wäre, wussten viele einflussreiche Genossen schon sehr früh. Dennoch wollte er selbst, trotz aller politischen Ambitionen, lange Zeit »in der zweiten Reihe« bleiben. Er stand vor einer scheinbar unüberwindbaren Barriere: Kann, darf und soll ein Jude, Emigrant und Intellektueller aus großbürgerlichem Haus in diesem Land der tief verwurzelten antisemitischen Vorurteile, die in allen Schichten der Bevölkerung und in allen Parteien, auch in seiner eigenen, wirksam sind, Parteiobmann und Kanzlerkandidat werden?

Als er mir, noch als Außenminister, in einem winzigen Kämmerchen neben seinem Büro am Ballhausplatz nach dem überwältigenden Wahlsieg der Volkspartei 1966 vertraulich von Parteifreunden aus den Bundesländern erzählte, die ihn auf den Schild heben wollten, konnte auch ich meine Zweifel nicht verbergen. War er doch wiederholt Zielscheibe von subtilen und derben antisemitischen Angriffen gewesen. Zuletzt, als ihn im Wahlkampf 1966 der Präsident der niederösterreichischen Landwirtschaftskammer und langjährige ÖVP-Abgeordnete Alois Scheibenreif als »Saujud« bezeichnet hatte.

Wohlüberlegt spielte man auf diesem Klavier, als bei der Nationalratswahl 1970 Bundeskanzler Klaus als »Ein echter Österreicher« plakatiert wurde. Bis zuletzt glaubte Kreisky, wie die meisten Beobachter (auch ich), nicht, dass ein Machtwechsel möglich wäre. Am Abend des 1. März 1970, als wir im Festsaal der Wahlbehörde die ersten Hochrechnungen hörten, spürten auch wir Journalisten, dass man hautnah einen Wendepunkt in der Geschichte der Zweiten Republik erlebte.

Ein halbes Jahrhundert nach diesem Tag und 30 Jahre nach seinem Tod ist die Faszination Bruno Kreiskys und der durch ihn symbolisierten »goldenen Ära der Sozialdemokratie« ungebrochen und sogar stärker denn je.[129] Er war vor allem der Sieger, der seine sozialistische Partei[130] zu einer in der europäischen Geschichte einzigartigen Serie von fünf Wahlsiegen, zur dreimaligen Erringung der absoluten Mehrheit der Mandate und (zum ersten Mal) der Wählerstimmen führte. Er wurde der längstdienende Bundeskanzler in einem eher konservativen Land und war 16 Jahre lang Vorsitzender einer ebenfalls für den Antisemitismus anfälligen SPÖ.

Angesichts der zitierten Einstellungen ist die Frage berechtigt: Wie konnte er die Vorurteile abbauen und die Zuneigung der Österreicher gewinnen? Wie ist es zu erklären, dass er im Laufe der Zeit in der Bewertung immer besser abschnitt als seine Partei? Manche Tiefenpsychologen behaupteten von Anfang an, dass Kreisky vom latenten Antisemitismus, von verdrängten Schuldkomplexen und von der Tatsache profitiert hat, dass breite Bevölkerungsschichten ihn als die personifizierte Autorität und Glaubwürdigkeit betrachteten, gerade deshalb, weil er jene Merkmale, die die antisemitische Propaganda den Juden zuschreibt, so offensichtlich nicht hatte.

Man muss allerdings auch die Tatsache offen aussprechen, dass ihm der leidenschaftliche und immer hasserfülltere Konflikt mit dem zweifellos eher ÖVP-freundlichen Simon Wiesenthal nach dessen Enthüllungen, zuerst sogar über einen SS-Mann als Landwirtschaftsminister[131], dann über vier ehemalige NSDAP-Mitglieder in der ersten SPÖ-Regierung, sowohl geschadet als auch genützt hat. Viele Demokraten, keineswegs nur Juden, waren fassungslos, dass Kreisky, der im Holocaust 21 Verwandte verloren hatte, als lautstarker Verteidiger all jener früheren Nazis auftrat, die mittlerweile »gute Demokraten« geworden seien.[132] Kreisky hat stets die Meinung vertreten, dass »auch ein NSDAP-Mitglied oder ein SS-Mann in Österreich jedes politische Amt bekleiden dürfen muss, solange ihm kein Verbrechen nachgewiesen wird«.

Diese international zuweilen scharf verurteilte Haltung und seine oft unbeherrschten Stellungnahmen hinsichtlich Israels und des Judentums belasteten auf Jahre hinaus das Verhältnis zu den USA, Israel und den jüdischen Organisationen. Seine verblüffend tolerante Behandlung der Nazis wurde zu sehr durch seine persönlichen Erlebnisse, vor allem durch die gemeinsame Haft der Nationalsozialisten und der Sozialdemokraten zur Zeit des austrofaschistischen Staates, geprägt. Die allerschlimmste Zeit hatte er freilich »aus zweiter Hand« erlebt.

Was der frühere ÖVP-Vizekanzler Erhard Busek in einem Gespräch mit mir im Rückblick über den Kreisky-Peter-Pakt (1970/71) gesagt hat, ist eine zynische, aber wohl treffende Wertung: Kreisky habe Peter »entnazifiziert« und Peter habe Kreisky für einen bestimmten Wählerkreis »entjudet«. In einem gewissen Sinne galt das auch für die von Kreisky stets vertretene Versöhnung mit Gruppen, die vorher als Feinde oder Gegner gegolten hatten, ohne die eigenen sozialdemokratischen Werte aufzugeben. Einer seiner Biografen, Werner A. Perger, formulierte es weniger provokant als Busek: Kreisky habe mit seiner verständnisvollen Haltung »das öffentliche Gewissen des Landes ruhiggestellt«.[133] Ich kann jedenfalls aufgrund vieler persönlicher Gespräche bestätigen, dass ihm nichts eine so tiefe innere Genugtuung verschaffte wie die unwiderlegbare Tatsache, dass das österreichische Volk gerade ihn, den seinerzeit Entrechteten, Ausgestoßenen und Verfolgten, immer wieder mit großer Mehrheit gewählt hat.

Trotz aller Wutausbrüche gegen israelische Angriffe und gegen seine jüdischen Kritiker verleugnete Kreisky niemals seine Zugehörigkeit zum Judentum als Schicksalsgemeinschaft. In einem bemerkenswerten, langen Interview, dem einzigen über seine Beziehung zum Judentum, Jahre nach seinem Rücktritt, sagte er: »Das Wissen von Auschwitz ist das Einzige, was mich vorbehaltlos an meine jüdische Herkunft bindet. Ohne Auschwitz würde mich meine Beziehung zum Judentum zu keinem bestimmten Verhalten und zu keiner bestimmten Einstellung verpflichten. Auschwitz ist das Schicksal der Juden, dem auch diejenigen nicht entrinnen können, die ihre jüdische Abstammung für mehr oder weniger beliebig halten. Wir sind durch eine sonderbare grausame Laune der Geschichte alle in den gleichen Topf geworfen worden.«[134]

Man muss leider feststellen, dass der Politiker Kreisky wohl auch aus nüchternem Kalkül und wahltaktischen Überlegungen den umstrittenen Weg der (oft faulen) Kompromisse, der (oft undifferenzierten) Versöhnung und des (oft unverzeihlichen) Vergessens gewählt hat. Es war ein Glücksfall, dass (leider viel zu spät) ein nicht jüdischer sozialdemokratischer Bundeskanzler, Franz Vranitzky, jene klaren Worte in Wien und Jerusalem über Österreichs Mitverantwortung an den nationalsozialistischen Verbrechen fand, welche der persönlich und familiär so direkt betroffene Kreisky aus innenpolitischer Überlegung und wohl auch aus innerer Zerrissenheit nicht aussprechen wollte oder konnte.

Der Beginner und der Vollender

Es gibt im historischen Rückblick, auch im internationalen Vergleich, kaum noch ein derart überraschendes und so widersprüchliches Phänomen wie den Aufstieg Bruno Kreiskys und seine Siegesserie. Georgi Walentinowitsch Plechanow (1856–1918), der »Vater des russischen Marxismus« und erbitterte Gegner Lenins, schrieb in seinem 1898 verfassten, berühmten Werk *Über die Rolle der Persönlichkeit*: »Ein großer Mann ist nicht dadurch groß, dass seine persönlichen Besonderheiten den großen geschichtlichen Geschehnissen ein individuelles Gepräge verleihen, sondern dadurch, dass er Besonderheiten besitzt, die ihn am fähigsten machen, den großen gesellschaftlichen Bedürfnissen seiner Zeit zu dienen, die unter dem Einfluss der allgemeinen und besonderen Ursachen entstanden sind. In seinem bekannten Werk über die Helden nennt Carlyle die großen Männer Beginner. Das ist eine sehr gelungene Bezeichnung. Der große Mann ist eben ein Beginner, denn er blickt weiter als die anderen und will stärker als die anderen.«[135]

In diesem Sinn war auch Bruno Kreisky als Parteivorsitzender und Bundeskanzler ein »Beginner«. Er wollte als verspäteter Vollender der liberalen Reformen die Tabus innerhalb und außerhalb seiner Partei, die Relikte des Obrigkeitsstaates samt seiner Mentalität zerstören. Er betrachtete es als ein großes Glück, dass »von dem liberalen Erbe, das zum Teil herrenloses Gut geworden ist, die österreichische Sozialdemokratie, vielleicht auch durch meine Mitwirkung, ein größeres Stück bekommt«.[136] Kreisky hat seine Partei mit den Intellektuellen und mit der Jugend, mit den Katholiken und mit dem Adel, mit den Linken – und mit den Nazis versöhnt. Er wollte und konnte auch jene gewinnen, die »ein Stück des

Weges mit uns gehen wollen«. Seine einprägsame Devise lautete: »Der Mut zum Unvollendeten«.

Am Ende meiner Kreisky-Biografie zitierte ich indirekt den großen Basler Historiker Jacob Burckhardt aus seinen *Weltgeschichtlichen Betrachtungen* mit einem Fragezeichen über Kreiskys historische Stellung: »Erst aus einiger Distanz wird man erkennen können, ob Bruno Kreisky als ›momentane Größe‹, in der sich eine kurze Phase der Geschichte verdichtet, als eine ›relative Größe‹, die der Schwäche der anderen entspringt, oder als eine ›historische Größe‹, deren Kriterium nicht bloß Machtverschiebung, sondern die grundlegende Veränderung der gesellschaftlichen Strukturen und des gesellschaftlichen Bewusstseins ist, in die österreichische Geschichte eingehen wird.«[137]

Diese Zeilen hatte ich am Ende des dritten Jahres der Ära Kreisky, nach seiner Erringung der absoluten Mehrheit, verfasst. Im folgenden Jahrzehnt erlebte eine staunende Öffentlichkeit eine Reihe von Korruptionsskandalen und einen jahrelangen Kampf auf Gedeih und Verderb zwischen dem alten und kranken Kanzler und seinem ungeduldigen und brillanten, um 28 Jahre jüngeren Kronprinzen Hannes Androsch. Als am Abend des 24. April 1983 der Verlust der absoluten Mehrheit feststand (nach dem Verlust von 3,4 Prozent oder fünf Mandaten), trat der Kanzler sofort zurück. Die SPÖ lag an diesem Tag bei 47,6 Prozent. Ein Stimmenanteil, von dem sie seitdem nicht einmal träumen kann und den sie in der Zukunft kaum je gewinnen wird. Die Fragen, die ich 1972 über Kreiskys Vermächtnis gestellt hatte, haben noch vor der Jahrtausendwende kritische und unabhängige Beobachter einhellig im Sinne der historischen Weichenstellung bejaht. Norbert Leser, der kritische Historiker der österreichischen Sozialdemokratie, schrieb von einer »epochemachenden Erscheinung« der österreichischen Geschichte und des internationalen Sozialismus. Der katholische Spitzenjournalist Kurt Vorhofer, der Erfinder der Attribute »Journalistenkanzler« und »Sonnenkönig«, sprach von Kreisky bei einer Diskussionsveranstaltung im Mai 1995 kurz vor seinem viel zu frühen Tod so: »Wie eine Laune der Natur – etwas Unfassbares an Talentausstattung – von seiner Talentausstattung könnte ein halbes Dutzend tüchtiger Politiker bequemst leben.«[138] Laut dem liberalen Publizisten und Autor Armin Thurnher war Kreisky »der bedeutendste Politiker, den das Österreich beider Republiken hervorgebracht hat«.[139] Sowohl nach seinem Rücktritt wie auch nach seinem Tod betonten zahlreiche internationale Persönlichkeiten, dass Bruno Kreisky der Republik Österreich als Außenminister und als Bundeskanzler einen internationalen Glanz verliehen habe, den sie niemals zuvor gehabt habe.

Fred Sinowatz, der gescheiterte Erbe

Angesichts des Zustandes und des Charakters der SPÖ und der Gesinnung ihrer Führungsgremien war das Phänomen Bruno Kreisky nach meiner Meinung der überzeugendste Beweis dafür, wie treffend der Titel des bekannten Werkes von Oliver Rathkolb Österreich charakterisiert hat: *Die paradoxe Republik*. Und jetzt können wir das Plechanow-Zitat zur Rolle der Persönlichkeit mit der Frage ergänzen: Wer hat die Führungsrolle und die Kanzlerschaft der Sozialdemokratie verspielt und warum stürzte der Wähleranteil der SPÖ von 48 bis 50 Prozent auf knapp über 20 Prozent?

Nach der glanzvollen Kreisky-Zeit erlebte man die persönliche Tragödie von Fred Sinowatz, seines Nachfolgers als

Bundeskanzler und Parteivorsitzender, den selbst politische Gegner im Rückblick als eine charakterlich und menschlich sehr ordentliche Persönlichkeit geschätzt haben. Er gehörte infolge seiner medialen Unbeholfenheit und der verkürzten, manchmal bewusst fehlinterpretierten Redezitate zu den am meisten unterschätzten Politikern. Der aus einer burgenländisch-kroatischen Familie stammende Politiker war fast zwölf Jahre lang ein äußerst erfolgreicher und beliebter Unterrichts- und Kulturminister, der zahlreiche wichtige schulpolitische Reformen durchführte. Der von Kreisky nach dem leidenschaftlichen Konflikt mit Androsch als Nachfolger bevorzugte, bescheidene und prinzipientreue Sozialdemokrat wollte offensichtlich nicht Erster sein und es war kein Geheimnis, dass er die ehrenvolle Aufgabe nur aus Parteidisziplin übernahm.

Ich habe ihn erst als Regierungschef näher kennen- und schätzen gelernt, zeitgleich mit seinem schillernden Kabinettschef Hans Pusch und mit seinem Pressesekretär Gerhard Zeiler. Auf Auslandsreisen nach Moskau und Budapest und bei Begegnungen in Wien habe ich ihn oft getroffen. Deshalb war es für mich möglich, die nicht abreißende Pechsträhne, die zu seinem unaufhaltsamen Sturz in den Umfragen und schließlich nach drei Jahren zu seinem Rücktritt führte, aus der Nähe zu beobachten. Ich konnte mich immer wieder überzeugen, dass dieser integre und gebildete Mann auch als Bundeskanzler immer weit unter seinem Wert geschlagen worden ist.

Natürlich war ich als Chefredakteur der ORF-Ostredaktion beeindruckt, dass der Bundeskanzler im November 1984 kurz und bündig erklärte, er reise nur dann nach Moskau, wenn alle für die Reise angemeldeten österreichischen Journalisten ein Visum bekommen. Es ging in Wirklichkeit nur um mich, da ich wegen einer »provokanten Indiskretion« zwei Jahre zuvor in Moskau und Prag auf die schwarze Liste gesetzt worden war.[140] Sinowatz hat die unzensurierte Berichterstattung über die kommunistische Welt immer verteidigt. Der ORF konnte dank seiner Rückendeckung als erste westliche Rundfunkanstalt sogar eine *Club 2*-Sendung aus Moskau, wegen kritischer Wortmeldungen allerdings nur zeitversetzt, übertragen.

Eine Regierungsumbildung, mit der Ablöse der Kreisky-Vertrauten im Finanzministerium durch den erfolgreichen Länderbank-Generaldirektor Franz Vranitzky und im Außenministerium durch den populären Wiener Bürgermeister Leopold Gratz, wurde als Zeichen der Emanzipation vom Übervater angesehen und stärkte die Position des Burgenländers. Dieser momentane Erfolg änderte aber nichts an der Tatsache der politischen, wirtschaftlichen und internationalen Krisen, die seine Regierung prägten. Um nur einige zu nennen: die durch die grünen Umweltschützer erzwungene Aufgabe des geplanten Donaukraftwerkes Hainburg, eine ganze Serie von Spekulations-, Bestechungs- und Waffenexportskandalen um den Neubau des Wiener AKH und in der verstaatlichten Industrie. Es war aber die Verstrickung in die Waldheim-Affäre, die ich im vorhergehenden Kapitel beschrieben habe, die das unrühmliche Ende der Kanzlerschaft von Fred Sinowatz besiegelte. Einen Tag nach der Wahl Kurt Waldheims zum Bundespräsidenten trat Fred Sinowatz als Bundeskanzler und zwei Jahre danach als SPÖ-Parteivorsitzender zurück.

Ein besonders trauriges Nachspiel des Sinowatz-Dramas war seine Verurteilung wegen falscher Zeugenaussage, 1991 auch in zweiter Instanz, zu einer Geldstrafe. Er hat bis zuletzt auch mir gegenüber behauptet, dass er die Aussage über die Thematisierung der »braunen Flecken« in Waldheims Vergangenheit vor dem Beginn des Wahlkampfes nicht gemacht habe.[141] Ich habe ihn auch nach seinem Rückzug aus der Politik von Zeit zu Zeit gesprochen. Er war ein glückloser, gescheiterter und trotz des tragischen Endes seiner Karriere allgemein geschätzter Erbe einer außerordentlichen Persönlichkeit.

GELD STATT GESINNUNG: DER NIEDERGANG DER SOZIALDEMOKRATIE

Seit einer berühmten und falschen Diagnose von Ralf Dahrendorf – »Die Sozialdemokratie ist am Ende ihrer Kunst«[142] –, geschrieben vor mehr als drei Jahrzehnten, scheint – neben Pandemie, Klimawandel, Digitalisierung und künstlicher Intelligenz – die Krise der Sozialdemokratie zu einem der immer wiederkehrenden Hauptthemen der Publizistik und Politikwissenschaft geworden zu sein. Das scheinbare oder vorübergehende Aufblühen Ende des 20. Jahrhunderts spiegelte die Tatsache, dass die Sozialdemokraten 11 von 15 Regierungschefs der EU und zwei Partner in Koalitionsregierungen stellten. Tony Blair, Gerhard Schröder, Lionel Jospin oder Romano Prodi waren die Symbolfiguren eines triumphalen »dritten Weges«. Der schleichende Untergang wurde damals von glänzenden Erholungsphasen unterbrochen. Mit der Gefahr einer Katastrophe des unkontrollierten Finanzsystems konfrontiert, entpuppte sich jedoch der gefeierte »dritte Weg« 2008 als Weg »in die Abstiegsgesellschaft«.[143]

Sozialwissenschaftler sprachen vom Ende der »sozialdemokratischen Solidargesellschaft«, von den »Abgehobenen« versus den »Exkludierten« oder von »der neuen Unterschicht«. Der deutsche Politikwissenschaftler Franz Walter, einer der scharfsinnigsten Analytiker der Sozialdemokratie, stellte fest: »Die Sozialdemokraten haben in diesen Jahren des dritten Weges eine historische Chance vertan.«[144] Soziologen und Politologen wiesen darauf hin, dass junge Wähler der Mittelschicht, die ökologisch oder feministisch eingestellt waren oder für Menschenrechte eintraten, nach neuen politischen Vertretern suchten. Sie verliehen den neuen grünen Gruppierungen überall einen anhaltenden Auftrieb.

Die massive politische Entfremdung der SPÖ von ihren traditionellen Anhängern aus den armen, ungebildeten und gesellschaftlich risikoanfälligen Schichten zeichnete sich bereits Ende des letzten Jahrhunderts ab. Bei der Wahl 1979 stimmten noch zwei Drittel der Arbeiterschaft für die Kreisky-SPÖ, 20 Jahre später wurde dieser Anteil auf ein Drittel reduziert, während Haiders FPÖ 47 Prozent der Arbeiter und fast die Hälfte aller Wähler im Alter unter 30 Jahren gewinnen konnte. Bei der Nationalratswahl 2017 stimmten bereits 59 Prozent der Arbeiter für die FPÖ und bloß 19 Prozent für die SPÖ. Der Begriff Arbeiterschaft verdeckt allerdings die Tatsache, dass sie immer aus unterschiedlichen Teilen bestand, mit merklichen Unterschieden zwischen Branchen und Regionen, zwischen Land und urbanen Ballungsräumen, zwischen ansässigen und zugewanderten Arbeitern der ersten und zweiten Generation, verschärft durch die Dynamik der Globalisierung und der massiven Migration.

Dass es sich aber keineswegs um ein brandneues Phänomen handelt, beweisen für mich folgende Feststellungen aus einer Rede, die der Philosoph Theodor W. Adorno über »Aspekte des neuen Rechtsradikalismus« vor einem halben Jahrhundert (!) in Wien gehalten hat: »Die Konzentrationstendenz des Kapitals bedeutet (…) die Möglichkeit der permanenten Deklassierung von Schichten, die ihrem subjektiven Klassenbewusstsein nach durchaus bürgerlich waren, die ihren Privilegien, ihren sozialen Status festhalten möchten und womöglich ihn verstärken (...) dass trotz Vollbeschäftigung und trotz all dieser Prosperitätssymptome das Gespenst der technologischen Arbeitslosigkeit nach wie vor umgeht in einem solchen Maß, dass im Zeitalter der Automatisierung, die ja in Zentraleuropa noch zurück ist, aber ohne Frage nachgeholt wird, auch die Menschen, die im Produktionsprozess drinstehen, sich bereits als potenziell überflüssig, sich als potenzielle Arbeitslose eigentlich fühlen.«[145] Die von ihm skizzierten gesellschaftlichen Voraussetzungen des Rechtsradikalismus wurden in den letzten Jahrzehnten durch die Umwälzungen auf den Kapitalmärkten ungeheuer verstärkt. Wenn auch das Gefühl der Verunsicherung und Verwundbarkeit infolge des Statusverlustes keineswegs neu ist, bleibt die entscheidende Frage, ob »die historische Aufgabe der Sozialdemokratie, als Anwältin einer berechtigten Furcht der Bürger zu handeln«, erfüllt wird.[146] Auch der große britische Zeithistoriker Tony Judt sah darin die Chance für eine weitere Existenz der Sozialdemokratie im 21. Jahrhundert, das er als »Zeitalter der chronischen Unsicherheit« vorausgesehen hatte: »Wenn die Sozialdemokratie eine Zukunft hat, dann als Sozialdemokratie der Angst.«[147]

Die staatspolitischen Leistungen Franz Vranitzkys

Das Grundproblem der SPÖ ist unverändert geblieben: die Distanz der Entscheidungsträger zu den Menschen, für die sie angeben, Politik zu machen. All das hat natürlich auch die Ära des in der Zeit nach Kreisky zweifellos erfolgreichsten

Bundeskanzlers (Juni 1986 bis Januar 1997) und SPÖ-Bundesparteiobmannes (1988–1997), Franz Vranitzky, mitgeprägt. Ich habe ihn als *Financial Times*-Korrespondent zur Zeit der Kreisky-Regierung im Kabinett von Finanzminister Androsch und später in seiner Funktion als Sanierer der verstaatlichten Länderbank kennengelernt. Engere persönliche Kontakte entstanden erst in seiner Zeit als Bundeskanzler, und auch nach seinem Rücktritt habe ich ihn von Zeit zu Zeit getroffen.

Je mehr Zeit vergeht, umso mehr betrachte ich Franz Vranitzky als einen authentischen und ruhigen Stabilisator in der außen- und innenpolitischen Umbruchperiode zwischen 1985 und 1996. Niemand kann ihm zwei große staatspolitische Leistungen streitig machen: die Flurbereinigung in den Beziehungen zum österreichischen Judentum und Israel zusammen mit dem Anstoß für die längst fällige Abrechnung mit dem Opfermythos durch richtungsweisende Reden und seine führende Rolle bei der Weichenstellung für den Beitritt Österreichs zur Europäischen Union. Seine dritte, innenpolitisch besonders brisante, allerdings umstrittenste Tat war der Bruch mit der Freiheitlichen Partei Österreichs nach der Machtübernahme durch Jörg Haider und damit die Beendigung der Kleinen Koalition. Jörg Haider verkörperte den absoluten Gegensatz zur Person, Politik und Gesinnung Franz Vranitzkys.

Rückblickend muss man auch Vranitzkys ruhige Hand in der Finanz- und Wirtschaftspolitik, dank auch der produktiven und von Hintergedanken freien Zusammenarbeit mit seinem langjährigen, fähigen Finanzminister Ferdinand Lacina, und die Stabilisierung der von Krisen geschüttelten verstaatlichten Industrie anerkennen. Auch in der Außenpolitik konnte Vranitzky das durch die internationale Ächtung Waldheims entstandene Vakuum füllen. Die fast unvermeidbaren späteren protokollarischen Reibereien mit Bundespräsident Thomas Klestil wegen der Eifersüchtelei des Berufsdiplomaten dürften Vranitzkys Erfolgsbilanz kaum beeinträchtigen.

Anders liegen die Dinge hinsichtlich seiner Tätigkeit als SPÖ-Parteiobmann, die durch unabhängige Beobachter kritisch eingeschätzt wurde. Vranitzky konnte Haiders Aufstieg nicht bremsen. Dieser ritt oft berechtigte Attacken gegen die hohe Zahl der Versicherungsanstalten, gegen Mehrfachgehälter von Kammer- und Gewerkschaftsfunktionären, Pensionsmissbräuche in der Verstaatlichten und andere Fehlentwicklungen des Proporzsystems. Man darf freilich auch nicht vergessen, dass Haider in seiner Glanzzeit der rhetorisch und schauspielerisch begabteste Oppositionspolitiker der Zweiten Republik war. Wohl deshalb stieg der Wähleranteil der FPÖ von 1983 bis 1994 von 5 auf 22 Prozent und die Zahl der Abgeordneten von 7 auf 42. In derselben Zeitspanne fiel der SPÖ-Anteil von 43,1 Prozent auf 34,9 Prozent. Es gelang Vranitzky zwar, bei der vorgezogenen Wahl 1995 6 Mandate zurückzugewinnen, doch erreichte die FPÖ 1999 unter der Kanzlerschaft Viktor Klimas den Höhepunkt mit 26,9 Prozent und 52 Abgeordneten.

Angesichts der im Kapitel »Österreich: Immer wieder ›unter Beobachtung‹« beschriebenen Ausrichtung vieler FPÖ-Führungsfiguren und Funktionäre besteht heute kein Zweifel, dass eine solche Partei ohne radikale, umfassende und glaubwürdige Änderungen keinen Platz in der Regierung einer liberalen Demokratie haben kann und darf. Auch aus heutiger Sicht war also die Entscheidung Vranitzkys richtig, die Koalition mit der FPÖ 1986, nach Haiders Übernahme der Partei, zu beenden. Auf einem ganz anderen Blatt stehen die Vorwürfe, etwa von Norbert Leser, dass er der Hauptschuldige am Niedergang der Partei, an der »Verwandlung einer Gesinnungsgemeinschaft in einen Zweckverband«[148] sei. Der aus seinem einstigen Chef zum unversöhnlichen Feind gewordene Hannes Androsch urteilte am härtesten: »Er hat die Partei, weil sie ihn nicht interessierte, inhaltlich, moralisch, finanziell ruiniert.«[149]

Wenn man die Phase in der SPÖ-Geschichte nach Vranitzky unter die Lupe nimmt und ihn mit seinen drei Nachfolgern – Alfred Gusenbauer, Werner Faymann und Christian Kern – vergleicht, erscheinen diese wohl auch aus persönlichen Gründen erfolgten Pauschalurteile ungerecht. Was stimmt, ist, dass Vranitzky die entscheidenden Karrieresprünge vor der Kanzlerschaft nicht im Parteiapparat machte, sondern in der Nationalbank, im Finanzministerium und im Bankwesen. Auch die Erscheinung des groß gewachsenen, erfolgreichen Basketballspielers (in der Nationalmannschaft) als eleganter »Sozialist im Nadelstreif« war trügerisch. Er stammte aus ärmsten Verhältnissen, sein Vater war ein kommunistischer Eisengießer, er arbeitete in den Sommerferien als Bauarbeiter, um die Hochschule für Welthandel absolvieren zu können. Er war nie Parteiangestellter oder Berufspolitiker und trat erst als Angestellter in der Nationalbank der SPÖ bei. Im Gegensatz zu vielen SPÖ-Funktionären hatte er also lupenreine proletarische Wurzeln. Bei Treffen mit Wählern oder Arbeitern wirkte Vranitzky authentischer als die meisten seiner Kollegen in der Regierung oder im Parteivorstand. Er hatte also ein doppeltes Erscheinungsbild in der Öffentlichkeit einfach deshalb, weil er sich im Laufe seines beruflichen Aufstiegs so gut sozialisierte, dass er den sozialistischen »Stallgeruch« nach außen gänzlich verlor.

Viktor Klima, eine Fußnote in der Geschichte der SPÖ

Dass er mit der Wahl seines Nachfolgers Viktor Klima einen schweren Fehler beging, verleugnet er selbst unter vier Augen nicht mehr, wenn auch die durch Umfragen bestätigte öffentliche und auch innerparteiliche Beliebtheit des ehemaligen Personalchefs der OMV als Gegenargument angeführt wird. Das Duo Viktor Klima als Parteivorsitzender und Andreas Rudas als Zentralsekretär hat trotz der massiven Unterstützung durch die *Kronen Zeitung* mit einem konzept- und inhaltslosen Wahlkampf gegen den triumphierenden Jörg Haider versagt und wurde bald danach auch von Wolfgang Schüssel, dem fähigsten bürgerlichen Machtpolitiker der Zweiten Republik seit Julius Raab, vorgeführt, ausmanövriert und gestürzt.

Über die Rolle Schüssels schreibe ich in einem anderen Kapitel, aber was Viktor Klima betrifft, habe ich in der Vergangenheit einmal der Publizistin Anneliese Rohrer widersprochen, nachdem sie geschrieben hatte, Viktor Klima werde in der Geschichte der Zweiten Republik nicht einmal eine Fußnote sein.[150] Heute bin ich geneigt, ihrem harten Urteil zuzustimmen. Er gehört zu jenen in der Versenkung verschwundenen Gestalten der wechselvollen Geschichte der Sozialdemokratie, die sozusagen durch Zufall zu symbolträchtigen Figuren wurden. In diesem Sinne kann Klima als der ungewollte Totengräber nach fast 30 Jahren der sozialdemokratischen Hegemonie gelten. Was bleibt von ihm?

Sein Name taucht von Zeit zu Zeit in den heimischen Medien nur wegen seiner umtriebigen geschiedenen Frau, einer Volksschullehrerin, auf, die unter dem beibehaltenen Familiennamen nach ihrem Austritt aus der SPÖ öffentlich die niederösterreichische ÖVP unterstützte und im Januar 2019 vom Aufsichtsrat entgegen der Empfehlung des Beirates zur Leiterin der Spanischen Hofreitschule ernannt wurde. Klima hat nach seinem Ausscheiden aus der Politik von Oktober 2000 bis November 2011 die Volkswagen-Niederlassungen in Argentinien geleitet. Er soll mit seiner dritten Frau und drei Kindern eine Stunde von Buenos Aires entfernt leben und eine Farm mit 240 Hektar Grund und 200 Rindern besitzen. Was für ein friedliches Happy End nach dem Scheitern in der österreichischen Politik und was für ein Kontrast zum abenteuerlichen Leben seines schillernden Nachfolgers Alfred Gusenbauer an der Spitze der SPÖ.

Alfred Gusenbauer – vom Revoluzzer zum Geschäftsmann

Die spannenden und publizistisch vielfach dokumentierten Wandlungen und Wechselfälle in der Karriere von Alfred Gusenbauer könnten aus dem Drehbuch eines Politthrillers stammen. Außer dem langjährigen britischen Ministerpräsidenten und Labour-Chef Tony Blair und dem deutschen Altkanzler und Putin-Freund Gerhard Schröder kenne ich keinen ehemaligen Spitzenpolitiker, noch dazu aus einem kleinen Land, der so intensiv und so erfolgreich als Lobbyist, Berater, Direktor oder Aufsichtsratschef fast weltweit gewirkt hat wie der heute 62-jährige einstige SPÖ-Bundeskanzler.

Geboren in St. Pölten in Niederösterreich, war sein Vater Arbeiter und seine Mutter Putzfrau. Er promovierte in Politikwissenschaft und Philosophie an der Universität Wien, in einem Gespräch mit mir war er recht stolz darauf, dass der kränkelnde Bruno Kreisky seiner Promotionsfeier beigewohnt hatte. Die Stationen der Bilderbuchkarriere eines Jungsozialisten aus einer armen Familie waren: Bundesvorsitzender der Sozialistischen Jugend (SJ), Vizepräsident der Sozialistischen Jugendinternationale, Vorsitzender der SPÖ und Klubobmann der SPÖ-Nationalratsfraktion. Hinter diesen Fakten verbergen sich eine außerordentliche Begabung und ein unbegrenzter Geltungsdrang. Er wurde ein herausragender Intellektueller, der sich mühelos auf Englisch, Französisch, Spanisch und Italienisch verständigen kann.

Seine Stunde schlug, als nach dem Abgang Klimas im Jahr 2000 zwei ehemalige SPÖ-Innenminister – der rechte Karl Schlögl und der linke Caspar Einem – die Kandidaten um seine Nachfolge an der Parteispitze waren. Den Ausschlag gab der mächtige Wiener Bürgermeister und Königsmacher Michael Häupl bei der entscheidenden Sitzung der Führungsgruppe im Rathauskeller. In seiner Autobiografie erzählt er selbst, wie er Gusenbauer »erfunden« und inthronisiert hat, als einen Mann, der die Partei nicht zerreißt, sondern sie zusammenführt und zusammenhält.[151] Häupl lobt darin den neuen Parteivorsitzenden (2000–2008) und Oppositionsführer über den grünen Klee: »Er war einer der intelligentesten Politiker, die ich kennenlernte. Ein unglaublich gebildeter Mann.« Als Spitzenkandidat sei Gusenbauer »enorm fleißig und auch enorm gescheit« gewesen. Nach der überraschend gewonnenen Wahl gegen Wolfgang Schüssel 2006 galt er laut Häupl »zu Recht als ein Held, ein Star«.[152]

Was geschah, dass der triumphale Wahlsieger nach knapp zwei Jahren durch Werner Faymann an der Spitze der Partei und der Bundesregierung abgelöst wurde und aus der Politik ausscheiden musste? Was Michael Häupl in seinen Erinnerungen nicht sagt, ist die von allen Seiten bestätigte, von ihm bestrittene Tatsache, dass er Gusenbauer nicht nur »erfunden«, sondern acht Jahre später auch politisch vernichtet hat. Das hat mir im Sommer 2008 Gusenbauer, noch als Bundeskanzler, selbst erzählt, zusammen mit der Information, dass er sich von seinem langjährigen Pressesprecher Josef Kalina, dem Bundesgeschäftsführer der Partei, wegen Illoyalität getrennt habe. Auf die Rolle Häupls und Faymanns komme ich noch zurück, aber die Gründe für Gusenbauers schnellen Sturz müssen noch erklärt werden.

Wolfgang Schüssel hatte die Wahlen knapp verloren, aber die Koalitionsverhandlungen mit dem SPÖ-Kanzlerkandidaten über die Zusammensetzung der neuen Regierung klar gewonnen. Die Schlüsselressorts – Finanz-, Außen- und Innenministerium – verblieben bei der ÖVP, die auch die von Gusenbauer versprochene Abschaffung der Studiengebühren verhinderte. Der neue Bundeskanzler entfremdete sich trotz seiner lupenreinen proletarischen Wurzeln mangels sozialer Intelligenz, durch eine anmaßende und abgehobene Haltung, rasch von der Parteibasis. Es passierten immer mehr Fehler in der innerparteilichen Kommunikation und in der Öffentlichkeitsarbeit.

Eine Schlüsselrolle spielte dabei der Konflikt mit den Gewerkschaften. Eine frühere sozialdemokratische Spitzenfunktionärin, die Gusenbauer seit seinem 14. Lebensjahr aus der Jugendbewegung kennt, sieht den Grundfehler in der Auseinandersetzung um die Privilegien der politischen Gewerkschaftsvertreter nicht in der Substanz der Argumente Gusenbauers, sondern darin, mit welchem Hochmut er mit den Gewerkschaftern sprach. Sie und eine andere, noch immer führende Sozialdemokratin meinen mit fast identischen Worten, dass er einen Panzer aus Präpotenz als Schild angelegt und versucht habe, möglicherweise aus einem Kindertrauma der

Diskriminierung, sich immer wieder aufs Neue zu beweisen. Ein anderer Parteifreund erzählte mir, wie Gusenbauer bei einer internationalen Konferenz dem Chefredakteur von *El País*, der wichtigsten Madrider Zeitung, die politische Lage in Spanien erklären wollte …

Geht sein grenzenloser Geltungsdrang in der Wirtschafts- und Finanzwelt, in der er heute arbeitet, auch auf die Verletzungen 2009 nach seiner Rückkehr für einige Monate in die Arbeiterkammer, seine ursprüngliche Arbeitgeberin 1990–1999, und die damit verbundenen spöttischen Bemerkungen nicht nur in den Medien zurück? Wollte er die neuen Wunden kompensieren und sich durch seine schnelle Bereicherung sozusagen an der »undankbaren« Partei rächen? Von manchen eingeweihten Beobachtern wird dies als eine durchaus wahrscheinliche Annahme betrachtet.

Es würde den Rahmen dieser Betrachtungen sprengen, wenn man versuchen wollte, die glänzende Erfolgsbilanz und das internationale Netzwerk Gusenbauers als Geschäftsmann detailliert zu beschreiben. Als Bundeskanzler glücklos, erfand er sich ein zweites Mal.[153] Er selbst deutete gelegentlich in Interviews an, dass sich seine jahrzehntelangen Kontakte über die Sozialistische Internationale bei seinem Einstieg in die Welt der Lobbying-Elite als außerordentlich nützlich erwiesen haben. Das inzwischen eingestellte Magazin *Addendum* hat in einer dreiteiligen Recherche unter anderem seine Verbindungen zu einem kanadischen Bergbaukonzern mit einem Goldminenprojekt in Rumänien, zu einer Holding in der Karibik, zum Glücksspielfonds Novia auf Malta und zwischengeschalteten Gesellschaften auf Zypern dargelegt. Manche seiner höchst lukrativen Kontakte pflegte er zu solch üblen Figuren wie den Diktatoren Aserbaidschans, Ilham Alijew (120.000 Euro Honorar über Scheinfirmen für Beratung), und

Kasachstans Nursultan Nasarbajew (400.000 Euro pro Jahr an der Spitze eines Beratergremiums). Dass diese und andere Details überhaupt bekannt geworden sind, war Folge der Enthüllungen durch die internationalen Medien, basierend auf den weltweiten Recherchen des OCCRP (Organized Crime and Corruption Reporting Project). Dass Gusenbauer, der angebliche Leiter der sogenannten »Hapsburg-Gruppe« (so beschrieben in den Akten des Verfahrens gegen Paul Manafort, Gusenbauers US-Auftraggeber, der wegen Steuer- und Bankenbetrugs zu 47 Monaten Gefängnis verurteilt wurde), als bezahlter Lobbyist für den durch die Maidan-Revolution 2014 gestürzten und nach Russland geflüchteten ukrainischen Präsidenten Wiktor Janukowytsch tätig gewesen sein soll, erfuhr man erst Jahre später. Laut den von Gusenbauer bestrittenen Gerichtsakten soll die »Hapsburg-Gruppe« von Manafort rund zwei Millionen Euro für Vorträge bei Konferenzen über die Ukraine und die EU erhalten haben. Für die SPÖ war besonders peinlich, dass Gusenbauer seine geschäftliche Korrespondenz über die E-Mail-Adresse des Renner-Instituts der SPÖ abgewickelt hat, wo er zwischen 2000 und 2017 als Präsident wirkte.[154]

»Ich habe ein reines Gewissen«, beteuerte Gusenbauer in einem Interview über sein Engagement in Kasachstan und fügte hinzu: »Wir arbeiten nicht für einen Diktator, sondern für die Regierung, für den Fortschritt dieses Landes. Und Fortschritte sind erkennbar.« Das Jahreshonorar von 400.000 Euro hat er nicht bestritten. Allerdings versteuere er alle seine Einkommen, auch aus dem Ausland, in Österreich. Außerdem wirkt der Ex-Kanzler auch als Berater für die international wegen autoritärer Tendenzen stark kritisierte serbische Regierung bei den EU-Beitrittsverhandlungen und war auch für den berüchtigten Glücksspielkonzern Novomatic in Lateinamerika und Osteuropa tätig. In Österreich leitet er als Vorsitzender den Aufsichtsrat des Industriellen Hans Peter Haselsteiner und drei Gesellschaften des umstrittenen Immobilien-Milliardärs René Benko.[155]

Was das von Kreisky immer wieder beschworene moralische Gebot für die Sozialdemokratie betrifft, hat Gusenbauer offensichtlich damit kein Problem, da er jegliches Fehlverhalten immer bestritten und nie Berührungsängste mit Regimen wie jenen von Kasachstan und Aserbaidschan gehabt hat. Wie es in Georg Büchners Stück *Woyzeck* heißt: »Moral, das ist, wenn man moralisch ist. Es ist ein gutes Wort (...) Es muss was Schönes sein um die Tugend.«[156] Dementsprechend erhielt Gusenbauer bei einem festlichen Empfang im Herbst 2021 zum Erstaunen vieler Beobachter und Genossen die Viktor-Adler-Plakette, die höchste SPÖ-Auszeichnung, mit Hinweis auch auf seinen Sieg bei der Wahl 2006 mit der Rückeroberung des Bundeskanzleramtes. Im gleichzeitig veröffentlichten *profil*-Bericht über die soeben aufgedeckten geheimen Geldflüsse von 120.000 Euro aus dem autoritären Regime Aserbaidschans hieß es süffisant: »Seit seinem abrupten Abgang aus der Spitzenpolitik Ende 2008 machte er jedoch eher mit seiner Geschäftstätigkeit als Lobbyist Schlagzeilen als mit sozialdemokratischen Initiativen.«[157] Gusenbauer, dem bisher keine illegalen Handlungen nachgewiesen wurden, war laut den Medien bei der feierlichen Veranstaltung sichtlich stolz und ermunterte die anwesende Parteiprominenz, dass die SPÖ noch lange kein Auslaufmodell sei.

Werner Faymann, der Verwalter des Niedergangs

Da sein Nachfolger als Bundeskanzler und SPÖ-Obmann, Werner Faymann, bei dieser Feier auch anwesend war, ist es ein guter Anlass, sich nun mit dessen Amtszeit zu beschäftigen. Im Gegensatz zum Glanz und Niedergang Gusenbauers waren Aufstieg und Sturz des »Bundeskanzlers ohne Eigenschaften« sowohl am Anfang als auch am Ende sehr besonders. Es war ein in der politischen Geschichte der Zweiten Republik eigentlich einzigartiger Brief, der indirekt den Sprung Werner Faymanns an die Spitze der Regierung ebnete.

Eine Woche nachdem Gusenbauer den Parteivorsitz an Faymann hatte abtreten müssen, war es dessen erste Amtshandlung als geschäftsführender Parteichef, gemeinsam mit dem Noch-Kanzler Gusenbauer am 25. Juni 2008 einen Brief an den »Sehr geehrten Herausgeber« der *Kronen Zeitung*, Hans Dichand, zu verfassen. Nicht weniger als eine 180-Grad-Wende in der österreichischen EU-Politik versprachen die beiden Spitzenpolitiker, noch ehe sie die eigenen Parteigremien, den Koalitionspartner ÖVP oder den Bundespräsidenten Heinz Fischer darüber informierten. Jede Änderung des EU-Vertrags, der wesentliche Auswirkungen auf Österreich hat, solle nach irischem Vorbild künftig verpflichtenden Volksabstimmungen vorgelegt werden. Auch die Öffnung des Arbeitsmarktes Richtung Osten werde nicht stattfinden. All das entsprach der aggressiven Anti-EU-Linie der *Kronen Zeitung* (mit einer relativ kurzen Ausnahme während der EU-Beitrittskampagne) und bedeutete einen radikalen Kurswechsel ohne Partei- und Regierungsbeschluss.

Gusenbauer sagte im Interview mit mir[158], den Brief habe Faymann vorgeschlagen, aber sie hätten ihn in der Parteiführung abgesprochen und nachher hätten sich »alle« gewundert. Werner Faymann konnte ich nicht befragen, weil er, trotz wiederholter Versuche, als einziger österreichischer Politiker nie bereit war, mit mir für dieses Buch (sechs Jahre nach seinem Rücktritt) ein Hintergrundgespräch zu führen. Gusenbauers verharmlosende Version wurde jedenfalls von keiner Seite bestätigt; auch Häupl sagt in seinen weiter oben zitierten Memoiren, er habe den »fatalen Brief« nur in der größten Zeitung gelesen.

Das Medienecho war desaströs. Die *Salzburger Nachrichten* druckten am Titelblatt einen Hintern, in den der »Popolist« Faymann kroch. Alfred Gusenbauer und Werner Faymann seien »Speichellecker (*Salzburger Nachrichten*) des Boulevard, die sich in Selbsterniedrigung (*Die Presse*) mit zirkusreifen Verrenkungen (*Vorarlberger Nachrichten*) und unbeschreiblicher Kaltschnäuzigkeit (*Kurier*) vor Hans Dichand in den Staub werfen (*Oberösterreichische Nachrichten*). Das Fazit der *Kleinen Zeitung*: Die SPÖ kennt keine Scham mehr. Die Parteispitze geht auf den Strich.«[159] Sogar ein SPÖ-Mandatar beklagte, die Haut eines Aales sei rau im Vergleich zu Faymann. Doch all das schadete Faymann nicht. Im Gegenteil. Die ganze Maschinerie der auflagenstärksten österreichischen Zeitung, damals mit 3,8 Millionen Lesern, wurde vom 87-jährigen »Onkel Hans« (so nannte Faymann den Herausgeber seit Jugendtagen) in Gang gesetzt, um den bis dahin eher unbekannten Verkehrsminister zu verteidigen und als Nachfolger des glücklosen Gusenbauer an der Spitze der Partei und später der Regierung als strahlenden Hoffnungsträger aufzubauen.

Die erste Geige in der Kapelle der – gemessen an der Einwohnerzahl – größten Zeitung der Welt spielte ihr »Haus- und Hofdichter« Wolf Martin mit seinen fast täglichen Lobeshymnen auf Faymann. Seine Ergüsse lesen sich dann so:

»Glatt ist der Faymann wie ein Aal?/Nein mutig ist er und sozial (…) Mit klarem Wort und offnem Blick/macht er die beste Politik.«[160]

Nicht nur die Reime, auch die Kommentare und die täglichen Leserbriefseiten der *Krone* empfahlen Faymann wärmstens als Favoriten für das Kanzleramt, nachdem ÖVP-Vizekanzler Wilhelm Molterer Anfang Juli 2008 die Koalition gekündigt hatte und Faymann als SPÖ-Spitzenkandidat bei den Wahlen nominiert wurde. Bevor wir uns seiner politischen Karriere zuwenden, ist deshalb ein Blick auf seine Beziehung zur *Kronen Zeitung* und zu Hans Dichand unerlässlich. Alle führenden Politiker, von Bruno Kreisky bis Wolfgang Schüssel, haben mit mehr oder weniger Erfolg versucht, Hans Dichands Gunst zu gewinnen. Franz Vranitzky nannte in seinen Memoiren das Bestreben, als Kanzler seine politischen Botschaften zu bestimmten Themen dem mächtigen Verleger näherzubringen, eine Linie des »pragmatischen Diskurses«.[161]

Das Verhältnis Faymanns zu Dichand kann man aber mit dessen üblichen Kontakten zu Politikern überhaupt nicht vergleichen. Der Verleger und Hälfteeigentümer der *Kronen Zeitung* (die andere Hälfte gehört der deutschen Funke-Gruppe und dem österreichischen Investor René Benko) hatte Faymann schon als jungen Obmann der Mietervereinigung und SPÖ-Gemeinderat (1985–1994) tatkräftig gefördert. Den Lesern der *Krone* durfte er Tipps in Konflikten mit mächtigen Hausbesitzern geben. Als er Stadtrat für Wohnbau und Stadterneuerung (1994–2007) war, blühten die sogenannten »Medienkooperationen« mit persönlichen Auftritten Faymanns zu den Sozialwohnungsprojekten in Form einer Kolumne unter dem Titel »Der direkte Draht zum Stadtrat« – eine Zusammenarbeit zwischen der *Krone* und der Stadt Wien. Als Faymann

Anfang 2007 Infrastrukturminister wurde, platzierte er gleich eine Anzeigenserie in der *Kronen Zeitung*, die die ÖBB 500.000 Euro kostete. Im Zwei-Wochen-Takt erschienen doppelseitige Anzeigen, die nur als »Reportage« gekennzeichnet waren. Wegen mehrerer Inserate der ÖBB und der Autobahngesellschaft Asfinag wurde nach einer Anzeige der FPÖ 2011 ein parlamentarischer Untersuchungsausschuss eingerichtet und die Wirtschafts- und Korruptionsstaatsanwaltschaft leitete ein Verfahren gegen Faymann und damit zum ersten Mal gegen einen amtierenden Bundeskanzler ein. Faymann und seinem Staatssekretär Josef Ostermayer wurde vorgeworfen, die dem Infrastrukturministerium unterstellten Unternehmen ÖBB und Asfinag zu Inseraten in den Boulevardzeitungen *Krone, Österreich, Heute* gezwungen zu haben. Die Untersuchungen der Staatsanwaltschaft gegen beide Politiker wurden im November 2013 eingestellt.

Es ging aber bei dem Sonderverhältnis zwischen Dichand und Faymann in erster Linie nicht um Geld, sondern um eine enge Freundschaft, die sich zwischen dem alten Verleger und dem um 40 Jahre jüngeren, ehrgeizigen Stadtpolitiker entwickelt hatte. Sie trafen sich regelmäßig zum vertraulichen Plausch in einem Café in der Sieveringer Straße im 19. Wiener Gemeindebezirk und wurden sogar beim gemeinsamen Urlaub in Venedig gesichtet. Die Nähe war so groß, dass es in Wien hieß, Dichand sei Faymanns Vater. Dichand nahm das Gerücht so ernst, dass er es in einem Leitartikel dementierte und feststellte, Faymann sei nicht sein Sohn. Sogar ob Faymann den alten Freund »Onkel Hans« oder nur »Hans« genannt hat, wurde am Rande thematisiert …

In seinen Erinnerungen liefert Michael Häupl überzeugende Beweise dafür, dass Faymann ursprünglich seine Nachfolge als Bürgermeister angestrebt hatte, und bestätigt damit trotz seiner ausgeklügelten Formulierungen die Behauptungen seiner Parteifreunde, dass er deshalb Faymanns Wechsel in die Regierung und letztlich auch dessen Kanzlerambitionen vorsichtshalber unterstützt habe. Seitenlang schildert Häupl Faymanns »sehr persönliche Art, Politik zu machen. Er versuchte durch Gespräche, persönliche Beziehungen und durch den Aufbau einer Art von Freundschaft, Loyalitäten zu erzeugen«.[162] Und dann stellt Häupl richtig fest: »Faymanns Problem war, dass die SPÖ in seiner Regierungszeit keine Wahlen gewann, auch nicht in den Ländern (…) Und dann ist es relativ egal, ob die gegen dich vorgebrachten Argumente richtig oder bloß vorgeschoben sind. Wenn du keinen Erfolg hast, kannst du nach einer bestimmten Zeit alles vergessen.«[163]

Die Bilanz der acht Jahre Kanzlerschaft Faymanns (2008–2016) bestätigt die Annahme, dass der stets freundliche, umgängliche und unverbindliche Berufspolitiker als der ruhige Verwalter des unaufhaltsamen Niedergangs der SPÖ in die Zeitgeschichte eingehen dürfte. Von den 20 Wahlen, die in der Amtszeit des SPÖ-Parteivorsitzenden stattgefunden haben, sind 18 mit meistens starken Verlusten einhergegangen. In der ersten Runde der Bundespräsidentschaftswahl im April 2016 erreichte der SPÖ-Gewerkschafter Rudolf Hundstorfer als Kandidat der stärksten Partei nur miserable 11,3 Prozent und landete auf dem vierten Platz. Diese Wahl war sozusagen die Krönung der massiven Entfremdung der Sozialdemokratie von ihrer traditionellen Anhängerschaft und ein bedenklicher Triumph für die hemmungslose Sozialdemagogie und Fremdenfeindlichkeit der FPÖ.

Abgesehen von der relativ gut überstandenen Wirtschaftskrise 2008/09 herrschte in diesen Jahren eine stetig wachsende, umfassende Orientierungslosigkeit. Unter Faymann, den *Die Zeit* bereits im allerersten Porträt nach seiner Wahl zum Parteiobmann als »Teflon-Politiker«[164] bezeichnet hatte, war die SPÖ überhaupt nicht imstande, eine politische Führungsrolle zu spielen. Die permanente Krise der SPÖ, die Kreisky »eine Partei im historischen Sinne« genannt hatte, hat sich nicht nur aus den strukturellen Änderungen der Gesellschaft, sondern auch und in erster Linie aus jahrelangen Phasen der chronischen Schwäche und Konfusion, aus jahrelangen massiven Fehleinschätzungen und Verirrungen ihrer Führungen entwickelt. Wenn man die Frage stellt, wie sich Faymann trotz zweier verlustreicher Nationalratswahlen und trotz der nicht abreißenden SPÖ-Wahlniederlagen scheinbar ungefährdet so lange an der Spitze halten konnte, lauten die Erklärungen im Grunde, je nach persönlicher Sympathie dosiert, ähnlich:

»Ein Lavierer und Intrigant, nur an der Position interessiert« (Gusenbauer), »eine sehr ruhige, stabile Führung, suchte nicht die Konfrontation« (Doris Bures), »pflegte sehr gute Beziehungen zu den Gewerkschaften und zu den Pensionisten, zur *Krone* und Fellner« (Brigitte Ederer), »ein geschickter Mediennetzwerker; höchst freundliche Pressemeldungen zu seiner Person (nicht zur SPÖ im Allgemeinen); Schulterschluss mit den Gewerkschaften und dem Pensionistenverband« (Oliver Rathkolb).[165] In dem lange vor dem Sturz verfassten, eher skeptischen Faymann-Profil in seinem Werk *Die paradoxe Republik* merkt Rathkolb noch an: »Diesen symbolischen Kniefall [vor der *Krone* mit dem weiter oben genannten Brief, Anm.] (...) wird Faymann wohl nie loswerden (...) bleibt ihm das Image des Kanzlers, der von der Gunst der *Krone* abhängt.«[166]

Ich würde noch zwei Faktoren erwähnen, die indirekt und langfristig zur Stabilität der Position Faymanns beigetragen haben. Erstens waren die Bilanzen während der kürzeren Amtszeiten der ÖVP-Vizekanzler in seiner Regierung –

Spindelegger, Pröll und Mitterlehner – ähnlich dramatisch, sodass die SPÖ stets knapp den ersten Platz und damit die Position des Bundeskanzlers verteidigen konnte. Zweitens hatte Faymann ein seltenes Glück in der Person Josef Ostermayers, seines engsten Mitarbeiters durch 20 Jahre, als Kabinettschef, Staatssekretär und Kanzleramtsminister. »(…) Er war das höchst intellektuelle Alter Ego von Werner und er ist wirklich gut. Jeder kann sich nur freuen, wenn er ihn als Mitarbeiter und Kampfgefährten hat«, so wörtlich Michael Häupl.[167] Nach drei Gesprächen mit Josef Ostermayer und ähnlichen positiven Bemerkungen sogar von politischen Gegnern kann ich diese Worte nur bestätigen, mit dem Hinweis, dass Ostermayer über die intellektuelle Substanz hinaus eine im politischen Leben besonders seltene Eigenschaft besitzt, nämlich volle Loyalität gegenüber seinem Vorgesetzten.[168]

Faymanns Reaktion auf die Wahlschlappen entsprach stets dem politischen Jargon: Die Wahl sei eine Landeswahl gewesen und betreffe die Bundespartei nur am Rande. Manchmal mit der ebenso üblichen Zusatzfloskel: »Wir haben es nicht geschafft, unsere Politik richtig zu verkaufen …« Er hielt bis zuletzt, das heißt bis zum 1. Mai 2016, an den Selbstbeschreibungen fest, die nicht mehr passten, weil er keine Antennen für die Lebensrealitäten in der Gesellschaft hatte. Die Demonstration gegen Faymann mit Pfeifkonzert und Transparenten bei der Festveranstaltung vor dem Rathaus war natürlich kein spontaner Wutausbruch der Jungsozialisten, sondern war organisiert, angeblich von links, wobei man sich auf keine glaubwürdigen Informationen, sondern nur auf widersprüchliche Spekulationen stützen kann.

Knapp eine Woche danach trat Faymann mit Hinweis auf den fehlenden Rückhalt als Bundeskanzler und SPÖ-Vorsitzender zurück. Faymann selbst hat seit seinem Ausscheiden aus der Politik kein Wort mehr in der Öffentlichkeit gesagt und sich völlig auf den anscheinend höchst erfolgreichen Aufbau einer im In- und Ausland tätigen Immobilienfirma konzentriert. Sein völliges Schweigen seit seinem Rücktritt und seine Ablehnung aller Anfragen für Interviews erinnern an die Haltung von Josef Klaus nach seiner Niederlage 1970; dieser hat allerdings ein Jahr später seine Erinnerungen veröffentlicht. Es fällt mir noch der ehemalige ÖVP-Parteivorsitzende Josef Taus als vergleichbares Beispiel für einen gescheiterten Spitzenpolitiker ein, der sich nach seinem Rücktritt auch nie zu aktuellen politischen Fragen geäußert und keine unerbetenen öffentlichen Ratschläge an die Adresse seiner Partei gerichtet hat. Das Ausscheiden des am drittlängsten regierenden sozialdemokratischen Bundeskanzlers hat – nach einer schnellen, aber letzten Endes desaströsen Nachfolgelösung mit Christian Kern – die bis zur Drucklegung dieses Buches dauernde, tiefe Sinnkrise der österreichischen Sozialdemokratie offensichtlich gemacht.

Christian Kern: Verlierer der Kanzlerschaft

Nach dem Sturz Faymanns im Mai 2016 wurde die früher verdeckte Rivalität zwischen Christian Kern, dem Generaldirektor der ÖBB, und Gerhard Zeiler, dem international erfolgreichsten österreichischen Medienmanager, in drei Tagen entschieden. Nachdem sich alle Landesorganisationen mit der Ausnahme der Wiener SPÖ für Kern ausgesprochen hatten, wurde er vom Bundesparteivorstand als Bundeskanzler und Parteivorsitzender vorgeschlagen und bestellt. Nach der verlorenen Nationalratswahl im Oktober 2017 erklärte Kern im September 2018, als Oppositionsführer im Parlament, seinen mit den Parteigremien nicht abgesprochenen Rücktritt vom Parteivorsitz, um ausschließlich als Spitzenkandidat der SPÖ bei der erst im Mai 2019 fälligen EU-Wahl anzutreten, sowie seine Absicht, auch die Spitzenkandidatur der europäischen Sozialdemokraten anzustreben. Die Parteiführung, sowie die ganze Öffentlichkeit, erfuhr all das aus den Medien. Nach chaotischen Tagen wurde auf Vorschlag von Kern die frühere Gesundheitsministerin Pamela Rendi-Wagner vom SPÖ-Präsidium zu seiner Nachfolgerin an der Parteispitze nominiert. Die Rolle als Oppositionsführer habe nicht zu ihm gepasst, er habe andere Fähigkeiten als das innenpolitische »Klein-Klein«, erklärte Kern. In seinen Memoiren bezeichnet Häupl Kerns Streben nach der Spitzenkandidatur der europäischen Sozialdemokraten offen als »vollkommen verrückt, weil aussichtslos«.[169] Zwei Wochen nach diesem »kommunikationsstrategischen Desaster« (Peter Kaiser, SPÖ-Landeshauptmann von Kärnten) folgte die nächste Überraschung in Kerns misslungenem Melodram: Nach der Welle der Empörung vieler Parteifunktionäre und Mitglieder kündigte Kern mit Hinweis auf »ständige Kleinintrigen von hüben und drüben« seinen endgültigen Abschied von der Politik an. Er wolle sich der »Wirtschaft und dem Unternehmertum« widmen.

Nach diesem chaotischen Rücktritt auf Raten stellte ich einer Reihe von maßgeblichen sozialdemokratischen Gesprächspartnern die theoretische Frage: Wäre Zeiler nicht eine bessere Wahl gewesen und warum scheiterte Kern so schnell und so dramatisch? Die erste Frage wurde von der Mehrheit eindeutig bejaht, von anderen zwar als irrelevant bezeichnet, aber alle waren sich einig, dass Christian Kern im Rückblick eine katastrophale Fehlbesetzung war. Auch die persönliche Verantwortung Häupls wegen seines verspäteten und lauwarmen Einsatzes für Gerhard Zeiler wurde von einigen thematisiert. Ein langes Gespräch, das ich mit Kern geführt habe[170], hat außer Vorwürfen an die »ausgetrocknete SPÖ ohne Talente« und an die »intriganten Saboteure aus der ÖVP gegen die Koalitionsregierung mit dem kooperativen Vizekanzler Reinhold Mitterlehner« nichts zu meiner Aufklärung über seine Motive für die überstürzten Rücktritte beigetragen. Möglicherweise war tatsächlich der Wunsch seiner Frau für den Abschied von der Politik entscheidend, wie von ihm in einem Nebensatz und auch von Freunden angedeutet.

Wie dem auch sei, die Hauptgründe für sein Fiasko waren laut der allgemeinen Meinung der Parteifreunde und der Mitarbeiter die folgenden: Er sei ein blendender Kommunikator, aber zwei gute Reden konnten die fehlende Strategie und das gespaltene Team nicht ersetzen. Er sei unbeständig, sprunghaft, ungemein eitel, »wie eine Prinzessin«, nicht belastbar gewesen, immer auf den Anfang, aber nicht auf das Ende eines Projektes konzentriert, außerdem beratungsresistent und habe eigenwillige Entscheidungen ohne Diskussion mit dem Wahlkampfteam getroffen. Manche Beobachter sehen einen der Hauptgründe für die Niederlage darin, dass Kern nach seiner medial sehr gut aufgenommenen Rede zum »Plan A« im Januar 2017 nicht eine vorgezogene Neuwahl erzwungen hatte. So konnte nach Mitterlehners Rücktritt im Mai Außenminister Sebastian Kurz sein von langer Hand vorbereitetes Geheimprojekt zur Übernahme der ÖVP, zur Beendigung der Koalition und zu vorgezogenen Neuwahlen lancieren.

Es gab allerdings noch zwei Faktoren, die zum Wahlsieg der »Neuen ÖVP« maßgeblich beigetragen haben: 1) Der Chefwahlkampfberater der SPÖ, der von Gusenbauer empfohlene Tal Silberstein aus Israel, wurde mitten im österreichischen Wahlkampf in seiner Heimat wegen Bestechung und Geldwäsche in Rumänien verhaftet. Sein Fall wurde nach der Entdeckung der von ihm auf zwei Facebook-Seiten betriebenen Schmutzkübelkampagne gegen Kurz zum Albtraum für die SPÖ.

2) Damit kommen wir zum zweiten Faktor, zur Rolle der Dolmetscherin von Silberstein. Kern erzählte mir, dass diese Frau damals mit einem engen Verwandten eines führenden ÖVP-Politikers befreundet gewesen sei und ihm ihre Aufzeichnungen über die Gespräche mit Silberstein sofort übermittelt habe. Die in den Medien breitgetretenen internen Überlegungen zur Wahlstrategie der SPÖ lösten innerhalb von deren Wahlkampfteam immer wieder Spannungen aus, weil Kerns Mitarbeiter einander für die Indiskretionen verantwortlich machten. Diese Auseinandersetzungen produzierten wieder Schlagzeilen und führten schließlich während der Intensivphase der Wahlkampagne zu den Rücktritten des SPÖ-Geschäftsführers und des Wahlkampfleiters.[171]

In dem oben genannten Gespräch mit mir deutete Kern indirekt an, dass er seinen Rücktritt bedauere, nachdem seine Frau eine Woche vor unserem Treffen erwähnt habe, es sei »eigentlich schade, dass er aus der Politik ausgestiegen« sei. Diesen Eindruck bestätigen mehrere in der Zwischenzeit erschienene Zeitungsinterviews. So antwortete Kern zum Beispiel auf die Frage, ob der burgenländische Landeshauptmann Hans Peter Doskozil für die Position des Parteivorsitzenden geeigneter wäre als Pamela Rendi-Wagner, mit der Bemerkung, die SPÖ habe viele geeignete Kandidaten, die »voll Tatkraft in den Startlöchern scharren«.[172]

Nach seinem Rücktritt war Kern einer der zwölf Aufsichtsräte der russischen Staatsbahn – bis er diesen Posten am 24. Februar 2022, nach dem Angriff Russlands auf die Ukraine, niedergelegt hat – und bleibt weiterhin Präsident des European China Business Council, des Unternehmerverbandes mit rund 2000 der größten Firmen Chinas, der an die Pekinger Regierung angebunden ist. Kern hatte noch als Bundeskanzler im Juni 2017 beim Petersburger Wirtschaftsforum Kritik an den EU-Sanktionen gegen Russland geübt. Auf Basis seiner diversen öffentlichen Wortmeldungen kann der ehemalige Bundeskanzler als Vertreter der internationalen Beschwichtigungspolitik gegenüber beiden autokratischen Regimen betrachtet werden.[173]

Die unsichere Zukunft Pamela Rendi-Wagners

Kern hat zweifellos die habilitierte Medizinerin Pamela Rendi-Wagner als seine Nachfolgerin und erste Frau an der SPÖ-Parteispitze erfunden. Bereits bei der Nationalratswahl 2017 setzte er sie an die zweite Stelle nach ihm auf die Bundeskandidatenliste. Michael Häupl charakterisiert sie in der für ihn typischen hintergründigen Weise: »Pamela Rendi-Wagner war nicht seine logische Nachfolgerin, aber sie war ein allseits goutierter Vorschlag, weil sie einfach die erste Frau in der Geschichte der Sozialdemokratie war, die Bundesparteivorsitzender wird. Sie hatte eine sehr gute Figur als Gesundheitsministerin gemacht, war aber natürlich nicht eine mit allen Wassern der sozialdemokratischen Politik und Bürokratie Gewaschene (...) Meiner Einschätzung nach ist sie eine wirklich gescheite Frau, die eine hohe Sensibilität auch für das hat, was die Sozialdemokratie gerade in schwierigen Zeiten umsetzen muss (...) Von der Sache her macht sie das wirklich gut und sie wird auch rhetorisch immer besser (...) Ich stehe dazu: Pamela Rendi-Wagner ist eine gute Vorsitzende.«[174]

Sie trat erst einige Tage vor ihrer Angelobung als Gesundheitsministerin im März 2017 der SPÖ bei, gehörte jedoch dem BSA, dem sozialdemokratischen Akademikerbund, bereits seit 2012 an. Nachdem alle besser qualifizierten Kandidaten, allen voran die frühere langjährige SPÖ-Geschäftsführerin, Ex-Verkehrsministerin und Zweite Nationalratspräsidentin Doris Bures und manche andere, abgesagt hatten, wurde Rendi-Wagner beim Parteitag im November 2018 mit 97,81 Prozent der Delegiertenstimmen als Parteivorsitzende gewählt. Bei der Nationalratswahl im September 2019 erreichte die SPÖ mit ihr als Spitzenkandidatin 21,18 Prozent der Stimmen, minus 5,7 Prozent, das historisch schlechteste Ergebnis bei einer Nationalratswahl in der Parteigeschichte. Um ihre Position zu stärken, organisierte sie im Frühjahr 2020 zum ersten Mal überhaupt eine umstrittene parteiinterne Befragung über ihre Vorsitzführung. Nur 41,3 Prozent der Mitglieder beantworteten die Frage, 71 Prozent sprachen sich für die Fortführung ihrer Arbeit an der Parteispitze aus. Ein Jahr später, im Juni 2021, stimmten nur 75 Prozent der Delegierten für sie als Parteivorsitzende. Sie vermutete im Hintergrundgespräch mit mir[175] eine organisierte Aktion aus dem Burgenland und Niederösterreich, eine Meinung, die die meisten unabhängigen Beobachter teilen.

Zur Zeit der Drucklegung dieses Buches gibt es keine öffentlich auftretenden Rivalen um den Parteivorsitz. Rendi-Wagner pocht auf das traditionelle Recht des jeweiligen Parteivorsitzenden, bei der nächsten Wahl als Spitzenkandidat anzutreten. Der Termin dafür ist ebenso unsicher wie die Zukunft der sympathischen, anständigen und engagierten, 51-jährigen Intellektuellen an der Spitze einer Partei, deren Führungsgruppe eher einem Intrigantenstadl als einer solidarischen Gesinnungsgemeinschaft ähnelt. Ohne die Klärung der Führung, ohne Einigkeit über die politische Richtung und ohne eine angemessene organisatorische Aufstellung kann diese traditionsreiche Partei in der Opposition nicht die staatspolitisch so wichtige Aufgabe in unserem Land richtig erfüllen.

DIE ÖVP, DIE UNGEWÖHNLICHSTE VOLKSPARTEI EUROPAS

Die am 17. April 1945 im Wiener Schottenstift gegründete Österreichische Volkspartei ist eine einzigartige Erscheinung in der europäischen Parteienlandschaft. Schon die Gründung der ÖVP war ungewöhnlich. Erstens wurden die drei Bünde – Wirtschaftsbund (durch Julius Raab), Bauernbund (durch Leopold Figl) und Arbeiter- und Angestelltenbund (durch Lois Weinberger) – noch *vor* der Partei selbst gegründet. Es war mehr als eine symbolträchtige Handlung und deutete ihre jahrzehntelange, zuweilen entscheidende Bedeutung bei der Prägung der gesamtparteilichen Schwerpunkte an. Das Primat der Bünde als konstitutive Elemente der Partei hing natürlich auch von den Persönlichkeiten an ihrer Spitze ab. Zweitens war bemerkenswert, und noch wichtiger, dass es schnell gelang, über die Demarkationslinien der Besatzungsmächte hinweg den Kontakt mit den christlichsozialen Politikern in den westlichen Bundesländern herzustellen. Es war der junge Widerstandskämpfer und Medizinstudent Herbert Braunsteiner, der in den Abendstunden des 20. Mai 1945 die eiskalte Enns vor Großraming durchschwamm und mit einem Schreiben Kardinal Innitzers als Bote des Vorstandes die Verbindung mit den misstrauischen bürgerlichen

Politikern in Innsbruck aufnahm und damit den ersten Schritt zur Bildung der ÖVP als Bundespartei machte.[176] Erst im Oktober gelang es allerdings, die Bedenken der westlichen Landesorganisationen gegen die Regierung Renner und die Wiener Parteiführung völlig zu zerstreuen. Die Gefahr einer Teilung des Landes konnte überwunden und die Einigung auf die entscheidenden freien Wahlen am 25. November 1945 gesichert werden.[177]

Diese territorial und funktionell gegliederte Partei gehörte zu den wesentlichen Architekten der Zweiten Republik und hat in den letzten 75 Jahren bis heute eine Schlüsselrolle in der Politik gespielt. Sie hat von 1945 bis 1970, von 2000 bis 2006 und seit 2017 die Bundeskanzler gestellt. Nicht nur durch meine journalistische Tätigkeit, sondern vor allem dank persönlicher Freundschaften mit drei ÖVP-Obmännern und führenden Journalisten konnte ich im Laufe von fast sechs Jahrzehnten einen Einblick in die komplizierten Strukturen und persönlichen Rivalitäten gewinnen.

Leopold Figl und Julius Raab: Die ersten 20 Jahre der Zweiten Republik

Immer werde ich bedauern, dass ich zwei Schlüsselgestalten – die beiden ersten ÖVP-Bundeskanzler, Julius Raab und Leopold Figl – persönlich nicht gekannt habe. Raab war zweifellos der bedeutendste Weichensteller für den Staatsvertrag in Österreich. Vor allen anderen Politikern hatte er die Möglichkeit für eine Lösung der Problematik des Staatsvertrages erkannt und die Chance ergriffen, als der sowjetische Außenminister Molotow im Februar 1955 direkte österreichisch-sowjetische Verhandlungen vorschlug. Auch in der Innen-

und Wirtschaftspolitik erwies sich Raab als eine starke Persönlichkeit. Als langjähriger Obmann der ÖVP war er verantwortlich für die besonders starke Rolle des Wirtschaftsbundes und durch eine Abmachung mit dem damaligen ÖGB-Chef Franz Olah auch für die organisierte Form der Sozialpartnerschaft durch die Gründung der Paritätischen Kommission, bestehend aus Vertretern der Arbeitgeber und Arbeitnehmer. Es war aber Leopold Figl, der einstige Dachau-Häftling und erste ÖVP-Bundeskanzler, der durch seine direkte und gewinnende Persönlichkeit bis heute als einer der populärsten österreichischen Politiker gilt. Dank in erster Linie den *Österreich*-Dokumentationen von Hugo Portisch ist Leopold Figl in der Szene am Balkon des Belvedere mit den Worten »Österreich ist frei!« zur unauslöschlichen Symbolfigur des Staatsvertrages im Gedächtnis der Österreicher geblieben.

Mein bester Freund und »Österreich-Lehrer« Kurt Vorhofer, damals Leiter der Wiener Redaktion der Grazer *Kleinen Zeitung,* dem ich postum *Mein Österreich* gewidmet habe, erzählte mir von seinen Eindrücken als junger Journalist von Figl und las mir in einer Silvesternacht irgendwann in den 1970er-Jahren in seiner Stadtwohnung im dritten Stock des Deutschen Ordenshauses in der Singerstraße mit Blick auf den Stephansplatz die berührende Weihnachtsbotschaft des neuen Bundeskanzlers des freien Österreichs, Leopold Figl, vom Heiligen Abend 1945 vor. Sie war damals für alle, die überhaupt einen Radioapparat und Strom hatten, aber auch für jene Generationen, die den oft zitierten Text später gelesen haben, eine unvergessliche Rede: »Ich kann euch zu Weihnachten nichts geben. Ich kann euch für den Christbaum, wenn ihr überhaupt einen habt, keine Kerzen geben, kein Stück Brot, keine Kohlen, kein Glas zum Einschneiden. Wir haben nichts. Ich kann euch nur bitten: Glaubt an dieses Österreich!«[178]

Sein Staatsbegräbnis am 14. Mai 1965 – einen Tag vor dem zehnten Jahrestag des Staatsvertrages – war mit dem Trauerzug vom Stephansdom zum Heldenplatz an diesem regnerischen Tag auch für mich unvergesslich. Man fühlte das, was später sein Biograf Ernst Trost schrieb: »Die Österreicher bezeugten offen, dass sie einen Mann und Politiker und Menschen verloren hatten, der ihnen allen nahegestanden war. Sie hatten oft gelacht über ihn, und nun schämten sie sich auch nicht, über ihn zu weinen.«[179]

Raab selbst habe ich nicht gekannt, doch mit dem eigentlichen Kopf seiner als »Raab-Kamitz-Kurs« genannten Wirtschaftspolitik, nämlich mit Professor Reinhard Kamitz, der zwischen 1952 und 1960 Finanzminister war, habe ich in seiner langen Amtsperiode als Präsident der Nationalbank (1960–1968) einen relativ engen und freundlichen Kontakt geknüpft. Er war eine unabhängige und souveräne Person, der mir, dem jungen Auslandskorrespondenten der bis heute bedeutendsten europäischen Wirtschaftszeitung, unverblümt und öfters seine kritische Meinung über die Finanzpolitik seines Nachfolgers, des späteren Bundeskanzlers Josef Klaus, kundgetan hat. Ich hatte damals keine Ahnung, dass dieser hervorragende Finanzexperte als Parteimitglied (und SS-Anwärter) bereits in der NS-Ära eine steile Karriere gemacht hatte. Im Zeichen der koalitionären Eintracht soll ihm der seinerzeitige Innenminister Oskar Helmer sogar seinen »Gauakt«, also die NS-Unterlagen, als Geburtstagsgeschenk überreicht haben.

Weichensteller Josef Klaus

Alfons Gorbach (1898–1972) war der erste Bundeskanzler, den ich als Wiener Korrespondent der *Financial Times* kennengelernt habe. Er war nach dem »Anschluss« sofort in Dachau und ab 1944 bis zum Ende des Krieges in Flossenbürg eingesperrt gewesen. Ich habe ihn in seiner Amtszeit 1961 bis 1964 mehrmals gesprochen und über seine Tätigkeit berichtet. Unter der Führung dieses jovialen Politikers gelang es der ÖVP zwar, die Wahlen im November 1962 zu gewinnen, doch der konziliante Verhandlungsführer konnte bei den fünf Monate dauernden Gesprächen mit der SPÖ keinen Durchbruch erzielen. Die Lunte der Habsburg-Krise begann übrigens ebenfalls in der Zeit seiner Kanzlerschaft zu brennen.

Bald kam das Reformerduo Josef Klaus (1910–2001) als Bundeskanzler und Hermann Withalm (1912–2003) als Generalsekretär in der enttäuschten ÖVP an die Macht. Beide habe ich aus der Nähe kennen- und schätzen gelernt. Klaus ist wahrscheinlich im Rückblick – neben Fred Sinowatz – der am meisten unterschätzte oder vergessene Bundeskanzler. Er war bisher der einzige Landeshauptmann, der aus dieser Position heraus, in seinem Fall nach zwölf Jahren als Landeshauptmann in Salzburg, die ÖVP-Spitze in Wien erklomm.[180]

Hier möchte ich nur aus meinem in der Zürcher Tageszeitung *Die Tat* veröffentlichten Klaus-Porträt vom 26. Februar 1964 einige Sätze zitieren: »Mit phantastisch anmutendem Ehrgeiz ging Klaus als Finanzminister, der nie Nationalökonomie studiert hatte, an die Arbeit, um den Staatshaushalt in Ordnung zu bringen. Wenn seine Mitarbeiter morgens ins Ministerium kamen, nahm der Minister schon das zweite Frühstück ein, da er täglich um sechs Uhr in seinem Arbeitszimmer eintraf. Während seiner zweijährigen Ministerschaft wurden umfassende Konzepte für die Schaffung eines Kapitalmarktes, für die Beseitigung der Doppelbesteuerung der Aktien und zur Förderung der gewerblichen Wirtschaft ausgearbeitet. Er konnte sich nicht durchsetzen, da der gemütliche Regierungschef, Bundeskanzler Gorbach, der bei aller Liebenswürdigkeit nie einen Überblick zu den komplizierten Vorgängen in einer modernen Industriegesellschaft besaß, immer wieder das stille Begräbnis der Klaus-Rezepte seitens der Sozialisten ohne energischen Widerstand hinzunehmen bereit war.«

Aus Protest demissionierte Klaus 1963 und ich merkte an: »In einem Land, wo die Minister nur im Ausnahmefall von sich aus aus dem Amt scheiden, hat Klaus durch seine Zivilcourage an Prestige, Autorität und Sympathie in der Bevölkerung gewonnen.« Ich habe betont, dass er sich mit eisernem Willen und sagenhaftem Arbeitseifer auf die Übernahme des Kanzlerpostens ab April 1964 vorbereitet hat. Klaus sei bereits sowohl von »Parteifreunden« als auch von Gegnern als machtgieriger Fanatiker, als Asket, ja gar als Missionar geschildert worden. Ich schloss das Porträt mit den Sätzen: »Er ist im Grunde ein österreichischer Vorzugsschüler, der im Laufe der Jahre ein unpolitischer Politiker geworden ist. Er ist ein Anwalt, der keine Tricks kennt, ein Politiker, der bereit ist, für seine Prinzipien zu kämpfen, ein *unösterreichischer Österreicher* [kursiv im Original, Anm.], der den Sozialisten, ebenso wie manchen Industriellen, höchst unsympathisch ist.«

Am 6. März 1966 ging Klaus als der große Sieger in die österreichische Geschichte ein: Mit ihm an der Spitze gewann die ÖVP zum ersten Mal seit November 1945 wieder die absolute Mehrheit. Davor, in der Besatzungszeit, gab es einfach keine Alternative zur Koalitionsregierung. Den Sieg hatte die ÖVP freilich auch der Spaltung in der SPÖ durch den Bruch mit dem populären Gewerkschafter Franz Olah und folgenschweren taktischen Fehlern der vor Kreisky agierenden Parteiführung zu danken. Der Schock der Wahlniederlage besiegelte für die SPÖ nach 21 Jahren den Untergang der Koalition.

Die Regierung Klaus stellte in der Wirtschafts- und Medienpolitik viele Weichen. Trotzdem hatte vielleicht die Personalpolitik des Kanzlers die wichtigste langfristige Bedeutung. Kein österreichischer Regierungschef hatte je so viele junge politische Talente entdeckt und gefördert wie Josef Klaus. Um nur einige zu nennen: Thomas Klestil (Bundespräsident 1992–2004); Alois Mock (Außenminister 1987–1995), Heinrich Neisser (Zweiter Präsident des Nationalrates 1994–1999), Josef Krainer (Landeshauptmann der Steiermark 1981–1996), Wolfgang Schmitz (Finanzminister 1964–1968), Josef Taus (Staatssekretär, Aufsichtsratsvorsitzender der ÖIAG 1967–1975, Bundesparteiobmann der ÖVP 1975–1979).

Man muss freilich auch betonen, dass alle Genannten Mitglieder des Cartellverbandes (CV), der katholischen, farbentragenden Hochschulverbindungen, waren, die im scharfen Gegensatz zu den in einem früheren Kapitel beschriebenen rechtsradikalen, schlagenden Verbindungen stehen. Dieses katholische Netzwerk mit einem Korpsgeist war in den 1960er-Jahren, vor allem während der Klaus-Regierung, im Bundeskanzleramt, in den Handels- und Landwirtschaftskammern, in manchen Landes- und Bezirksverwaltungen besonders stark. Immerhin gehörten dem CV damals 23 Prozent der ÖVP-Parlamentarier an. Ich habe den Einblick in die Mentalität und in die Atmosphäre der Verbindungen vor allem meiner lebenslangen Freundschaft mit dem Journalisten Kurt Vorhofer zu verdanken. Er gehörte der vielleicht einflussreichsten Verbindung, der Norica, an, die unter anderen Raab, Figl, Withalm und Mock zu ihren Mitgliedern zählte. Auch die Bundeskanzler Gorbach und Klaus sowie Bundespräsident Klestil und mein enger Freund Josef Taus waren CVer. Außerdem war ich manchmal in die »Buden«, so hießen die Vereinslokale, zu Vorträgen oder besonderen Klubabenden eingeladen.

Heute spielt der CV nicht mehr eine so prägende Rolle wie damals. Man muss dabei auch auf den gewachsenen Einfluss des katholischen Mittelschülerverbandes und der Katholischen Studentischen Jugend (KSJ) bei der Elitebildung hinweisen. So bedeutende Persönlichkeiten wie der frühere Bundeskanzler Wolfgang Schüssel, die Ex-Vizekanzler Erhard Busek und Josef Riegler sowie der langjährige Landeshauptmann der Steiermark Josef Krainer jun. waren in der KSJ und nicht im Cartellverband.

Es gehört zu den merkwürdigen Details eines langen Lebens, dass ich, abgesehen vom Sonderfall Bruno Kreisky, den ich als Nicht-SPÖ-Mitglied auch nie geduzt habe, vor allem mit ÖVP-Politikern, besonders mit Taus, aber auch mit Klestil, Busek, Schüssel und (Erwin) Pröll zuweilen engere freundschaftliche Bande geknüpft habe. Ich verdanke diesen Freundschaften und natürlich auch regelmäßigen Gesprächskontakten zu so maßgeblichen sozialdemokratischen Persönlichkeiten wie Ex-Vizekanzler Hannes Androsch und dem früheren Bundespräsidenten Heinz Fischer seit Jahrzehnten unverwechselbare Hintergrundkenntnisse über die Politik und Wirtschaft Österreichs.

Alois Mock: Symbolträchtige Anständigkeit

Nach dem Bruch Bundeskanzler Vranitzkys mit der Haider-FPÖ 1986 ergaben sich aufgrund des Wahlergebnisses für die ÖVP zwei Optionen: die Chance einer neuen Kleinen Koalition mit umgekehrtem Vorzeichen, nämlich unter einem ÖVP-Kanzler Alois Mock, oder der Eintritt in eine Große Koalition unter Vranitzky. Mock schlug, unterstützt auch vom Salzburger Landeshauptmann Wilfried Haslauer, die Bildung einer ÖVP/FPÖ-Koalition vor. Er scheiterte am Widerstand des Wirtschaftsbundes und der östlichen Landesorganisationen. Das Angebot, ihm die Übernahme des Außenministeriums und den Posten des Vizekanzlers zu übertragen, habe sein Einschwenken erleichtert, heißt es in der Geschichte der ÖVP.[181]

Hier möchte ich zum ersten Mal meine persönlichen Erinnerungen an Alois Mock und meine Eindrücke aus vielen Jahren der freundschaftlichen Zusammenarbeit etwas länger skizzieren. Ich habe ihn nicht nur beruflich als Journalist oft getroffen, sondern auch durch gemeinsame Freunde und CV-Brüder wie Kurt Vorhofer und Josef Taus viele persönliche Eindrücke von seiner menschlichen Größe gewonnen. Im Gegensatz zu Sinowatz und Klaus wurde Mock nicht politisch unterschätzt, sondern als Mensch zum Teil falsch gesehen, zum Teil ungerecht behandelt. Er war ein Politiker, der in der Politik irgendwie nie Glück gehabt hat. Es war ihm nicht vergönnt, Bundeskanzler zu werden. Dazu kam eine schwere, unheilbare, bereits in seinen späten Fünfzigern festgestellte Parkinson-Erkrankung. Er musste krankheitshalber viel zu früh aus der aktiven Politik ausscheiden und konnte auch den größten politischen Triumph seines Lebens, den Beitritt Österreichs zur Europäischen Union, nicht mehr so richtig genießen.

Was steckt hinter den trockenen Jahreszahlen des politischen Aufstiegs – 1969, mit 35 Jahren, Unterrichtsminister in der Regierung Klaus; 1971–1979 Obmann des ÖAAB; 1979–1989 ÖVP-Parteiobmann und 1987–1995 Außenminister? Weder intellektuelle Brillanz noch mitreißende Rhetorik, sondern eiserne Prinzipientreue und unbeirrbare Geradlinigkeit, von der christlichen Soziallehre geprägte Aufrichtigkeit und ungebrochene Loyalität gegenüber Freunden, ungeheurer Fleiß im Dienst an der Heimat und tief verwurzelte Sympathie für und Solidarität mit geknebelten Völkern in Ost- und Südosteuropa, Bescheidenheit im Erfolg und Mut in der Niederlage, nie erlahmendes Pflichtgefühl gepaart mit beispielloser Arbeitswut waren seine herausragenden Eigenschaften.

Hier nur ein herausgegriffenes Beispiel für Loyalität: Gegenüber dem Ausnahmepolitiker Bruno Kreisky hatte der brillante Bankier, erfolgreiche Unternehmer und damalige ÖVP-Bundesparteiobmann Josef Taus keine Chance. Darüber hinaus war dieser so begabte Mann selbst in der eigenen Partei nicht beliebt. Noch dazu hatte er seine alte Idee einer radikalen Parteireform mit dem Primat der Bundesparteiführung gegenüber den drei Bünden und den Landesorganisationen viel zu spät, nach der zweiten Wahlniederlage, durchsetzen wollen. Selbst ein Mitglied der Reformkommission wandte sich gegen seine Vorschläge mit der Begründung, ohne die Bünde wäre die ÖVP »eine Partei ohne Volk«[182]. Dass Alois Mock von den ÖVP-Abgeordneten zum geschäftsführenden Klubobmann gewählt wurde, war schon als Vorentscheidung für Mock als »ÖVP-Kronprinz« betrachtet worden. Trotz der diesbezüglichen Sirenenklänge der Medien blieb er aber gegenüber Parteiobmann Josef Taus bis zuletzt loyal. An die Adresse jener, die Mock wegen seiner ÖAAB-Obmannschaft als »gefährlichen Linken« ansahen, schrieb der wohl beste journalistische Kenner Mocks, nämlich Kurt Vorhofer: »Man muss schon sehr borniert sein, oder sehr weit rechts stehen, was oft auf dasselbe hinausläuft, wenn man in Mock einen Linken sieht. Alois Mock ist ein aufgeschlossener Konservativer katholisch-bürgerlicher Herkunft.«[183]

Nach dem Rücktritt von Taus im Sommer 1979 gelang es Mock als Parteichef, auch dank der internen SPÖ-Gegensätze, Kreiskys absolute Mehrheit zu brechen. Doch das turbulente Wahljahr 1986 (Waldheim-Affäre, Rücktritt von Kanzler Sinowatz, Platzen der Kleinen Koalition FPÖ/SPÖ) war politisch und gesundheitlich für Alois Mock dramatisch. Wie er es selbst formulierte: »Als Parteichef kam ich von minus 19 Mandaten auf minus 11 und zuletzt auf minus drei im Abstand zur SPÖ«, und mit Hinweis auf die Wechsel von Kreisky zu Fred Sinowatz und schließlich zu Franz Vranitzky fügte er noch resignativ hinzu: »Zwei neue Parteichefs der SPÖ packte ich nicht, einen hätte ich gepackt.«[184]

Dass ihn seine Partei, wie so viele Vorgänger (und auch Nachfolger) demontierte, nahm er nach außen hin ohne Bitterkeit oder Argwohn zur Kenntnis. Kurt Vorhofer bezeichnete ihn noch vor seinem Rücktritt als einen »Harmonietyp«. Er war zweifellos eine große Integrationsfigur, stets auf Versöhnung und Ausgleich mit den politischen Rivalen in seiner eigenen Partei bedacht.[185] Ich kenne keinen österreichischen Politiker, der seine staatspolitische Mission so formuliert hätte, wie es Mock, noch als Parteiobmann, nach massiven Verlusten bei drei Landtagswahlen sichtlich niedergeschlagen in einem Interview getan hat: »Mein wichtigstes Anliegen ist, meine Politik zu verwirklichen, mein zweitwichtigstes, Wahlen zu gewinnen. Jetzt muss ich aber auch zur Kenntnis nehmen, dass das Zweitwichtigste sehr oft entscheidet, wie eine Partei ihren Obmann einschätzt, beziehungsweise wie langfristig eine Partei entscheiden kann. Sie muss ja auch Wahlen gewinnen, damit sie gestalten kann. Und daher ist das eine Wechselwirkung. Also: Das Zweitwichtigste ist für mich,

Wahlen zu gewinnen. Nur wenn ich das eine ohne das andere nicht schaffe, dann kommt eher der Punkt, dass jeder nur auf Zeit gewählt ist.«[186]

Alois Mock: Schrittmacher der Ost- und Balkanpolitik

Das internationale Ansehen Alois Mocks war in erster Linie das Ergebnis seines unglaublichen Engagements für Europa und für die Befreiung der Völker Ost- und Südosteuropas von der doppelten Knechtschaft des Kommunismus und der Fremdherrschaft. In diesem Sinne bedeuteten die acht Jahre an der Spitze des Außenministeriums seinen unermesslichen Beitrag zur Überwindung der Spaltung Europas. Ich möchte hier nicht seine allgemein bekannten, bahnbrechenden Bemühungen um Österreichs Beitritt zur Europäischen Union und das symbolische Durchschneiden des Stacheldrahtes zwischen Österreich und Ungarn sowie zwischen Österreich und der damaligen Tschechoslowakei im Detail würdigen, sondern eher seine umstrittene Rolle in der Jugoslawienkrise behandeln.

Zu seinem glühenden Engagement für die Unabhängigkeit Sloweniens und Kroatiens, später auch für die Menschenrechte der Kosovo-Albaner, das etlichen Parteifreunden unverständlich erschien und erst recht viele politische Gegner befremdete, habe übrigens auch ich zu einem frühen Zeitpunkt, irgendwann in den späten 1980er-Jahren, etwas beigetragen. Einmal vor oder nach einem Auftritt in der TV-Sendung *Zeit im Bild 2* sprachen wir in der ORF-Kantine über die Spannungen im Vielvölkerstaat Jugoslawien und ich ermunterte ihn in seiner kritischen Haltung mit einer unbedachten, aber letzten Endes doch treffenden Bemerkung: »Hören Sie nicht auf mit dem Druck auf die SPÖ; Sie könnten mit einer mutigen Haltung in der Jugoslawienkrise sogar in die österreichische Geschichte eingehen!« Auch unser gemeinsamer Freund Kurt Vorhofer, dem ich das erzählte, bestätigte ihn in diesem Bestreben.

Natürlich brauchte er mich nicht dazu, da Mock als Außenminister so erfahrene Berater hatte wie die Botschafter und späteren Generalsekretäre im Außenministerium Albert Rohan und Thomas Klestil sowie andere ausgezeichnete Experten. Trotzdem sagte er mir selbst nicht nur einmal, wie stark ihn meine Worte damals in seiner Entschlossenheit bestärkt hätten, den Kroaten, Slowenen und später auch den Kosovo-Albanern in jeder Weise zu helfen. Wegen dieses Engagements wurde er dann vom Philosophen Rudolf Burger in einem *profil*-Artikel unter dem Titel »Kriegsgeiler Kiebitz und der Schatten von 1914« persönlich angegriffen.[187]

Ich habe mich jahrzehntelang mit Jugoslawien beschäftigt und mein erstes großes Buch über den Nationalismus in den kommunistischen Balkanländern, Schwerpunkt Jugoslawien, bereits 1969 veröffentlicht. Deshalb unterstützte ich Mocks Balkanpolitik. Burger habe ich nie auf die ungerechte Abstempelung Mocks angesprochen, obwohl wir uns bei der Zurückweisung der ungerechten und kontraproduktiven Angriffe auf unser Land nach der Bildung der schwarz-blauen Regierung Schüssel auf der gleichen Seite befunden und uns von Zeit zu Zeit bei den »Philosophischen Mittagessen« von Wolfgang Schüssel getroffen haben. Was Mocks Jugoslawien-Initiativen betrifft, bin ich heute wie damals der Meinung, die Peter Michael Lingens treffend formulierte: »Nicht der Krieg folgte einer übereilten Anerkennung, sondern eine lang hinauszögerte Anerkennung folgte dem bereits in vollem Gange befindlichen Krieg.«[188]

Alois Mock war bis zu dessen frühem Tod besonders eng mit dem Schriftsteller György Sebestyén (ein Ungarnflüchtling wie ich) befreundet, dessen Initiativen, vor allem im kulturellen Bereich, handfeste Folgen hatten. Die Gründung der Zeitschriften *Pannonia* und *Morgen* sowie die Einrichtung eines »Arbeitskreises Donauregion« beim Außenministerium unter der Leitung von Sebestyén trugen viel zum Abbau der Ignoranz über Ostmitteleuropa bei.[189] Dank der Intervention Mocks konnte ich bei der medialen Vermittlung der von ihm eingeleiteten regionalen Zusammenarbeit – sie lief zuerst unter dem Namen Quadragonale (Österreich – Italien – Jugoslawien – Ungarn)) und mündete später in die Zentraleuropäische Initiative – durch die Sendungen des von mir geleiteten ORF-*Oststudios* (seit 1990 *Europastudio*) und auch mit Gastbeiträgen in der *Europäischen Rundschau* mitwirken. Alois Mock selbst hat im Laufe der Jahre, zuletzt 2006, vier außenpolitische Grundsatzartikel für meine Zeitschrift verfasst.

Für mich bleibt vor allem seine Rolle bei der Geburt des Europa-Forums Wachau (ab Juni 1995), das er trotz angeschlagener Gesundheit mitbegründete, unvergesslich. Die Initiative ging von ihm und Erwin Pröll, dem Landeshauptmann Niederösterreichs, aus. Ich betrachte Pröll als den bedeutendsten Regionalpolitiker in der Geschichte der Zweiten Republik. Er hat das flächenmäßig größte Bundesland elf Jahre als Landeshauptmann-Stellvertreter und ein Vierteljahrhundert lang als Landeshauptmann geprägt. Unzählige kulturelle Initiativen und Projekte für die Förderung der Künste und der Wissenschaft sind mit seinem Namen verbunden.

Die eindrucksvolle Liste von drei Dutzend Ministerpräsidenten, Ministern und EU-Kommissaren, die in den 25 Jahren seit 1995 zum Europa-Forum ins Benediktinerstift am Göttweiger Berg gekommen sind, liefert den überzeugendsten Beweis für den Erfolg dieses Experiments im Herzen Niederösterreichs, ein anerkanntes, europäisches Diskussionsforum zu schaffen. Seit dem ersten großen Interview Alois Mocks mit der berühmten Kolumnistin und Autorin Flora Lewis in der *New York Times* haben die Diskussionen im Stift Göttweig in den großen Zeitungen des Kontinents, von *Le Monde* in Paris bis zur *Frankfurter Allgemeinen* und zur *Neuen Zürcher Zeitung*, Widerhall gefunden. Auch die jährlichen Sendungen des ORF-*Europastudios* mit angesehenen Auslandskorrespondenten trugen zur grenzüberschreitenden Bekanntheit des Europa-Forums bei. Dass ich von Anfang an als Mitorganisator und Moderator dabei sein durfte und dass der bereits sichtbar erkrankte Alois Mock mir persönlich den nach ihm benannten ersten »Dr.-Alois-Mock-Europa-Preis« beim Europa-Forum Wachau 2002 überreicht hat, gehört zu den schönsten Erlebnissen meines Lebens.

Nie werde ich vergessen, wie er 1995, bei der allerersten Veranstaltung, auf der sonnigen Terrasse des Stiftrestaurants Flora Lewis mit seiner charakteristischen Leidenschaft die österreichische Position in der Diskussion um die europäische Integration erklärt hat. Kurz danach sprach er in glänzendem Französisch mit Daniel Vernet, dem Moskau-Korrespondenten von *Le Monde*, gefolgt von einem kurzen Meinungsaustausch, auch auf Französisch, mit dem ersten ausländischen Gastredner, Jean-Claude Juncker, damals Ministerpräsident von Luxemburg.

Der rätselhafte Spionagefall Felix Bloch

Wenige wussten, dass Mock nach einer harten Jugend (einige Zeit arbeitete er als Lastwagenfahrer) und einem abgeschlossenen Jusstudium an der Universität Wien dank Stipendien am Bologna-Center der Johns Hopkins University 1957/58 sowie an der Université Libre de Bruxelles 1960/61 studiert und anschließend 1962–1966 in der österreichischen OECD-Vertretung in Paris gearbeitet hat. Im Freundeskreis rezitierte er zuweilen auf Wunsch mit großem Schwung auswendig und fehlerlos auf Französisch den großen Monolog des Cyrano de Bergerac aus dem gleichnamigen Stück von Edmond Rostand. Man muss anmerken, dass es bisher außer ihm keinen so sprachkundigen ÖVP-Obmann und Vizekanzler gegeben hat.

Seine Studentenzeit in Bologna war der Grund dafür, dass der Name dieses Mannes von »unangreifbarer Integrität« (Heinz Fischer in seinem Nachruf) unbeabsichtigt mehrmals am Rande einer der größten USA-Spionagegeschichten auftauchte. In Bologna entstand eine lebenslange, enge Freundschaft zwischen Mock und dem US-amerikanischen Studenten Felix Bloch sowie mit dessen späterer Frau, Lu (Lucille), ebenfalls einer Studentin. Bloch flüchtete als vierjähriges Kind nach dem »Anschluss« mit seinen Eltern aus Wien in die Vereinigten Staaten und wurde nach dem Abschluss seiner Studien ins US-Außenministerium aufgenommen. Nach verschiedenen Posten, vor allem in Deutschland, wurde er 1980 nach Wien versetzt, wo er ab 1983 zuerst unter der aus Österreich stammenden Botschafterin Helene von Damm und dann unter dem Milliardär Ronald Lauder als Nummer zwei im Rang eines stellvertretenden Missionschefs sieben Jahre lang, bis zum Herbst 1987, diente. Er sprach fließend Deutsch und war mit seiner Frau Lu in diesen Jahren zweifellos das populärste Diplomatenpaar in der Wiener Gesellschaft. Die langjährige enge Freundschaft mit Alois und Edith Mock war ebenso stadtbekannt wie die Tatsache, dass Bloch seine seiner Meinung nach amateurhaften Vorgesetzten nicht leiden konnte. Auch ich und meine englische Frau Margaret waren oft mit Felix und Lu gesellschaftlich beisammen. Bei Dienstreisen für den ORF nach Moskau oder Prag hat er mir zum Beispiel auch geholfen, Termine bei den US-amerikanischen Botschaftern zu bekommen.

Die Nachricht von der Entlarvung Felix Blochs als Spion schlug in Wien am 21. Juli 1989 wie eine Bombe ein. Wie nicht anders zu erwarten, wurde gegen Außenminister Mock der Vorwurf erhoben, unfreiwillig zum Informanten geworden zu sein. Martin Eichtinger, damals Sekretär Mocks, fasste das kurz so zusammen: »Mock schloss dies kategorisch aus, zeigte sich aber vom Vertrauensbruch des amerikanischen Diplomaten tief betroffen. Schließlich bestätigte Innenminister Franz Löschnak, dass durch die Kontakte Blochs mit österreichischen Politikern keine österreichischen Sicherheitsinteressen berührt worden waren.«[190] In den amerikanischen Zeitungen wurde die umgekehrte Version auf der Basis von Aussagen von Botschafter Lauder berichtet, dass nämlich Bloch österreichischen Politikern, vor allem dem befreundeten Alois Mock, Geheimnisse aus internen US-Dokumenten ausgeplaudert haben soll.

In einem ausführlichen Artikel der *New York Times* wurden ein 14 Stunden langes Interview mit Bloch und viele interne Dokumente aufgearbeitet, um am Ende festzustellen, der Fall Bloch bleibe einzigartig: Nie zuvor sei ein hochrangiger Staatsbeamter öffentlich als Spion für die Sowjetunion verdächtigt und abgestempelt worden, monatelang von der Staatspolizei

FBI, von den TV-Sendern und von der Presse beschattet, aber nicht formell beschuldigt, angeklagt oder vor Gericht gestellt. Er wurde trotzdem bald danach aus dem Dienst entlassen, seine Pensionsansprüche wurden gestrichen, er war existenziell ruiniert. Was waren die Beweise? Man hatte Aufnahmen aus Paris und Brüssel über Blochs Begegnungen mit einem angeblichen Franzosen, »Pierre Bart«, der in Wirklichkeit unter dem Namen Reino Gikman ein KGB-Agent war und zur gleichen Zeit wie Bloch in Wien offiziell als technischer Angestellter sieben Jahre lang gelebt hatte. Bei den zwei gefilmten Begegnungen in Paris und Brüssel übergab Bloch ihm jeweils einen kleinen Koffer. Diese Koffer sollen laut Bloch ausschließlich Briefmarken oder Markensammlungen enthalten haben. Bloch hat stets alle Vorwürfe bestritten und behauptet, den Agenten in Wien nie getroffen zu haben. Es wurde jedenfalls nie Anklage gegen ihn erhoben.

Präsident George H. W. Bush sprach öffentlich von einem »sehr ernsten Fall«. Dieser entpuppte sich aber für das FBI und wohl auch für die CIA als ein beispielloser Imageverlust, da ein im Rampenlicht der Öffentlichkeit verdächtigter Spion nie überführt werden konnte. Felix Bloch übersiedelte nach Chapel Hill in North Carolina und fand dort einen Job als Busfahrer. Laut einer lokalen Zeitung wurde er 1992 wegen Ladendiebstahls bestraft. Seine Frau Lu, die von seinem Doppelleben nichts wusste und von seinem jahrelangen sadomasochistischen Verhältnis mit einer Wiener Prostituierten erst aus den Zeitungen erfuhr, ließ sich scheiden. Auch die zwei Töchter Kathleen und Andrea hatten wegen der medialen Kampagne berufliche Schwierigkeiten.

Und jetzt kommen wir wieder zur menschlichen Größe von Alois und Edith Mock: Lu Bloch, die um ihre Rentenansprüche mit dem State Department streiten musste, kam einige Jahre später, ich glaube sogar mehrmals, nach Wien. Wo wohnte sie? Bei den Mocks, die sie in dieser Krise nicht fallen ließen. Diese menschliche Reaktion am Ende eines rätselhaften und für die unschuldige Familie katastrophalen Falles wollte ich hier zum ersten Mal thematisieren.[191]

1989–1999: Glücklose Zeit für die ÖVP

Nach dem würdigen Abgang Alois Mocks als Parteiobmann wurden in der Volkspartei immer wieder offene Rechnungen in personalpolitischen Fragen zwischen den verschiedenen Ländern und Bünden beglichen. Seine drei Nachfolger an der Parteispitze – Josef Riegler, Erhard Busek und Wolfgang Schüssel – hatten in dem Jahrzehnt 1989–1999 kein Glück und konnten den Niedergang der ÖVP nicht aufhalten. Josef Riegler, der sympathische Landwirtschaftsminister aus der Steiermark, hatte sich nicht als Nachfolgekandidat nach vorn gedrängt und ließ sich nur widerwillig aufstellen. Beim Parteitag im Mai 1989 wurde Mock unter großem Applaus zum Ehrenobmann gewählt. Es ist zum Verständnis dieser strukturell so heterogenen Partei nützlich, an die Warnungen des Vorarlberger Arbeiterkammerpräsidenten Bertram Jäger zu erinnern: »Die Art, wie wir unsere Obmänner behandeln, ist ein Kapitel für sich. Ich habe schon viele Parteivorsitzende erlebt. Da hat man einem Parteivorsitzenden zugejubelt, und es hat nicht lange gedauert, bis die Kritik wieder eingesetzt hat. Und nicht selten, das sage ich auch etwas überspitzt, waren die Königsmacher dann auch die Königsmörder, also die ihn auf den Schild gehoben haben, sind als erste über den neuen Obmann hergefallen.« Für die Zukunft solle die Partei einen Spruch Mark Twains berücksichtigen: »Ehe man anfängt, seine Feinde zu lieben, sollte man seine Freunde besser behandeln.«[192]

So dauerte auch die Amtsperiode Rieglers als Parteiobmann und Vizekanzler bloß zwei Jahre. Bereits nach der vernichtenden Niederlage im Oktober 1990 mit dem Verlust von 9,2 Prozent der Stimmen und 17 Mandaten war Rieglers Stern erloschen, obwohl sich sein Konzept der ökosozialen Markwirtschaft, wenn auch eher nur als politisches Schlagwort, als überraschend dauerhaft erwiesen hat. Seine persönlichen Ausstrahlungsdefizite standen in krassem Gegensatz zur Darstellungskompetenz Franz Vranitzkys und zur verführenden Demagogie Jörg Haiders.

Erhard Busek, der große Denker und Reformer

Seinen Nachfolger Erhard Busek hatte ich bereits vor dieser Zeit der innerparteilichen Ränkespiele gut gekannt. Er wurde im Laufe der Jahre zu einem Freund. Für ihn gilt, vielleicht mehr als für jeden anderen mir bekannten Politiker, Nietzsches Feststellung: »Wer viel denkt, eignet sich nicht zum Parteimann; er denkt sich zu bald durch die Partei hindurch.«[193] Es war deshalb fast ein Wunder, dass dieser Mann über seine eigene Partei hinaus auf der kleinen Bühne der österreichischen Politik reüssierte. Wenn er auch sogar zum Parteichef und Vizekanzler (1991–1995) aufstieg, so drückte er doch vor allem als Wiener ÖVP-Obmann und Vizebürgermeister in Wien (1978–1987) dem intellektuellen Klima in dieser Stadt einen bis heute unauslöschlichen Stempel auf. Auch während der vier Jahre als Minister für Wissenschaft und Forschung bzw. Unterricht und Kultur verlieh Busek der Rolle Österreichs in Mitteleuropa und im Donauraum ein unverwechselbares Gepräge. In seiner Wohnung in der Wohllebengasse haben Busek und seine Frau Helga in den 1980er-Jahren unzählige eindrucksvolle Persönlichkeiten wie den genialen Denker Leszek Kołakowski und den Montenegriner Rebellen Milovan Đilas, die späteren Staatspräsidenten Kroatiens und Ungarns, Franjo Tuđman und Árpád Göncz, mit österreichischen Journalisten und Kulturschaffenden bekannt gemacht. Wer könnte seinen in der österreichischen Politik einzigartigen Beitrag zur Befreiung der Menschen östlich der Elbe vergessen?

Erhard Busek war ein Mensch mit außerordentlichen Fähigkeiten als intellektueller Netzwerker und ein für das Neue stets aufgeschlossener Denker. In und außerhalb seiner Heimat ist Busek stets ein unermüdlicher Warner vor fremdenfeindlichen und antisemitischen Tendenzen gewesen. Bis zu seinem Tod im März 2022 versprühte der frühere Koordinator des Stabilitätspaktes für Südosteuropa (2002–2008), Vorsitzende (seit 1995) des Instituts für den Donauraum und Mitteleuropa und Organisator zahlreicher kultureller Veranstaltungen ungebrochene Staunensfähigkeit und Standfestigkeit. Auch seine anregenden Bücher über Österreich und den Donauraum darf man nicht übersehen. Sein Tod bedeutet einen unersetzlichen Verlust für die österreichische Demokratie schlechthin. Auch einstige politische Gegner zollten ihm Respekt und waren bei dem auch für mich persönlich so bewegenden Begräbnis anwesend.

Ich habe auch persönliche Gründe, ihm dankbar zu sein, unter anderem für die Finanzierung vieler Jahrgänge der ungarischen Ausgabe der *Europäischen Rundschau* und vor allem für seine zweifache Solidaritätsbekundung für mich während der diffamierenden Angriffe aus Ungarn nach meinem ersten Buch über die besorgniserregende Entwicklung unter dem Orbán-Regime.[194] Busek hat mich zwei Mal verteidigt, einmal mit einer Erklärung an die ungarische Nachrichtenagentur MTI und einmal in der Zeitung *Die Presse*.

Es ist eigentlich unglaublich, dass Erhard Busek immer der Ruf anhing, ein gescheiterter ÖVP-Obmann zu sein. Zuerst hatte er in Wien bisher unwiederholbare Erfolge bei den Landtagswahlen 1978 und 1983 erreicht, zuletzt mit einem Stimmenanteil von fast 35 Prozent und 37 Landtagsabgeordneten. Die Erfindung von Bürgerinitiativen außerhalb der traditionellen Parteiorganisation und die Förderung der »Bunten Vögel«, wie zum Beispiel des parteiunabhängigen Schriftstellers und Kulturpolitikers Jörg Mauthe, der Stadtrat und Landtagsabgeordneter wurde, zusammen mit Buseks unorthodoxen Ideen stießen an der Parteibasis zunehmend auf Widerstand. Die Ernennung des Fernsehstars Helmut Zilk zum Wiener Bürgermeister 1984 und dessen geschickte mediale Gegenoffensive beendeten Buseks Erfolgsserie. Trotz der Krise in der Wiener ÖVP nach den schweren Stimmen- und Mandatsverlusten bei der Landtagswahl 1987 kam es am Parteitag im Juni 1991 zu einer Kampfabstimmung zwischen Busek und dem von der niederösterreichischen Landesorganisation und dem ÖAAB favorisierten Quereinsteiger, dem farblosen Manager und CVer Bernhard Görg, um den Posten des ÖVP-Bundesparteiobmannes. Dass Erhard Busek nur 56,4 Prozent der Delegierten für sich gewinnen konnte, war eine Ermunterung für seine eingeschworenen Gegner, sofort nach seiner Bestellung an seinem Obmannsessel zu sägen.

Weder der Durchbruch bei den EU-Verhandlungen noch der überraschende Erfolg des von ihm vorgeschlagenen Präsidentschaftskandidaten, des Diplomaten Thomas Klestil, konnte den ununterbrochenen Abstieg der ÖVP zu einer größeren Mittelpartei aufhalten. Trotz des mit dem Namen Alois Mock verbundenen Erfolges der österreichischen Europapolitik signalisierten die Umfragen ein weiteres Absinken der ÖVP in der Wählergunst unter 30 Prozent. Ich war beim Wahlkongress der ÖVP in Linz im Juni 1994 anwesend. Erhard Busek, damals Vizekanzler in der Großen Koalition mit Franz Vranitzky, schloss die Option einer Kleinen Koalition mit der FPÖ aus und sprach sich »ohne Wenn und Aber« für die Fortsetzung der Großen Koalition aus. Obwohl zunehmend Zweifel an der Führungsqualität des Bundesparteiobmannes laut wurden, stellte sich Außenminister Mock, der größte Sympathieträger der Partei, nach dem EU-Erfolg und wegen seiner Positionierung in der Jugoslawienkrise, demonstrativ hinter Busek mit der Bemerkung, wenn die Partei Busek nicht hätte, müsste sie ihn erfinden.[195]

Die Nationalratswahl im Oktober 1994 produzierte einen »Stabilitäts- und Traditionsbruch mit nicht absehbaren Folgen« für die politische Kultur und das politische System des Landes, eine »gigantische Verwerfung« der politischen Landschaft[196], die das generelle Ende der Großparteien manifestierte. Beide Koalitionsparteien verloren massiv. Eindeutige Sieger waren die Oppositionsparteien FPÖ, Grüne und Liberales Forum. Der Wahltag besiegelte das politische Schicksal Erhard Buseks. Es gelang ihm aber mit einer geschickten Taktik, seinem Wunschkandidaten als Bundesparteiobmann, Wirtschaftsminister Wolfgang Schüssel, den Weg zum Sieg am Parteitag im April 1995 zu ebnen. Schüssel, sein bisher engster, von ihm geförderter Freund, schien Busek der Garant für eine bürgerlich-liberalkonservative, urbane Politik und eine Positionierung in der Mitte des politischen Spektrums zu sein. Wolfgang Schüssel wurde mit 95,5 Prozent der Delegiertenstimmen, fast genau 50 Jahre nach der Gründung der ÖVP, zum Parteiobmann gewählt.[197]

Niemand ahnte damals, auch sein Erfinder nicht, dass der 50-jährige neue Spitzenmann die ÖVP auf einer Achterbahnfahrt zu ihrer größten Niederlage und dann zu einem beispiellosen Triumph führen würde.

VON WOLFGANG SCHÜSSEL ZU SEBASTIAN KURZ: VOM ORIGINAL ZUR MISSLUNGENEN KOPIE

Es war Freitagabend, der 17. Mai 2019, bei einem Buffet der *Le Monde*-Korrespondentin in Wien, als ein aufgeregter Kollege mir zu später Stunde auf seinem Handy verworrene Zitate aus einem Video über den FPÖ-Vizekanzler Strache zeigte und jubelte, das werde das Ende dieser Regierung sein. Da meine Frau und ich am nächsten Tag nach Ungarn fahren wollten, gingen wir nach Hause und ich begriff die Tragweite des berühmten Ibiza-Videos erst in der Früh unterwegs im Auto. Bald rief mich dann in Budapest ein ungarischer Journalist einer News-Website an und fragte, was ich von dieser Geschichte hielte. Ohne nachzudenken, sagte ich: »Das ist der glücklichste Tag meines Lebens!« Kurz danach haben auch österreichische Blätter meine spontane Bemerkung zitiert. Seitdem muss ich diese unsinnige Behauptung in Interviews immer wieder korrigieren. Wenn schon »glücklichste Tage«, dann wären das für mich sicherlich die Rettung vor dem sicheren Tod im Februar 1945 oder die Freilassung aus dem Internierungslager 1953 oder die Ankunft in Wien 1957 und so weiter und nicht der in der Tat völlig überraschende Sturz der türkis-blauen Kurz-Strache-Regierung gewesen. Meine Aussage war unsinnig, aber doch psychologisch verräterisch: Sie zeigte, wie tief ich, vielleicht sogar unbewusst, diese Regierung von Sebastian Kurz und Heinz-Christian Strache verachtet und zugleich um die von ihr bedrohte Zukunft Österreichs gebangt hatte.

Angesichts der Tatsache, dass ich 1999/2000 die erste, nicht nur in Österreich, sondern auch international so stark verurteilte, durch Sanktionen bestrafte und mit Massendemonstrationen bekämpfte schwarz-blaue Regierung unter der Kanzlerschaft Wolfgang Schüssels in Wort, Schrift und Bild verteidigt hatte, könnte meine Reaktion nach Ibiza für manche unverständlich oder gar heuchlerisch erscheinen. Deshalb möchte ich diesen zweiten Teil der ÖVP-Geschichte mit der Person des »Wendekanzlers« Wolfgang Schüssel und seiner Regierung beginnen.

Wolfgang Schüssels »Meisterstücke«

Wie im vorherigen Kapitel dargelegt, besteht das eigentliche Dilemma der ÖVP in der Struktur dieser Sammelpartei mit neun Landesparteien und jeweils sechs Bünden (Arbeiter und Angestellte, Bauern, Wirtschaft, Jugend, Senioren und Frauen). Das Verhältnis der Leitungsgremien zueinander und die Stimmung in den Bundesländerorganisationen haben immer wieder den Spruch Churchills bestätigt: »In der Politik gibt es keine Freundschaft, vor allem ganz oben nicht.« In diesem Sinne ist die Geschichte dieser christlichen Partei auch die der unchristlichen, heimlichen und offenen Intrigen und Kämpfe um innerparteiliche Spitzenpositionen.

Wolfgang Schüssels Wunsch war von Anfang an kein Geheimnis gewesen: Vor rund 500 Parteitagsdelegierten im Festsaal der Wiener Hofburg hatte der soeben mit 95,5 Prozent der Stimmen zum Bundesparteiobmann gewählte bisherige Wirtschaftsminister im April 1995 mit fester Stimme erklärt: »Ich will mit eurer Hilfe Bundeskanzler werden.« Der Bunte-Mascherl-Träger und begabte Zeichner, Fußballspieler und Bergsteiger, Klavier-, Gitarre- und inzwischen auch Cellospieler wurde Chef einer Partei, die seit der Regierung Klaus, also seit einem Vierteljahrhundert, mit ihrer Identitäts- und Führungskrise kämpfte. Ich hatte Schüssel schon als früheren Generalsekretär des Wirtschaftsbundes und als Wirtschaftsminister gut gekannt. Einmal lud er mich zu einem Vortrag über Osteuropa vor den Beamten seines Ministeriums ein und überwies mir dafür sogar ein anständiges Honorar. In seinem mit modernen Möbeln eingerichteten Büro hatte ich ihn in den frühen 1990er-Jahren mehrmals getroffen. Er war freundlich und direkt gewesen. Ich glaubte nicht, dass er für Bundeskanzler Vranitzky in der Position des Parteiobmanns und Vizekanzlers eine größere Bedrohung als Busek bedeuten würde. Wie fast die gesamte Öffentlichkeit war auch ich überrascht, dass Schüssel bereits im ersten halben Jahr nach seiner Ernennung wegen eines Streits um das Budget Neuwahlen provozierte. Das Wahlergebnis war ein Erfolg für Vranitzky und eine Schlappe für Schüssel: Die SPÖ gewann sechs Mandate dazu, die ÖVP nur eines. Die nächste Nationalratswahl, am 3. Oktober 1999, entpuppte sich als Katastrophe für die ÖVP und ihren Parteiobmann. Jörg Haiders FPÖ hatte die Volkspartei zum ersten Mal – um 415 Stimmen – als zweitstärkste Partei überholt. Die ÖVP fuhr mit 26,9 Prozent das bis dahin schlechteste Ergebnis ihrer Geschichte ein und lag auf Platz drei. Die SPÖ landete unter Viktor Klima zwar mit 33,1 Prozent auf ihrem historischen Tiefstand, galt aber doch als klarer Sieger. Die Lage war aber dramatisch, weil Schüssel Anfang September 1999 wörtlich erklärt hatte: »Wir werden unter keinen Umständen an einer Regierung teilnehmen, wenn wir nicht zumindest Zweite sind.«[198] Bundeskanzler Klima wiederum, von Bundespräsident Thomas Klestil mit der Bildung der neuen Regierung beauftragt, hatte von vornherein eine Koalition mit der FPÖ ausgeschlossen.

Das Merkwürdige in dieser scheinbar aussichtslosen Situation war, dass retrospektiv betrachtet die größte politische Niederlage Wolfgang Schüssels die Grundlage seines größten persönlichen Erfolgs bildete. Da ich in meinem Österreich-Buch bereits ausführlich den Aufstieg und den Sturz Wolfgang Schüssels beschrieben habe[199], möchte ich mich hier vor allem mit der Frage beschäftigen, warum ich 15 Jahre später seine Persönlichkeit – nach sieben Jahren Kanzlerschaft und zwölf Jahren ÖVP-Obmannschaft – kritischer sehe und manche meiner damaligen Folgerungen relativieren möchte.

Zuerst eine Zusammenfassung der Fakten: Gegen den Widerstand der mandatsstärksten SPÖ, des überaus aktiven Bundespräsidenten Thomas Klestil in der Hofburg, der *Neuen Kronen Zeitung* (das mit Abstand auflagenstärkste Blatt Österreichs) und der 14 anderen besorgten Mitglieder der Europäischen Union gelang Schüssel schließlich das, was vordem unmöglich erschien: Als Chef der nur mehr drittstärksten Partei ging er weder in die Opposition (wie vor der Wahl im Fall einer Niederlage versprochen) noch als gedemütigter Juniorpartner in eine Große Koalition, wie allgemein erwartet, sondern erzwang seine Angelobung als Bundeskanzler einer Kleinen Koalition durch ein schwaches und sprunghaft agierendes Staatsoberhaupt.

Dass Schüssel die beiden »Meisterstücke« gelangen – die Regierungsbildung im Februar 2000 und der Wahltriumph im November 2002 –, verdankte er nicht nur seinem taktischen Geschick und seinen starken Nerven. »Schüssel verdankte seinen Aufstieg vor allem der falschen Beurteilung der Lage und seiner Persönlichkeit durch Haider«, meinte in einem Gespräch mit mir Ex-ÖVP-Obmann Josef Taus. Haider habe Schüssel unterschätzt; wäre Haider noch eine Periode in der Opposition geblieben, hätte er das nächste Mal 35 Prozent erhalten. Für Schüssel sei die Koalition mit der FPÖ die einzige Chance für sein politisches Überleben gewesen. Ähnlich sah der Philosoph Rudolf Burger die Ausgangslage: »Die Entscheidung war grundsätzlich richtig; sie war die absolut korrekte Entscheidung für das Land (...) Es war die einzige Möglichkeit, den Durchmarsch Haiders zu verhindern, wenn es auch von Schüssel nicht so beabsichtigt war.«[200] In einem Briefwechsel mit dem früheren Bundeskanzler Franz Vranitzky schrieb Burger: »Ich halte die Koalition für unerfreulich, aber durchaus legitim. Man kann Schüssel schließlich keinen Vorwurf machen, dass er intelligenter sei als seine Gegner.«[201]

Der Niedergang

Was meine eigene Haltung betrifft, stehe ich auch heute fest zu dem, was ich damals in Live-Kommentaren und Interviews in den ORF-ZiB-Sendungen gesagt und in Kommentaren in der *Frankfurter Allgemeinen*, in der NZZ und in *Le Monde* geschrieben habe. Als Kritiker der hektischen EU-Boykott-Maßnahmen[202] betonte ich stets, dass demokratiepolitisch bedenkliche Pauschalurteile und überzogene Schritte gegen eine der stabilsten europäischen Demokratien kontraproduktiv wirkten und genau jene Gefahr heraufbeschwören könnten, die sie verhindern wollten. Auch bei internationalen Tagungen, wie bei den Deutsch-Jüdischen Dialogen der Bertelsmann-Stiftung, lehnte ich es ab, Jörg Haider, diesen Virtuosen der rechtspopulistischen Demagogie, trotz inakzeptabler Sprüche über das Dritte Reich als eine dramatische Gefährdung der österreichischen, ja sogar der europäischen Demokratie hinzustellen. Auch rückwirkend möchte ich unterstreichen, dass ich stets Anhänger einer Großen Koalition der staatstragenden Kräfte beziehungsweise der Alleinregierung einer handlungsfähigen, demokratischen Partei, aber nie Befürworter eines Experiments mit der FPÖ gewesen bin.

Ich muss aber heute gestehen, dass das Lob von Rudolf Burger an Wolfgang Schüssel als »Drachentöter«, der das politische Ende Haiders besiegelte, oder von mir, dass nach Schüssels Erdrutschsieg 2002 »Haiders FPÖ höchstwahrscheinlich irreversibel zerstört« sei[203], völlig übertrieben war. Wie im Kapitel »Die Achterbahnfahrt der FPÖ« beschrieben, ist Schüssel mit seinem Vorhaben, die FPÖ durch die Regierungsbeteiligung auf lange Sicht zu schwächen, völlig gescheitert. Der Schlussfolgerung Oliver Rathkolbs am Ende seines kurzen Schüssel-Profils – Jahre vor der Bildung der Kurz-Strache-Koalitionsregierung – muss ich leider zustimmen: »Was Schüssel aber gelungen ist: Die Berührungsängste von vor allem jungen Wählerinnen und Wählern gegenüber aggressiven Wahlkampfthemen wurden weiter abgebaut. Nach der Regierungsbeteiligung der FPÖ 2000–2006 gibt es keine Hemmschwelle mehr.«[204]

Auch heute behauptet Schüssel, dass er 2002 mit den Grünen eine Koalition bilden wollte, aber Alexander Van der Bellen und Eva Glawischnig am Widerstand der Basis scheiterten. Die Verlängerung der Koalition mit den Freiheitlichen minus Haider und die Benützung des von Haider »abgesprungenen« populären Finanzministers Karl-Heinz Grasser als Imageträger entpuppten sich als gewaltige Fehlkalkulationen. Nicht die damals befürchtete Wende nach rechts, sondern schlicht und einfach die große Korruptionsaffäre um die skandalöse Privatisierung von 60 000 Wohnungen der staatlichen Wohnbaugesellschaft Buwog und die Provisionen von 9,6 Millionen Euro, die laut erstinstanzlichem (noch nicht rechtskräftigem) Urteil an Grasser und seine Komplizen geflossen sein sollen, und andere gerichtliche Untersuchungen überschatten und prägen das Bild der Schüssel-Regierungen. Dass die FPÖ-Minister und -Ministerinnen wegen offensichtlicher Unfähigkeit häufig ausgewechselt wurden, bildet eine zusätzliche Facette des ersten »schwarz-blauen« Experiments. Dass Schüssel trotz der EU-Sanktionen noch internationales Ansehen genoss, zeigten die zwei Versuche der Langzeitkanzlerin Angela Merkel, Schüssel 2004 als Vorsitzenden der EU-Kommission und 2008 als EU-Ratsvorsitzenden durchzusetzen. Das erste Mal wurde ihr Vorschlag durch den französischen Staatspräsidenten Jacques Chirac torpediert, der zweite Versuch durch dessen Nachfolger Nicolas Sarkozy.[205]

Eine bedeutende Ausnahme in der umstrittenen Ministerriege der beiden Schüssel-Regierungen war übrigens Außenministerin Ursula Plassnik. Die politisch unabhängige Berufsdiplomatin aus Kärnten war zwischen Juli 1997 und Januar 2004 Kabinettschefin des Bundeskanzlers und wurde im Oktober 2004 als Außenministerin der zweiten Schüssel-Regierung angelobt. Der ÖVP trat sie erst einige Tage vor ihrer Ernennung bei. Ich habe sie in diesen Jahren als Außenministerin und später langjährige Botschafterin in Frankreich und in der Schweiz kennen- und schätzen gelernt. Sie gehörte zu den sehr wenigen österreichischen Regierungsmitgliedern, die ihre Position durch Fleiß und Begabung und nicht durch parteiliche oder gesellschaftliche Netzwerke errungen haben. Sie blieb auch in der Regierung Gusenbauer/Molterer im Amt. Besondere Beachtung fand die Tatsache, dass sie im

November 2008 aus Protest gegen die lauwarme EU-Politik der neuen Regierung Faymann / Pröll demissionierte. Sie war nicht bereit, die durch den Brief von Faymann und Gusenbauer an Hans Dichand symbolisierte Kapitulation in der Europapolitik mitzutragen. Sie wurde vom *Kronen Zeitung*-Herausgeber Hans Dichand wegen ihrer proeuropäischen Linie mehrmals persönlich angegriffen. Ich kann mich nur an zwei Fälle erinnern, in denen Minister aus Protest zurückgetreten sind: Josef Klaus als Finanzminister 1963 und Theodor Piffl-Perčević als Unterrichtsminister der Regierung Klaus, weil er das 13. Schuljahr an den höheren Schulen nicht durchsetzen konnte.

Wolfgang Schüssel: Eine Einschätzung

Was nun meine Beziehung zu Wolfgang Schüssel betrifft, wurde aus einer oberflächlichen Bekanntschaft, bereits als er das Außenministerium zusammen mit dem Posten des Vizekanzlers übernahm, ein enges persönliches Verhältnis. Ich war immer wieder von seiner Neugier, Offenheit und Anpassungsfähigkeit beeindruckt. Im Gegensatz zu vielen seiner Vorgänger und Nachfolger war er zum Beispiel hinsichtlich der Ostpolitik häufig an Meinungen von außen interessiert. Er blieb auch als Bundeskanzler so locker, ungezwungen und offen wie früher. Er war der intellektuellste und belesenste Bundeskanzler seit Kreisky. Seine von Fall zu Fall organisierten »Philosophischen Mittagessen« im Bundeskanzleramt mit maximal 15 bis 20 Personen waren stets kontroversiell und anregend. Dass ich die Heuchelei der EU und die ungerechten und kontraproduktiven ausländischen Angriffe zurückgewiesen hatte, intensivierte das Verhältnis weiter. Auch beim

Europa-Forum im Stift Göttweig haben wir ausgezeichnet zusammengearbeitet. Aber: Obwohl er mir, in krassem Gegensatz zu SPÖ-Ex-Kanzler Faymann, bei der Vorbereitung dieses Buches für mehrere Interviews zur Verfügung stand, hat Schüssel die professionelle Zusammenarbeit mit mir in seinen Funktionen als Präsident der Österreichischen Gesellschaft für Außenpolitik und die Vereinten Nationen, Vorsitzender des Kuratoriums der Konrad-Adenauer-Stiftung und (bis 2016) im Kuratorium der Bertelsmann Stiftung seit dem Machtantritt Viktor Orbáns 2010 und seit den Angriffen gegen mich aus Budapest völlig eingestellt. Noch 2009 hatte ich die Ehre, seine Autobiografie *Offengelegt* zusammen mit dem damaligen FAZ-Herausgeber Günther Nonnenmacher in Berlin vorzustellen. Bei allen drei erwähnten Institutionen bin ich jedoch seit 2010 nie von ihm zu einer Diskussion oder zu einem Vortrag eingeladen worden, auch nicht zur Feier seines 70. Geburtstages mit 650 Gästen, unter ihnen Viktor Orbán, in der Orangerie in Schönbrunn im Juni 2015 …

Nach seinem Rückzug aus dem Parlament und der Politik, nach 32 Jahren im Nationalrat und 18 Jahren in der Regierung als Minister und Kanzler hat Schüssel gut dotierte Aufsichtsratsposten in Deutschland (RWE und Bertelsmann Stiftung) und in Russland übernommen: Zuerst 2018 im Aufsichtsrat des größten russischen Mobilfunkers MTS, nach einem Jahr wechselte er 2019 von MTS in den Aufsichtsrat des russischen Ölkonzerns Lukoil. Diesen Posten hat er nach dem russischen Überfall auf die Ukraine, allerdings erst unter starkem öffentlichem Druck, aufgegeben.

Der Ex-Kanzler hat nicht vergessen, dass ihn zur Zeit der totalen Isolierung durch die EU Viktor Orbán als junger Ministerpräsident im Jahr 2000 mit allen protokollarischen Ehren in Budapest empfangen hat. Er hat Orbán auch öffentlich stets verteidigt. Schüssel sprang sogar in einem Interview mit der regierungsnahen ungarischen Wochenzeitung *Heti Válasz* für Grasser in die Bresche, der von der Justiz »sekkiert« werde.[206] Schüssel war auch eines der drei Mitglieder des 2019 eingesetzten Weisenrates der Europäischen Volkspartei (EVP) zur Prüfung der Lage in Ungarn, nachdem die Mitgliedschaft von Fidesz wegen Orbáns Anti-EU-Kurs suspendiert worden war. Im Juni 2020 wurde die Arbeit des Weisenrates ohne Schlussbericht eingestellt, weil die Mitglieder sich nicht darauf einigen konnten, was mit Ungarn passieren solle, sagte der belgische Ex-Premier Herman Van Rompuy. Der »ziemlich enttäuscht« gewesene Wolfgang Schüssel hatte offensichtlich eine eher Ungarn-freundliche Position eingenommen.[207]

All das ändert nichts an der Tatsache, dass seit Julius Raab Wolfgang Schüssel machtpolitisch der erfolgreichste ÖVP-Bundeskanzler gewesen ist.[208] Angesichts des (noch nicht rechtskräftigen) Gerichtsurteils gegen Grasser haben die Medien seinen missglückten Versuch einer »Hofübergabe« an den damaligen strahlenden Jungstar Grasser als Vizekanzler wieder in Erinnerung gerufen. Nachdem Schüssel (wie im Kapitel »Geld statt Gesinnung« beschrieben) nach der knapp verlorenen Wahl die Koalitionsverhandlungen mit Gusenbauer haushoch gewonnen hatte, wollte er eine ungewöhnliche Doppelspitze in der ÖVP installieren: »Karl-Heinz Grasser soll als Vizekanzler und Finanzminister der Regierungsmannschaft vorstehen, während Wilhelm Molterer als Partei- und Klubobmann ein Machtzentrum außerhalb der Regierung bilden soll.«[209] Nach komplizierten Intrigen durch Tiroler ÖVP-Politiker scheiterte der Plan Schüssels, erfunden nach dem Motto »Tu das Unerwartete«, im ÖVP-Parteivorstand. Grasser zog sich zurück und Molterer wurde zum Parteiobmann, Vizekanzler und Finanzminister gekürt. Auf dessen Wunsch nahm Schüssel den Posten des Klubobmannes an, heißt es in seiner Autobiografie.[210] Er schied aus diesem Posten bereits nach der Wahlniederlage im September 2008 und 2011 überhaupt aus dem Parlament aus.

Zwischen-Zeit

Während der langen Faymann-Ära amtierten drei ÖVP-Obmänner als Vizekanzler, die – wenn auch ganz unterschiedliche Typen – doch nur unbedeutende Übergangsfiguren waren auf dem Weg zu der Ausnahmeerscheinung Sebastian Kurz. Wenn man sie historisch, und keineswegs persönlich beleidigend, bewerten will, dann fällt mir am ehesten der Titel eines Gedichtes des großen ungarischen Dichters Endre Ady (1877–1919) ein: die »Augenblick-Männlein« (Perc-Emberkék), Personen, die keine Spuren hinterlassen.

Der direkte Nachfolger Schüssels an der Spitze war Wilhelm Molterer. Dieser liebenswürdige Politiker hat einen der verhängnisvollsten Fehler der neueren österreichischen Geschichte begangen. Mit den legendär gewordenen Worten »Es reicht!« kündigte er am 7. Juli 2008 die Koalitionsregierung mit der SPÖ auf und sprach sich für sofortige Wahlen aus, ermutigt durch den Machtkampf zwischen Gusenbauer und Faymann und durch interne, für die ÖVP günstige Umfragen. Seine eigene Partei war auf die Wahlkampagne mitten im Sommer überhaupt nicht vorbereitet, die Plakate kamen zu spät und waren von schlechter Qualität, die umständlichen Slogans und Molterers farbloses Auftreten weckten nicht einmal bei treuen Parteianhängern Interesse, geschweige denn Begeisterung. Einige mächtige Landespolitiker waren aus finanziellen Erwägungen und eigennützigen Interessen überhaupt gegen vorgezogene Wahlen. Darüber hinaus gewährte die *Kronen Zeitung* der inzwischen von Faymann, dem Liebkind des Verlegers, geführten SPÖ vollen Flankenschutz.[211] Als Molterer mich irgendwann Ende 2008 über die Situation am Balkan befragte, stellte ich ihm zwischendurch die Frage, warum er eigentlich die Wahlen provoziert hatte. »Ich weiß es nicht«, lautete seine offensichtlich ehrliche Antwort. Eine ehemalige ÖVP-Ministerin sagte mir kürzlich, »Willy wollte aus Wolfgangs Schatten heraustreten …«

Wie dem auch sei, Faymanns »Wahlerfolg« war ein Pyrrhussieg mit dem Verlust von elf Mandaten und dem schlechtesten Wahlergebnis der SPÖ seit 1945. Doch der glücklose Molterer schnitt noch schlechter ab: Die ÖVP verlor 15 Parlamentssitze; das schlechteste Ergebnis auch der Konservativen seit 1945. Molterer trat sofort zurück und blieb bis 2011 im Nationalrat. Anschließend wurde er durch das Amt als einer der zahlreichen Vizepräsidenten der Europäischen Investitionsbank und anschließend bei einem anderen europäischen Fonds fürstlich versorgt.

Sein Nachfolger Josef Pröll, Neffe des mächtigen Landeshauptmannes von Niederösterreich, wechselte vom Landwirtschaftsministerium in das Schlüsselressort für Finanzen. Seine Zeit als Fachminister ohne entsprechende Kenntnisse war durch die glücklosen Versuche, die Konkursmasse der Kärntner Bank Hypo Alpe Adria abzuwickeln, geprägt. Als Leiter einer internen Perspektivengruppe hat er immerhin versucht, eine liberal-konservative Linie zu entwickeln. Inmitten der Legislaturperiode trat er mit 42 Jahren aus gesundheitlichen Gründen (eine Lungenembolie) zurück. Sein Rückzug aus der Politik soll laut damals in eingeweihten Kreisen kursierenden Gerüchten auch durch private Gründe verursacht worden sein. In seiner Partei war er wegen seines offenen kommunikativen Stiles populär. Auch heute, als Vorstandsvorsitzender des zur Raiffeisenholding gehörenden Mischkonzerns Leipnik-Lundenburger, nimmt er im Gespräch über die Strukturprobleme der ÖVP kein Blatt vor den Mund.

Sein Nachfolger als Parteiobmann und Vizekanzler, Michael Spindelegger, gehört zur Kernschicht der Volkspartei. Schon sein Vater war ÖVP-Nationalrat und Bürgermeister von Hinterbrühl in Niederösterreich; er selbst gehört zur elitären CV-Verbindung Norica. Obwohl er ÖAAB-Obmann und Zweiter Nationalratspräsident war, galt Spindelegger lange als ein Mann der zweiten Wahl. Erst nach dem Rücktritt von Ursula Plassnik aus schon beschriebenen prinzipiellen Gründen kam er 2008 als Außenminister zum Zug. Im Gegensatz zu seiner sprachkundigen Vorgängerin mit einem internationalen Netzwerk war Spindelegger ein farbloser, freundlicher Verwalter eines eingespielten Apparates. Sein Aufstieg an die Parteispitze und zum Vizekanzler 2011 galt kritischen Beobachtern als Bestätigung des Peter-Prinzips, wonach in jeder Hierarchie Beschäftigte so lange befördert werden, bis sie auf einen Posten gelangen, auf dem sie inkompetent sind.[212] 2021 fragte ich Wolfgang Schüssel, wie er sich Spindeleggers Wahl zum Parteiobmann erkläre. Er antwortete kurz und bündig ohne persönliche Wertung: »Er ist halt als Einziger übrig geblieben …«[213] Hans Rauscher hat den ÖVP-Parteiobmann bald ungewöhnlich scharf kritisiert: »Man traut offenbar innerparteilich Spindelegger nicht mehr viel zu. Er hat kaum eigene politischen Ideen, sondern läuft populistischen Vorstößen anderer nach.«[214] Karel Schwarzenberg, der frühere tschechische Außenminister, war ebenfalls nicht zurückhaltend mit seiner Meinung: Der Vizekanzler und Außenminister lasse sich bei EU-Räten oft vertreten und agiere bei Anwesenheit dort »zurückhaltend«. »Ich glaube, dass

Spindelegger an Außen- und Europapolitik nicht wirklich interessiert ist«, fügte er hinzu.[215] Nach der verlorenen Nationalratswahl im September 2013 wechselte Spindelegger vom Außenministerium ins Finanzressort. Ein Schritt, der innerparteilich kritisiert wurde und als Auftakt zu seinem Sturz im August 2014 diente.

Es gibt zwei Gründe, warum Michael Spindelegger trotz seiner farblosen Amtszeit in der Regierung meiner Meinung nach in die österreichische Zeitgeschichte eingehen wird: Er war der eigentliche Entdecker des Ausnahmetalentes Sebastian Kurz. Er hat mir in einem persönlichen Gespräch begeistert erzählt, wie er als Zweiter Nationalratspräsident Kurz immer wieder noch als Obmann der Jungen ÖVP Wien eingeladen und in verschiedenen Richtungen gefördert habe. Als neuer Vizekanzler sorgte er dann 2011 mit der Beförderung des 25-jährigen Jungpolitikers zum Staatssekretär für Integrationsfragen im Innenministerium für den echten Paukenschlag, und zwei Jahre später half er mit, Kurz als weltweit jüngsten Außenminister durchzusetzen. Für eingeweihte Kreise in der Volkspartei gilt Spindelegger auch als eine Art Pate der Kurz-Gruppe. Auch Gernot Blümel hatte lange Jahre in Spindeleggers Sekretariat verbracht, und auch die Schlüsselfigur des »Chat«-Skandals, Thomas Schmid, war in seinem Büro beschäftigt. »Spindi«, wie er im Freundeskreis hieß, nahm ihn zuerst als Pressesprecher im Außenministerium unter seine Fittiche, danach wechselte Schmid als Kabinettschef mit ihm ins Finanzministerium.

Nach der Veröffentlichung der oft intim formulierten »Chats« mit Emojis und Smileys kursierten in eingeweihten innerparteilichen Kreisen der ÖVP Gerüchte über die sexuelle Orientierung der jungen Garde mit Kurz an der Spitze und über ihren Förderer. Im Gegensatz zu Deutschland, wo der

Ex-Bürgermeister von Berlin, Klaus Wowereit (SPD), der verstorbene Außenminister Guido Westerwelle (FDP), der frühere Gesundheitsminister Jens Spahn (CDU) und der SPD-Jungstar Kevin Kühnert offen als Homosexuelle leben, gehört das Privatleben der Politiker hierzulande zu den geheiligten Tabus. Die sich bereits 2005 offen als Lesbe bekennende führende Grüne Politikerin Ulrike Lunacek blieb ein Einzelfall. Erst am 5. Juni 2021 setzte der ÖVP-Jungpolitiker Nico Marchetti (geboren 1990) in einem ORF-Interview ein wichtiges Signal. Die ÖVP habe kein Problem mit Homosexualität und es sei vollkommen normal, dass man schwul sei.

Zurück zu Spindelegger. Seine auch international wahrgenommene wichtigste Funktion war nach seinem Ausscheiden aus der Politik die Leitung der umstrittenen »Agentur für die Modernisierung der Ukraine«. Das Schicksal dieses mit großem internationalem Aufwand präsentierten Projektes kann man am besten mit folgendem englischen Spruch beschreiben: »It began with a bang and ended with a whimper« (Es begann mit einem Knall und endete mit einem Wimmern). Spindelegger präsentierte vor internationaler Prominenz, unter anderen der deutsche Ex-Finanzminister Peer Steinbrück und Frankreichs Ex-Außenminister Bernard Kouchner, einen Plan für eine groß angelegte Reform der Ukraine – in 200 Tagen sollten 300 Maßnahmen entwickelt werden.

Erfunden und finanziert wurde die Agentur durch einen der umstrittensten ukrainischen Oligarchen, Dmytro Firtasch, der seit 2014 Österreich wegen eines US-amerikanischen Auslieferungsantrags nicht verlassen darf. Die USA werfen dem ukrainischen Milliardär, der sein Vermögen mit russischem Gas gemacht hat, Schmiergeldzahlungen an indische Politiker in Höhe von mindestens 15,5 Millionen Euro vor, die mit einem nie realisierten Titangeschäft erfolgt sein sollen. Nach seiner Festnahme in Wien wurde der Oligarch kurz danach gegen eine Rekordkaution von 125 Millionen Euro freigelassen. Seitdem bekämpfen seine zahlreichen Anwälte, unter ihnen der frühere FPÖ-Justizminister Dieter Böhmdorfer, bis zur Stunde erfolgreich seine Auslieferung an die USA. Firtasch, dessen Vermögen auf 10 Milliarden Dollar geschätzt wurde[216], hat 300 Millionen Euro für die Agentur versprochen. Steinbrück und andere namhafte Experten kündigten ihre Mitarbeit bald nach der Präsentation durch Spindelegger auf. Sie wollten offensichtlich nicht als »nützliche Idioten« eines zwielichtigen und von den USA steckbrieflich gesuchten Oligarchen dienen. Spindelegger legte seinen Bericht, von der ukrainischen Regierung ignoriert und von der internationalen Öffentlichkeit unbemerkt, im Herbst 2015 vor. Firtaschs »Marshallplan« für die Ukraine hatte sich bereits vorher in Luft aufgelöst.[217]

Spindelegger bekam allerdings bald danach mithilfe des Außenamtes einen Vollzeitjob als Generaldirektor des in Wien ansässigen Internationalen Zentrums für die Entwicklung von Migrationspolitik. Die Vertreter von damals 19 Staaten, außer Österreich überwiegend aus Ost- und Südosteuropa, betrauten ihn mit einem Gehalt von monatlich 10.000 Euro ab Januar 2016 für fünf Jahre mit der Leitung der Organisation.[218] Als ich ihn in seinem Büro in Wien getroffen habe[219], wirkte der 61 Jahre alte Politiker gut gelaunt; er wurde für weitere fünf Jahre als Chef dieser in der Öffentlichkeit kaum bekannten Organisation bestellt. Von dem von ihm fünf Jahre zuvor versprochenen größeren »politischen Gewicht« und der stärkeren »Visibilität« spürt man allerdings wenig. Auf seine früheren und zum Zeitpunkt unseres Gesprächs noch amtierenden Mitarbeiter und Zöglinge, allen voran auf Sebastian Kurz und Gernot Blümel, hielt er noch immer große Stücke, etwas weniger auf Thomas Schmid, wenn auch dessen Homosexualität keine Rolle spielen dürfe, sagte er. Was seinen inzwischen gestürzten Nachfolger an der Parteispitze betrifft, war er gemäßigt in seinem Urteil. Alles in allem habe ich von Spindelegger den Eindruck eines glücklichen, mit sich und der Welt zufriedenen Menschen gewonnen.

Nachfolger Spindeleggers als Vizekanzler und ÖVP-Obmann wurde der seit 2008 als Wirtschaftsminister amtierende Reinhold Mitterlehner, auch ein CVer, der bereits 2011 als möglicher Kandidat gegolten hatte. Er war ein überzeugter Großkoalitionär und wurde, mit ÖVP-Maßstab gemessen, als Vertreter einer relativ liberalen gesellschaftspolitischen Linie betrachtet. 99,1 Prozent der Parteitagsdelegierten wählten ihn im November 2014 zum ÖVP-Obmann, das war der höchste Prozentsatz der letzten 30 Jahre und eine Bestätigung des Gefühls der innerparteilichen Erleichterung nach dem Abgang des farblosen Vorgängers. Dass Vizekanzler Mitterlehner mit den SPÖ-Bundeskanzlern Werner Faymann und besonders mit Christian Kern gut zusammengearbeitet hat, wurde mir sowohl von ihm als auch von Kern ausdrücklich bestätigt.

Vom unerträglichen Druck und von dem Gefühl der Erniedrigung durch die mit der Präzision eines Schweizer Uhrwerks handelnde Kurz-Gruppe getrieben und von den ÖVP-Landesfürsten im Stich gelassen, trat Reinhold Mitterlehner am 10. Mai 2017 zurück und machte den Weg frei für Sebastian Kurz. Zwei Jahre später warf er in einem autobiografischen Buch seinem Nachfolger an der ÖVP-Spitze falsches Spiel und Intrigen auf dem Weg ins Kanzleramt vor.[220] Während eines dreistündigen Gesprächs in meiner Wohnung in der Zeit des Corona-bedingten Lockdowns hat mir der ehemalige Vizekanzler ausführlich seine Erfahrungen im Umgang mit Sebastian Kurz vor und nach seinem Sturz geschildert. Er erzählte auch, wie Kurz ihm im November 2017 die Präsidentschaft der Nationalbank angeboten und später wahrheitswidrig mit FPÖ-Forderungen argumentiert habe, um dann 2018 den loyalen Harald Mahrer als Präsidenten anzukündigen. Seine Verachtung für die Machtspiele und Intrigen der ÖVP-Strukturen vor der Präsidentenwahl 2016 konnte er nicht verbergen. Bei der Stichwahl hatte er selbst öffentlich seine Stimme für Van der Bellen angekündigt. Alles in allem hat er den Eindruck eines sympathischen, menschlich anständigen, aber wenig durchschlagskräftigen Politikers der »alten ÖVP-Schule« hinterlassen.

Persönliche Begegnungen mit Sebastian Kurz

Die Geschichte des Sebastian Kurz, des nächsten Bundeskanzlers, bildet einen besonderen Abschnitt in der österreichischen Geschichte. Ich habe ihn zum ersten Mal beim Europa-Forum Wachau im Stift Göttweig 2011 als Integrationsstaatssekretär im Innenministerium getroffen. Er saß am Ende des vom Protokoll für die in- und ausländischen Hauptredner reservierten Tisches. Ein höflicher, freundlicher junger Mann, allerdings schon damals eher mit seinem Handy als mit seinen Nachbarn beschäftigt. Auch während der Reden der ausländischen Würdenträger konzentrierte er sich fast ausschließlich auf sein Mobiltelefon.

Wir haben in dieser Zeit keine wirklichen Gespräche geführt. Im Gegensatz etwa zu Wolfgang Schüssel, als dieser Außenminister war, hat er mich nie kontaktiert. Merkwürdig fand ich, dass er mir, im Jahr 2016, glaube ich, beim Europa-Forum in Göttweig ausrichten ließ, dass er keine persönliche

Einleitung zu seiner Rede wünsche. Gerade darin bestand jedoch fast 25 Jahre lang meine Rolle in Göttweig: die Gäste mit einigen treffenden oder anekdotisch geschmückten Sätzen einzuführen und die Veranstaltungen zu moderieren. Kurz wollte immer makellose Vorstellungen liefern, er hat nie improvisiert und erschien zuletzt nicht einmal mehr beim sogenannten Protokolltisch im Stift, sondern speiste mit den ihm wichtig erscheinenden Gästen völlig getrennt. Ich dachte damals, dass seine distanzierte Haltung vielleicht auch durch ein *Spiegel*-Zitat von mir beeinflusst war. Das deutsche Nachrichtenmagazin hatte über den »jüngsten Außenminister der Welt« eine zwei Seiten lange, im Grunde positive Geschichte gebracht. »›Er besitzt ein unglaubliches Gefühl für Publicity und Medien‹, sagt auch Paul Lendvai, Sozialdemokrat und einer der bekanntesten Publizisten Österreichs«, hieß es unter anderem darin.[221] Da ich außer dem ÖAMTC keiner Institution oder Partei je angehört habe, bat ich, allerdings vergeblich, den Autor, eine Korrektur unterzubringen. Als »Sozi« abgestempelt, schrieb Kurz mich damals endgültig ab, habe ich später vermutet.

Wie dem auch sei, es gab in den Jahren seines Aufstiegs doch einmal eine Ausnahme in unserem Verhältnis. Als Bundeskanzler empfing er mich am 10. April 2019 zu einem langen Vier-Augen-Gespräch in seinem Büro am Ballhausplatz, eine Woche vor der Präsentation des Buches *Haltung* von Reinhold Mitterlehner und einen Monat vor der Explosion der Bombe des Ibiza-Videos.

Ich sprach ihn unter anderem auch auf die schon veröffentlichten und geplanten Schwerpunktthemen gegen den Antisemitismus in der *Europäischen Rundschau* an. Wie im Kapitel »Hitlers Schatten« erwähnt, hatte Kurz persönlich die Finanzierung der Shoah-Namensmauern verfügt und war, aus welchen Motiven auch immer, stets aktiv gegen den Antisemitismus und für die Solidarität mit Israel aufgetreten, so auch bei einer hochrangigen internationalen Konferenz, organisiert vom European Jewish Congress im November 2018 in Wien.

Ich bat ihn um Förderung des Druckes einer erhöhten Anzahl dieser *Rundschau*-Hefte und um ihre Verteilung mithilfe des Bundeskanzleramtes und des Außenministeriums. Er reagierte positiv, ich habe anschließend das Thema mit dem damaligen Regierungssprecher Peter Launsky-Tieffenthal erörtert. Wegen des Zerfalls der türkis-blauen Regierung und der Neuwahlen verschwand das Thema jedoch von der Tagesordnung und ein Jahr später beschloss ich, die internationale Vierteljahresschrift *Europäische Rundschau* wegen der chronischen Finanzierungsschwierigkeiten nach 47 Jahren einzustellen.

Bei unserem Gespräch ging es aber nicht hauptsächlich um die Zeitschrift oder den Antisemitismus. Wir sprachen vielmehr über das Risiko seines Regierungsexperiments mit den Freiheitlichen. Er bewies auch in diesem Gespräch ein Gespür für meine Stimmung und für mein tiefes Misstrauen gegenüber den Freiheitlichen. Kurz hat deshalb natürlich versucht, mich von der guten Zusammenarbeit mit der FPÖ und vor allem von der positiven Wandlung ihrer Spitzenvertreter zu überzeugen. Selbstsicher und gut aufgelegt charakterisierte und imitierte er sogar mit einem Anflug von Humor die einzelnen FPÖ-Minister und -Ministerinnen. Nach dem lebhaften und über eine Stunde langen Gespräch begleitete er mich über die Treppe hinunter fast bis zum Eingang. Ich musste unwillkürlich an die Erfahrung des großen Schauspielers Otto Schenk denken, den Kurz nach einem Künstlerempfang mit seinem Dienstwagen nach Hause chauffieren ließ. An Schenks Geburtstag erschien der Kanzler dann mit einer großen Sachertorte in seiner Wohnung, begleitet von seinem Hoffotografen und einem TV-Aufnahmeteam. In meinem Fall gab es weder damals noch später eine solche Geste. Ich war nie auf seiner Einladungsliste, selbst wenn mehrere Hundert oder fast eintausend Gäste geladen waren. Unser Treffen war also eine Ausnahme. Trotzdem war ich, unbewusst und ungewollt, wenn auch vorübergehend, von dieser Begegnung beeindruckt, kurz: Mein Eitelkeitsanspruch war durch seine gespielte oder kalkulierte, nach Jahren der Distanz überraschende Freundlichkeit mehr als befriedigt. Als ich nach Kurz' Ausscheiden aus der Politik einen fast mit Trauerflor geschmückten, übertriebenen Abschieds-Leitartikel des *Presse*-Chefredakteurs Rainer Nowak las, fand ich darin immerhin einen richtigen Satz zu seinem für viele Kritiker rätselhaften Erfolg: »Das eigentliche Talent des Sebastian Kurz bestand nicht im Intellektuellen oder Visionären. Nein, Kurz war ein Menschenfänger; er schaffte es, Menschen für sich zu gewinnen. Er konnte Wahlen gewinnen.«[222]

Die Anfänge des Sebastian Kurz

Wie war also der Anfang dieser in der österreichischen, sogar europäischen Zeitgeschichte einzigartigen politischen Laufbahn? Über Sebastian Kurz gibt es bisher schon drei Biografien, ein ganzes Buch über *Die Rhetorik des Sebastian Kurz*, ein Buch über seine Netzwerke, ein Buch über »sein Regime« und zwei kritische Schriften über seine Machtpolitik.[223] Der lange Wikipedia-Beitrag zu Sebastian Kurz zitiert 214 Einzelnachweise. Viele der über 50 Interviews, die ich mit österreichischen Politikern und Politikerinnen über die letzten 15 Jahre geführt habe, beschäftigen sich auch überwiegend oder am Rande mit der Persönlichkeit und Politik des jüngsten »Altkanzlers« der österreichischen Geschichte. Dazu kommen noch Hunderte Artikel der in- und ausländischen Presse, Fernseh- und Radioaufnahmen mit oder über Sebastian Kurz.

Besonders merkwürdig finde ich, wie wenig Material über seinen Sprung nach nur einem Jahr vom 24-jährigen Wiener Landtagsabgeordneten in die Regierung als Integrationsstaatssekretär zu finden ist. Nach der Matura mit Auszeichnung und nach dem Präsenzdienst brach er das Studium an der Rechtswissenschaftlichen Fakultät ohne Abschluss ab. Er hat sich ausschließlich mit der Politik beschäftigt, in keinem anderen Beruf gearbeitet. Seit dem 17. Lebensjahr war er in Wien politisch tätig, von 2008 bis 2012 als Obmann der Jungen VP, ab 2009 bis 2017, zuletzt mit 100 Prozent der Delegiertenstimmen gewählt, Bundesobmann der JVP. Mit heute 105 000 Mitgliedern bildet die Junge ÖVP seit 1971 einen der sechs Bünde der Partei.

Dass Kurz aus der Jungen ÖVP ein persönliches Machtinstrument für sich gezimmert hat, zeigt die Tatsache, dass er selbst als Außenminister diese Position behalten und sie erst mit der Übernahme des Parteivorsitzes im Mai 2017 an einen als Generalsekretär tätigen Vertrauensmann abgegeben hat. Die Bünde prägten bekanntlich von Anfang an die sonderbare Welt der ÖVP. Die drei traditionsreichsten Bünde sind der ÖAAB mit rund 250 000 Mitgliedern, der Wirtschaftsbund mit 100 000 Mitgliedern und der Bauernbund mit rund 300 000 Mitgliedern, obwohl die Bauern nur noch vier Prozent der Gesamtbevölkerung ausmachen. Der Bund der ÖVP-Senioren weist 300 000 und jener der Frauen 60 000 Mitglieder auf. Die Obleute der Teilorganisationen gehören dem Bundesparteivorstand an.

Kurz hatte also bereits seit 2009 die Möglichkeit, regelmäßige Kontakte mit den einflussreichsten ÖVP-Spitzenpolitikern zu schmieden, und so wurde er bereits im nächsten Jahr Landtagsabgeordneter. Er hatte im Wiener Wahlkampf 2010 mit der im Nachtklub *Moulin Rouge* begonnenen Wahlkampagne »Schwarz macht geil« in einem als »Geilomobil« bezeichneten Hummer-Geländewagen Aufsehen erregt. Obwohl die ÖVP damals das schlechteste Wiener Wahlergebnis mit einem Verlust von fünf Prozent aufwies, wurde Kurz einer der 13 ÖVP-Landtagsabgeordneten. Mit seinem Antrag, das Alter für Ordensverleihungen von derzeit 50 Jahren zu senken und Auszeichnungen auch für Jungpolitiker zu ermöglichen, ist er nur wegen des parteiübergreifenden Gelächters in der Erinnerung der Stadtgeschichte geblieben.

Seine Ernennung zum Staatssekretär im Alter von 24 Jahren war in der kleinen Welt der österreichischen Innenpolitik eine Sensation. Als Senkrechtstarter mit abgebrochenem Studium wurde er das jüngste Regierungsmitglied in der Geschichte der Zweiten Republik und in den Medien zuerst mit Häme empfangen. Der Journalist Robert Misik gehörte zu jenen, die 2011 über den neuen »Staatssekretär für Schnöselangelegenheiten« spotteten, dass »ein völlig Ahnungsloser, der in seinem Leben noch nichts Erkennbares geleistet hat, ein wichtiges Ressort« mit einem Gehalt von 15.000 Euro monatlich anvertraut bekommt. Das Bild änderte sich jedoch schlagartig, als Kurz in der ZiB 2 eine Woche später bei Armin Wolf laut Misik eine »hervorragende Figur« machte und er selbst bald danach selbstkritisch seinen Fehler zugab. Er rühmte Kurz dafür, »weitgehend vernünftiges Zeug zur Immigration und Integration gesagt, und das auch noch eloquent auszudrücken vermocht« zu haben. Das änderte aber nichts daran, dass sich Kurz aufgrund dieser kurzen Phase der kritischen Notizen mit großem Geschick als wehrloses Opfer der Medien präsentiert hat. Immer wieder sagte er in Interviews: »Ich habe härtere Phasen erlebt als die meisten anderen in der Politik. Als ich mit 24 Jahren Staatssekretär wurde, war der Gegenwind so stark, dass es für mein Team, für meine Familie und für mich eine wirklich furchtbar schwierige Zeit war.«[224] Eineinhalb Jahre nach seiner Bestellung zum Staatssekretär zog er am Ende eines ganzseitigen Interviews nach den üblichen larmoyanten Bemerkungen über die »Verprügelung« durch die Medien die Schlussfolgerung: Die Politik sei »ein totaler Intrigantenstadl. Ein System, in dem man darum kämpfen muss, in der Sache was zu bewegen.«[225] Erst neun Jahre später stellte sich im Spiegel der zahlreichen verräterischen Chats untereinander heraus, dass der von unbedingtem Selbst- und Sendungsbewusstsein und zu allem fähigem Aufstiegswillen getriebene Jungstar von Anfang an, gestützt auf seine eingeschworene, fest gefügte Mannschaft, blitzschnell ein wahrer Meister in diesem politischen »Intrigantenstadl« wurde.

Im Gegensatz zu seiner Selbstbeschreibung als naiver Anfänger im Sumpf der Politik sammelte Kurz in der ÖVP-Parteizentrale ab der Nacht des 18. April 2011, als er das Angebot Spindeleggers annahm, jene Handvoll talentierter und loyaler Helfer um sich, die in den nächsten zehn Jahren das Rückgrat seines Systems bilden sollten. Über die Mitglieder dieses Machtzirkels und die Geburt ihrer Netzwerke hat der junge Journalist Klaus Knittelfelder eine interessante Porträtsammlung veröffentlicht.[226] Das eigentliche Hirn der gesamten Gruppe und die zentrale Figur auch hinter dem »Kanzlerdarsteller« (Peter Pilz) war Stefan Steiner, der Kurz als Bürochef, dann als Sektionschef im Innen- und Außenministerium und schließlich als Kanzler-Berater mit einem Monatsgehalt um 33.000 Euro zur Seite stand. Weitere handverlesene engste Berater und Mitarbeiter waren Kabinettschef

Bernhard Bonelli, Spindoktor Gerald Fleischmann, Pressesprecher Johannes Frischmann, der spätere Finanzminister Gernot Blümel, der Wahlkampfmanager Philipp Maderthaner, ÖVP-Generalsekretär Axel Melchior und in der entscheidenden Phase als Innenminister, später als Nationalratspräsident, Wolfgang Sobotka. Die junge Elisabeth Köstinger war für Kurz vor allem als weibliches Gesicht der türkisen Erneuerung und als Vertreterin des ländlichen Raumes wichtig.

»Integration durch Leistung« – mit diesem von Vordenker Stefan Steiner erfundenen Schlagwort führte das Integrationsstaatssekretariat mit dem Österreichischen Integrationsfonds (ÖIF) und dem Unterrichtsministerium die Kampagne »Zusammen Österreich« durch. Sogenannte »Integrationsbotschafter« wurden in die Schulen geschickt, um mit Migranten über deren Haltung zu Österreich zu diskutieren sowie Werte und Demokratie zu vermitteln. Andere positive Initiativen waren der Dialog mit den Religionsgemeinschaften und der Vorschlag, ein zweites verpflichtendes Kindergartenjahr für Kinder mit Sprachdefiziten einzuführen.

Sebastian Kurz, jüngster Außenminister der Welt

Der nächste, international stark beachtete Karrieresprung war die Bestellung von Kurz im Dezember 2013 zum Außenminister nach Spindelegger, der ins Finanzministerium wechselte. Auch diesmal hatte sein großer Förderer »Spindi« die Weichen gestellt. Mehrere prominente ÖVP-Politiker sagten mir in Hintergrundgesprächen, sie hätten Kurz geraten, zuerst sein Studium zu beenden und erst dann ein Amt als Minister anzunehmen. Rückblickend vermuten sie, dass Kurz in Wirklichkeit schon fest entschlossen war, als er sie zum Schein um Rat gebeten hatte. Er hatte sogar Alfred Gusenbauer angerufen und ihn auf einer Reise in Bangkok erreicht, um ihn um seinen Rat zu bitten, ob er das Angebot Spindeleggers annehmen solle. Der ehemalige Landwirtschaftsminister und zweimalige EU-Agrarkommissar Franz Fischler, den Kurz öfter konsultiert hatte, sah ihn zwar als ein »Jahrhunderttalent«, aber auch als einen Mann »eiskalter Berechnung mit mehreren Gesichtern«. Für Kurz heilige der Zweck immer die Mittel, aber zugleich sei er empfindlich, wolle geliebt werden.[227]

Als jüngster Außenminister in der österreichischen Geschichte und in der Welt wurde Kurz durch Interviews und Magazinbeiträge schnell auch international bekannt. Eine frühe Beschreibung lautete so: »Auf den ersten Blick wirkt Kurz wenig ministeriell, eher wie ein Model aus dem Hugo-Boss-Katalog (…) Hört man ihn aber reden und schließt dabei die Augen, begleitet man ihn auf Dienstreisen und spricht man mit seinen Beratern, dann glaubt man irgendwann, dass er nicht erst seit Monaten, sondern schon ganz lange Minister ist, dass er irgendwie als Politiker zur Welt gekommen sein muss. So sieht er das wohl auch selbst«, hieß es im *Spiegel*. Zum Bild gehört auch die Information, dass sich Kurz nicht erinnern könne, welches Buch er zuletzt gelesen habe, dagegen zählt er stolz auf, über 1340 Tweets geschrieben zu haben.[228]

Das vielleicht Wichtigste für seine künftige Karriere war, was er in seiner Zeit als Außenminister nicht getan hat. Am Höhepunkt der Asylkrise, als die meisten Politiker am Wiener Westbahnhof irgendwann Flüchtlinge willkommen hießen, fehlte ausgerechnet der auch für Integration zuständige Außenminister Sebastian Kurz. Sein Chefberater Stefan Steiner hatte ihm nämlich dringend davon abgeraten, zum Westbahnhof zu fahren und sich dort im Flüchtlingschaos ablichten zu lassen – es wäre ein falsches Signal. Kurz folgte dem Rat. Das wurde ein Mosaikstein in der späteren Ablehnung der sogenannten »Willkommenskultur«.[229]

Kein früherer österreichischer Außenminister dürfte in relativ kurzer Zeit so viele ausländische Kollegen getroffen haben wie Sebastian Kurz. Im auffallenden Gegensatz zu seiner Zeit als Integrationsstaatssekretär vertrat er als Außenminister in jeder Hinsicht eine harte Linie in der Flüchtlings- und Integrationspolitik. Bei jeder Gelegenheit prahlte er mit der erfolgreichen Sperre der Westbalkan-Route und spielte die Bedeutung der von Bundeskanzlerin Angela Merkel mit Präsident Erdoğan ausgehandelten Lösung für den Rückgang der Flüchtlingszahlen herunter. Seine in den Wahlkampagnen 2017 und 2019 bis zum Überdruss wiederholten Hinweise auf sein alleiniges Verdienst um die Reduzierung des Flüchtlingsstromes hatte Merkel schon ein halbes Jahr nach der medial viel beachteten Wiener Westbalkan-Konferenz vom Februar 2016 in einem Interview zerlegt. »Wenn Sie mich fragen, ob die Schließung der Balkanroute das Problem gelöst hat, sage ich klar Nein. Sie hat in den Wochen, bevor das EU-Türkei-Abkommen in Kraft war, zwar dazu geführt, dass weniger Flüchtlinge in Deutschland ankamen – aber dafür 45 000 in Griechenland. Umgerechnet auf die deutsche Einwohnerzahl wären das 360 000 Neuankömmlinge gewesen, also fast doppelt so viele, wie wir im schwierigsten Monat November hatten.«[230]

Manche Formulierungen des entschlossen wirkenden Außenministers, wie zum Beispiel diese: es werde nicht ohne »hässliche Bilder« gehen[231], lösten auch international Befremden aus, auch wenn sie zugleich in rechten CSU-Kreisen in Deutschland begeistert aufgenommen wurden. Wiederholt kritisierte Kurz die Rettungsaktionen von Hilfsorganisationen als »NGO-Wahnsinn«, da diese Aktionen laut ihm dazu führen würden, dass mehr Flüchtlinge im Mittelmeer sterben anstatt weniger. Zugleich forderte er, die geretteten Flüchtlinge nicht auf das italienische Festland zu bringen, sondern nach australischem Vorbild in Flüchtlingszentren außerhalb der EU.[232]

Den Vorsitz der Organisation für Sicherheit und Zusammenarbeit in Europa (OSZE) im Jahr 2017 nützte der Außenminister für die eigene Profilschärfung und für Fototermine aus. Der österreichische Historiker Michael Gehler hat zwei Mal, zuerst in einem kürzeren Zeitungsartikel noch zur Zeit von Kurz' Kanzlerschaft und dann in einem längeren Essay nach dessen Rücktritt, den rhetorischen Aktionismus und die perfekte mediale Inszenierung ohne konkrete mittel- oder gar langfristige Vorstellung hinter dem vermeintlichen außenpolitischen Erfolg eines »Augenblickpolitikers« kritisiert, der sich bietende Gelegenheiten sofort nützt.[233] Die kalkulierten rhetorischen Provokationen in der Migrationspolitik und bei der Kürzung der Wiederaufbauhilfe für coronageschädigte EU-Mitglieder, der öffentlichkeitswirksame Aktionismus gegen Merkels Politik und die deutsch-französischen Projekte dienten der kurzfristigen Erhöhung der Popularitätswerte von Kurz im eigenen Land, aber untergruben Österreichs internationale Glaubwürdigkeit. Bereits für den Außenminister galt das, was Professor Gehler später so formuliert hat: »Des Kanzlers außenpolitisches Programm lautet Sebastian Kurz.«[234]

Auf dem Höhepunkt der Macht

Dass Kurz und sein Team unter der Federführung von Stefan Steiner bereits am 21. Juli 2016 ein »Projekt Ballhausplatz« zum Sturz von ÖVP-Chef Mitterlehner und zur Eroberung des Bundeskanzleramtes entworfen hatten, wurde erst ein Jahr später durch die Wochenzeitung *Falter* enthüllt.[235] In dem geheim entworfenen Wahlprogramm ging es um »FPÖ-Themen, aber mit Zukunftsfokus«. Angriffsziele sind die Ausländer, Brüssel und »das System«, das heißt die SPÖ/ÖVP-Koalition und die Sozialpartnerschaft. Ein Jahr vor dem Sturz Mitterlehners war der Kurz-Zirkel fest entschlossen, die ÖVP zu übernehmen, die Koalition mit der SPÖ zu beenden und mit Neuwahlen das Kanzleramt zu erobern. Der Wahlkampf und bereits die Bilanz der ersten 100 Tage wurde vorbereitet. Neben jeder der 61 Teilaufgaben in sechs Phasen standen Kürzel, die zeigen, wer aus der Kurz-Truppe für welche Aufgabe zuständig ist. StSt ist Stefan Steiner, der Kopf der Gruppe war unter anderem für »Wahlkampf planen«, »Ministerteam«, »Regierungsverhandlungen« und »Regierungsprogramm« verantwortlich.

Seine Schwägerin, die niederösterreichische Bauernbund-Direktorin Klaudia Tanner, wurde später ohne jegliche Vorkenntnisse Verteidigungsministerin und sein Bruder Thomas Steiner zu einem der Direktoren der Nationalbank. Kurz übernahm nur einen Politiker aus der alten ÖVP-Garde, den 30 Jahre älteren, früheren Innenminister Wolfgang Sobotka, der als sein enger Vertrauter bei der Abrechnung mit Mitterlehner und beim Sturz der Regierung Kern die Rolle des öffentlichen Sprengmeisters gespielt hat. Seine Belohnung war die prestigeträchtige Position des Nationalratspräsidenten.

Nach seiner Wahl zum Bundesparteiobmann am 1. Juli 2017 mit 98,7 Prozent der Delegiertenstimmen führte Kurz unter dem Listennamen »Liste Sebastian Kurz – die neue Volkspartei (ÖVP)« die türkise ÖVP im Oktober 2017 mit 31,5 Prozent der Stimmen nach 30 Jahren wieder auf den ersten Platz. Im Dezember wurde er zum Bundeskanzler der türkis-blauen Koalitionsregierung angelobt: Mit 31 Jahren war er damit weltweit der jüngste amtierende Regierungschef.

Die türkis-blaue Koalitionsregierung hielt nicht lange: Sie zerfiel im Mai 2019 infolge der Enthüllungen des Ibiza-Videos über die Bereitschaft des FPÖ-Vizekanzlers Heinz-Christian Strache und seines Klubobmannes Johann Gudenus zu Bestechlichkeit, Korruption, Machtgier und Medienkontrolle, zur »Orbánisierung« Österreichs.

Ich möchte hier noch einmal unterstreichen, dass Kurz als Kanzler und Karin Kneissl als von der FPÖ nominierte, parteilose Außenministerin dem internationalen Ansehen Österreichs als pro-westlicher, neutraler Staat geschadet haben. Dass Kneissl bei ihrer Hochzeit mit Präsident Wladimir Putin getanzt und anschließend vor ihm einen Knicks gemacht hat, wurde international verspottet. Auch die engen Kontakte des Bundeskanzlers mit Putin (vier Treffen mit Putin allein im Jahr 2018) und mit dem ungarischen Ministerpräsidenten Viktor Orbán sowie seine Distanzierung von der Außenpolitik der deutschen Bundeskanzlerin Angela Merkel bei Auftritten im deutschen Fernsehen, bei CSU-Veranstaltungen und in Interviews mit der *Bild* haben in der EU Befremden ausgelöst. Kneissl, die ab Mitte 2021 mit einem hohen Gehalt (es schwankt je nach Zeitungsberichten zwischen 100.000 und 500.000 Dollar) Aufsichtsrätin beim russischen Ölkonzern Rosneft war und außerdem Kommentatorin beim russischen Staatssender RT, und die FPÖ wurden vom Europaparlament wohl nicht zufällig als Beispiele für die russische Einflussnahme auf die EU gelistet. Kneissl hat unter dem Druck drohender EU-Sanktionen den Aufsichtsratsposten bei Rosneft aufgegeben, arbeitet aber weiter für RT.

Kurz war nur 17 Monate Bundeskanzler einer Koalitionsregierung mit der FPÖ. Die von ihm vorgeschlagene und vom Bundespräsidenten ernannte Übergangsregierung ohne FPÖ wurde fünf Tage später durch den ersten erfolgreichen Misstrauensantrag in der Zweiten Republik mit den Stimmen der SPÖ, FPÖ und JETZT abgewählt.[236]

Eine »Übergangsregierung der Beamten« unter der Leitung der früheren Präsidentin des Verfassungsgerichtshofs Brigitte Bierlein, der ersten österreichischen Bundeskanzlerin, wurde am 3. Juni 2019 angelobt. Im darauffolgenden Wahlkampf inszenierte sich Kurz als Märtyrer des von ihm als illegitim dargestellten Misstrauensantrags. Die ÖVP erreichte mit Kurz als Spitzenkandidat Ende September 2019 einen klaren Wahlsieg mit 37,5 Prozent der Stimmen, ein Zuwachs von 6 Prozent. Die SPÖ erlitt mit 21,2 Prozent einen Stimmenverlust von fast 6 Prozent, die größte Wahlniederlage in ihrer Geschichte. Auch die FPÖ fiel um 10 Prozent auf 16 Prozent zurück. Der andere große Gewinner waren die Grünen, die nach der katastrophalen Niederlage im Jahr 2017 den Wiedereinstieg ins Parlament mit 14 Prozent der Stimmen und 26 Mandaten schafften. Die Rolle der Grünen wird im nächsten Kapitel analysiert. Die NEOS steigerten ihren Stimmenanteil um 2 auf 8 Prozent.

Die Beamtenregierung amtierte zur allgemeinen Zufriedenheit 218 Tage. Die Tatsache, dass mit Vizekanzler und Justizminister Clemens Jabloner, dem früheren Präsidenten des Verwaltungsgerichtshofs, der Bundesregierung zum ersten Mal seit Bruno Kreisky ein jüdisches Mitglied angehörte, wurde wohl als Zeichen der Normalität von den Medien ignoriert. Der langjährige Präsidialchef des Bundeskanzleramtes Manfred Matzka stellte dem Kabinett Bierlein ein erstklassiges Zeugnis aus: »Das ruhige, unaufgeregte Verwalten, der Verzicht auf jedwedes mediale Getöse, Gesetzestreue, das Bemühen um wahre Sachinformation und ein insgesamt bescheidenes Auftreten« sei die Ursache für die binnen kurzer Zeit gewonnene breite Akzeptanz in der Bevölkerung gewesen.[237]

Nach gewonnener Wahl und relativ kurzen Verhandlungen mit den Grünen wurde zum ersten Mal eine ÖVP/Grüne-Koalitionsregierung gebildet und Sebastian Kurz am 7. Januar 2020 erneut als Bundeskanzler angelobt. Die zweite Kanzlerschaft von Kurz dauerte 21 Monate und wurde von den Auswirkungen der Corona-Pandemie und ab Mai 2021 von den Ermittlungen der Wirtschafts- und Korruptionsstaatsanwaltschaft (WKStA) überschattet. Aufgrund der gegen ihn erhobenen Vorwürfe trat Sebastian Kurz den Rückzug in zwei Phasen an: Am 9. Oktober 2021 gab er der Forderung der Grünen nach und trat als Bundeskanzler zurück, wollte aber als Klubobmann und Parteiobmann weiterhin die Politik der ÖVP bestimmen. Nach der Aufhebung seiner Immunität und der Weiterführung der Ermittlungen wegen Falschaussage, Untreue und Beihilfe zur Bestechlichkeit schied er am 2. Dezember 2021 überhaupt aus der Politik aus. Seit März 2022 arbeitet Kurz als »globaler Stratege« für den umstrittenen deutsch-amerikanischen Milliardär Peter Thiel.[238]

Was war das Geheimnis von Sebastian Kurz? Was ist die Bilanz der beiden Kurz-Regierungen? Wie konnte ein jugendlicher Blender, der »nie einen Satz gesagt hat, der nicht wie auswendig gelernt wirkte«[239], sich eine traditionsreiche Partei mit neun Länder- und in jedem Land sechs bündischen Organisationen unterwerfen? Bevor wir zum politischen Niedergang kommen, lohnt es, auf die Beschreibung des Systems Kurz auf dem Höhepunkt der Erfolgskurve durch einen der vermutlich am besten vernetzten Journalisten, des unabhängigen und mit Kurz fast gleichaltrigen Autors Klaus Knittelfelder, einzugehen: Die ÖVP sei komplett »top down« organisiert, alles werde an der Spitze entschieden, »und zwar maßgeblich von einer kleinen Gruppe weitgehend unbekannter Menschen. Im türkisen System verfügen Minister und Mandatare nicht über die Eigenständigkeit früherer Tage.« Im Parlamentsklub wie auch in den Ministerien seien heute sorgfältig ausgewählte Quereinsteiger tätig, die dem Kanzler gegenüber absolut loyal seien und »sonst niemandem im Wort stehen. Fast alle Macht konzentriert sich (...) in der verschworenen und öffentlich nie in Erscheinung tretenden Truppe rund um Kurz.«[240] Knittelfelder ist so beeindruckt, dass er sogar glaubt, auch Politiker anderer Länder wollten dieses System übernehmen, da es ja anscheinend zu Wahlerfolgen führe. Es werden dann die einzelnen engsten Berater, vor allem Kabinettschef Bernhard Bonelli und der »Kopf« des Teams, Stefan Steiner, porträtiert. Mit den beiden telefoniere Kurz in der Früh, er hat immerhin 6127 Nummern in seinem iPhone eingespeichert. Für die Kurz-Leute sei die *Kronen Zeitung* und in Deutschland die *Bild* »Vorbild und Leitmedium«. Nach Verkündung der türkis-grünen Regierung bekam jedes größere Medium ein 20-minütiges Interview mit nur minimal voneinander abweichenden Antworten – nur für die *Bild* und für die *Krone* nahm Kurz sich eine ganze Stunde Zeit, berichtet stolz der damals hauptberuflich für die *Kronen Zeitung* tätige Autor. Es war übrigens auch symbolträchtig, dass *Bild* und *Krone* noch vor der offiziellen Mitteilung auch vom Kanzler-Rücktritt berichteten.

Zu den aufschlussreichen Details über das berüchtigte »message control«, die Knittelfelder in seinem Buch beschreibt, gehört die Information, dass Kurz die Chefredakteure gerne selbst anrufe, während Pressereferent Johannes Frischmann tagtäglich Hunderte Telefonate mit jenen Journalisten führe, die die Geschichten in den Zeitungen schreiben. Während des Wahlkampfes 2017 tätigte er an einem einzigen Tag 311 Telefonate. Die *Krone* sei das Leitmedium. Das sei schon bemerkenswert, konstatiert der Autor: »Im Gegensatz zu Vorgängern wie Wolfgang Schüssel, der mit Vorliebe die *Neue Zürcher Zeitung* las und mit dem wichtigsten Blatt Österreichs eher auf Kriegsfuß stand, mag Kurz *Krone* und *Ö3* – und das nicht nur aus professionellen Gründen: Kurz ist auch medial da, wo die Mehrheit steht.«[241] Kurz habe sogar anlässlich des 60-jährigen Jubiläums der *Krone* die Redaktion besucht, einen Wurlitzer aus dem Jahr 1959 mitgebracht und in einer Rede die Zeitung als »Spiegel der österreichischen Seele« gelobt.

Über die Breitenwirkung von Kurz erfahren wir, dass Mitte April 2020 seine Seite auf Facebook fast eine Million Fans verzeichnete. Dazu kamen 400 000 Follower auf Twitter und 330 000 Abonnenten auf Instagram. Der E-Mail-Newsletter der Partei ging an 100 000 Menschen.

Die Schlussfolgerungen des Autors zeigen die Popularität von Kurz auf dem Höhepunkt seiner Macht: »Ob man ihn gut findet oder nicht (…) – eines kann man Sebastian Kurz nicht absprechen (…): Er hat ein neues politisches System in Österreich geschaffen. Und er ist damit extrem erfolgreich.« Das Zauberwort dafür, so Knittelfelder, laute Kontrolle. Ein türkiser »Vorstand« mit Kurz an der Spitze sei Machtzentrale und Kommunikationszentrum, auf dessen Kommando alle hörten, in den Regierungs- ebenso wie in den Abgeordnetenbänken. Wie ein Unternehmen würden Partei und Regierung geführt, Entscheidungen fielen an der Spitze und für die Kommunikation gelte absoluter Gleichklang als Devise. »Getragen wird das System von einer kleinen, hochprofessionellen und grenzenlos loyalen Gruppe junger Konservativer, die mit Kurz an die Schalthebel der

Macht vorrückte.« Am Ende – mit einem Hinweis auf die fast absolute türkise Mehrheit in den Umfragen nach den ersten Corona-Wochen – stellt Knittelfelder die rhetorisch gemeinte, aber im Rückblick fast prophetische Frage: »Was soll die [vom Kurz-Machtzirkel angeführte Koalition mit den Grünen, Anm.] noch umhauen?«[242]

Ein Fall für die Gerichte

Die Antwort gab kaum ein Jahr später das vom Nachrichtenmagazin *profil* zum »Mensch des Jahres 2021« gewählte Mobiltelefon eines Kurz-Vertrauten namens Thomas Schmid. Jene rund 300 000 Chat-Nachrichten auf dessen bei einer Hausdurchsuchung beschlagnahmtem Datenträger bildeten die Basis der Ermittlungen der Wirtschafts- und Korruptionsstaatsanwaltschaft (WKStA) gegen den Bundeskanzler und seine engsten Mitarbeiter. Am 6. Oktober 2021 fanden zum ersten Mal in der Nachkriegsgeschichte Hausdurchsuchungen im Bundeskanzleramt, in der ÖVP-Parteizentrale, im Finanzministerium, in der Redaktion des Boulevardblattes *Österreich* und in einigen Privatwohnungen statt. Unterlagen, Datenträger und Mobiltelefone wurden sichergestellt.[243] In der Pressemitteilung der WKStA zu den Hausdurchsuchungen wird der Verdacht geäußert, dass »zwischen den Jahren 2016 und zumindest 2018 budgetäre Mittel des Bundesministeriums für Finanzen zur Finanzierung von ausschließlich parteipolitisch motivierten, mitunter manipulierten Umfragen eines Meinungsforschungsunternehmens im Interesse einer politischen Partei und deren Spitzenfunktionär(en) verwendet wurden. Diese Umfrageergebnisse wurden (ohne als Anzeige deklariert worden zu sein) im redaktionellen Teil einer österreichischen Tageszeitung und in anderen zu dieser Gruppe gehörenden Medien veröffentlicht. Im Gegenzug wurden – nach der Verdachtslage – seitens der befassten Amtsträger im Rahmen von Medien- und Inseratenkooperationen Zahlungen an das Medienunternehmen geleistet. Die Zahlungen für diese Kooperationen waren – nach der Verdachtslage – im Wesentlichen verdeckte Gegenleistungen für die den Beschuldigten tatsächlich eingeräumten Einflussmöglichkeiten auf die redaktionelle Berichterstattung in diesem Medienunternehmen.«

In der 104-seitigen Anordnung zur Hausdurchsuchung wird in allen Einzelheiten dargelegt, wie Sebastian Kurz, das angebliche »Wunderkind«, mit unlauteren Methoden erst die Spitze der ÖVP und dann die Spitze der Regierung ergriffen haben soll. Thomas Schmid als Kabinettschef und weisungsbefugter Generalsekretär des Finanzministeriums soll über Scheinrechnungen Geld aus dem Finanzministerium abgezweigt haben, um damit frisierte Umfragen und Inserate zur Unterstützung der ÖVP in der Tageszeitung *Österreich* sowie dessen TV-Sender *oe24.TV* veröffentlichen zu lassen. Kurz wurde nun verdächtigt, dieses illegale Vorgehen in seiner Zeit als Außenminister in Auftrag gegeben zu haben, was er jedoch bestreitet. Eine Reihe enger Mitarbeiter, die sich selbst als »Familie« (so der ehemalige Finanzminister Gernot Blümel an Thomas Schmid) und »Prätorianer« (so Thomas Schmid an Sebastian Kurz) gesehen haben, soll daran mitgewirkt haben.

In den Chats von Schmid, geprägt von Fäkalsprache, Gehässigkeit, Größenwahn und zugleich Unterwürfigkeit, ging es auch um den von ihm angestrebten Job des Alleinvorstandes in der neu gegründeten ÖBAG, der Staatsholding mit einem Wert von 27 Milliarden Euro. Sie zeigen seine Nähe zu Politikern wie Kurz oder Blümel. So konnte sich Schmid als Generalsekretär im Finanzministerium selbst Ausschreibungsunterlagen für die Spitzenposition auf den Leib schreiben und sich auch die Mitglieder des Aufsichtsrates, der ihn später bestellte, selbst aussuchen.

Vor seiner Bestellung zum ÖBAG-Vorstand bat Schmid Bundeskanzler Kurz, ihn »nicht zu einem Vorstand ohne Mandate« zu machen. Die Antwort von Kurz: »Kriegst eh alles, was du willst.« Darauf Schmid: »Ich liebe meinen Kanzler«, gefolgt von mehreren Kuss-Emojis. Blümel an Schmid: »Schmid AG fertig«. Die Freude Schmids war angesichts eines Bruttojahresgehalts von 400.000 Euro plus großzügige Erfolgsprämien verständlich. Die Frage, ob Bundeskanzler Kurz bei der Bestellung von Schmid zum Alleinvorstand der ÖBAG nur informiert, aber nicht eingebunden gewesen sei, beschäftigt die Wirtschafts- und Korruptionsstaatsanwaltschaft, die Kurz dreimal der Falschaussage im Untersuchungsausschuss zur Ibiza-Affäre beschuldigt.

Es gilt die Unschuldsvermutung, doch die bestürzend vulgären und vom *Spiegel* als schon »fast homoerotisch« klassifizierten Nachrichten wiegen fast noch schwerer. Schmid im Chat an Kurz: »(…) Mitterlehner ist ein Linksdilettant und ein riesen oasch!!! Ich hasse ihn, Bussi, Thomas.« Kurz an Schmid: »Danke Thomas, super war, dass der Spindi heute ausgerückt ist. Das stört den Arsch sicher am meisten …« Wie zielgerichtet und rücksichtslos Kurz vorging, zeigte seine Reaktion, als Schmid ihn über das populäre Vorhaben der SPÖ/ÖVP-Koalitionsspitze informierte, die Nachmittagsbetreuung für Kinder mit zusätzlichen Mitteln zu fördern. Da Kurz, damals noch Außenminister der Koalitionsregierung, diese mit seinem Team als völlig gelähmt darstellen wollte, war er alarmiert. »Gar nicht gut!!! Wie kannst du das aufhalten?«, fragte Kurz zurück und fügte noch hinzu: »Kann ich ein Bundesland aufhetzen?« Über die schlechten Beliebtheitswerte der noch von Mitterlehner geführten ÖVP in den laut der Selbstanzeige der Meinungsforscherin Sabine Beinschab mutmaßlich mit dem Geld aus dem Finanzministerium bezahlten, frisierten Umfragen zeigte er sich erfreut: »Gute Umfrage, gute Umfrage!«

Die Menschenverachtung und die Arroganz, die aus diesen Kommunikationen und vielen anderen hervorgeht, haben den von Kurz versprochenen »neuen Stil« als eine hohle Phrase entlarvt. Sie sorgten auch innerhalb der ÖVP, bei den Landeshauptleuten, für einen solchen Aufruhr, dass es für Kurz letztlich keine andere Option mehr als das Ausscheiden aus der Politik gab.

Dass viel zu lange Durchhalteparolen ausgegeben wurden und diese dank des noch funktionierenden Medienapparates der Kurz-Gruppe wirken konnten, bewies das Abstimmungsergebnis von 99,4 Prozent für Kurz Ende August 2021 bei seiner ersten Wiederwahl als ÖVP-Obmann. Der Wiener FAZ-Korrespondent Stephan Löwenstein bezeichnete es als »eine Wagenburg«, die die Partei um Kurz aufstellt, und zitierte den steirischen Landeshauptmann Hermann Schützenhöfer: »Wir lassen uns unseren Sebastian nicht herausschießen.«[244] Nach der Veröffentlichung der Anordnung zur Hausdurchsuchung und angesichts der Tatsache, dass von den 300 000 Chatnachrichten, die auf dem Datenträger von Schmid sichergestellt wurden, nur ein Bruchteil bekannt war, erwies sich die »Wagenburg« als ein Kartenhaus, das blitzschnell zusammenbrach. Bereits fünf Wochen später, am 9. Oktober 2021, stellte derselbe Korrespondent nüchtern fest: »Kurz hat ein Problem ...«

Ein Resümee

Es würde zu weit führen, wenn wir die in der Zweiten Republik einmalige Serie der innenpolitischen Beben analysieren würden, die innerhalb eines Jahres drei Wechsel am Ballhausplatz erzwungen haben. Nach Kurz amtierte 52 Tage lang Außenminister Alexander Schallenberg, und nach seinem glücklosen Gastspiel folgte der frühere Innenminister Karl Nehammer.

Wichtiger und relevanter sind die Lehren aus dem Fall Sebastian Kurz. Er war zweifellos der geschickteste politische Kommunikator, den ich in Österreich erlebt habe, auch deshalb, weil er als grandioser Politschauspieler in seinem Auftreten makellos, manierlich und nahezu immer fehlerfrei wirkte: ein zum Äußersten entschlossener Karrierist, der, hochbegabt und wandlungsfähig, in jeder Situation meisterhaft auf der Klaviatur der sozialen Neidgefühle und der fremdenfeindlichen Emotionen der österreichischen Gesellschaft spielen konnte. Er präsentierte sich ebenso mühelos und scheinbar überzeugend als Architekt einer türkis-blauen Rechts-von-der-Mitte-Koalition wie nach deren Sturz als Erfinder der türkis-grünen Koalition des »Besten aus zwei Welten«. Von keinen moralischen Hemmungen gestört, konnte Kurz nach einem Jahr der hinterhältigen innerparteilichen Intrigen gegen seinen zermürbten Parteichef und Vizekanzler vor den Fernsehkameras (im ORF-*Sommergespräch* 2017) sagen, »die Überraschung war für mich dann groß, als Reinhold Mitterlehner zurückgetreten ist«.

Der österreichische Schriftsteller Thomas Stangl charakterisierte in der *Zeit*[245] den jungen Kanzler, der die ÖVP in einen Rauschzustand versetzt hatte, vielleicht am einprägsamsten. Ein »Spiel mit dem Nichts«, ein Spiel mit der Leere, das sei seine Kommunikationsstrategie: »Er ist Politiker geworden nicht aus einem besonderen Engagement für ein Anliegen heraus, aus Idealismus oder aus gerechter oder ungerechter Wut. Sondern schlicht, um Politiker zu sein, wie ein anderer Unternehmer, Schach- oder Schauspieler wird (…) Dieses Fast-Nichts ist vielleicht das Geheimnis dieses Mannes, der in seiner bisherigen Regierungskarriere und im Wahlkampf makellos und unberührbar seine äußere Form bewahren und zugleich – oft von Satz zu Satz die Rolle wechselnd – wandelbar erscheinen konnte. In seinen Auftritten gab er den Schlagerstar, der keinen Griff in die Kitschkiste scheut, um das Publikum an sich zu binden, den werte- und merksatzbewussten Konservativen, den Ratgeber im Predigtstil, den bösartigen Demagogen und den Staatsmann, alles mit der gleichen sanften Überzeugungskraft. (…)

Wenn man Sebastian Kurz mit dem letzten beunruhigend begabten und neuartigen Politiker Österreichs, Jörg Haider, vergleicht, so ist der prägnanteste Unterschied: Nichts an Kurz lädt dazu ein, ihn psychoanalysieren wollen. Es scheint keinerlei geheime Antriebe, keinerlei familiäre Verstrickungen, keinerlei Ambivalenzen und Mehrdeutigkeiten zu geben. (…) Er zeigt immer genauso viel Emotion, wie für das jeweilige Argument nötig scheint; gibt sozusagen Emotionen wieder, ohne den Eindruck zu erwecken, er – das heißt, die Inszenierung – wäre durch seine eigenen Gefühle geleitet oder behindert.«

Das Endkapitel der Ära Kurz wird von den Gerichten geschrieben. Seine absurden, selbstberauschenden Sätze wie »Die Pandemie ist gemeistert«, »Es kommt eine coole Zeit auf uns zu«, »Die Pandemie ist für alle vorbei, die geimpft sind«, werden bald vergessen sein. Die Lehren aus der politischen Korruption durch manipulierte oder gekaufte Medien, von Faymann bis Kurz, die Gründe für die Sympathie so vieler Wählerinnen und Wähler für den Weg in den autoritären Staat und für den »starken Mann« im In- und Ausland sollten uns allen eine Warnung sein.

DIE »ECHTEN« ÖSTERREICHER UND DIE GRÜNEN

An einem sonnigen Donnerstag, genauer am 12. September 2019, waren wir zu dritt – mit meiner Frau Zsóka und unserer Freundin, der Historikerin Waltraud Heindl – unterwegs in die Hofburg zu einem Mittagessen mit Bundespräsident Alexander Van der Bellen und seiner Frau, er hatte mich anlässlich meines runden Geburtstages, der kurz zuvor stattgefunden hatte, eingeladen. Was für immer in meinem Gedächtnis verankert blieb, war der Satz in der kurzen, herzlichen Tischrede des Gastgebers: »Wir wurden beide im selben Jahr, 1959, österreichische Staatsbürger.« Den Altersunterschied – er war in diesem für uns beide schicksalhaften Jahr 15 und ich 30 Jahre alt – erwähnte er taktvoll nicht. Berührt antwortete ich noch kürzer und meine Tränen zurückhaltend, wie stolz ich sei, gemeinsam mit dem Bundespräsidenten ein »Neuösterreicher« zu sein. Ein Satz des großen Alleskönners Otto Schenk kam mir in den Sinn, ein Gedanke, den ich allerdings nicht aussprach: Dieser sagte in seiner Dankesrede anlässlich der Verleihung des Nestroy-Preises für sein Lebenswerk im Jahr 2000, er würde, wie Nestroy, »keinen Tropfen deutschen Blutes hergeben bei einer Notschlachtung. Ich hoffe, ich bestehe die Prüfung beim Haider, dass ich hier noch weiter leben kann.«[246]

Die Van der Bellens – eine bewegte Familiengeschichte

Erst bei den Recherchen für dieses Buch habe ich begriffen, dass das Leben des Alexander Van der Bellen von Anfang bis heute wahrhaft eine abenteuerliche Geschichte gewesen ist, voller überraschender Wenden, die nicht nur seine persönliche Biografie, sondern auch die politische Entwicklung in Österreich mitgeprägt haben. Sein offizieller Lebenslauf im Internet – »Professor Präsident – Stationen im Leben von Alexander Van der Bellen« – beginnt mit dem Bekenntnis: »Meine Heimat ist Tirol, Wien, Österreich und Europa.« Dann heißt es kurz: »Geboren am 18. Jänner 1944 in Wien. Die Mutter ist gebürtige Estin, der Vater gebürtiger Russe mit niederländischen Vorfahren. Nach mehrmaliger Flucht vor den Sowjets findet die Familie schließlich in Österreich eine neue Heimat, zunächst in Wien, dann in Tirol.« Hinter diesen sachlichen Mitteilungen verbergen sich vielfältige und letztlich auch dramatische Phasen der Geschichte einer ungewöhnlichen Familie.

Ein Flüchtlingskind also, dessen Familiengeschichte ihm nur bruchstückhaft bekannt war, da die Eltern nur wenig über die Vergangenheit erzählt hatten, und die er selbst erst durch Recherchen besser kennenlernen konnte. Laut der Familienlegende kamen seine Ahnen gegen Ende des 18. Jahrhunderts aus Holland nach Russland. Sein Ururgroßvater war Großgrundbesitzer in der Nähe der Stadt Pskow und wurde geadelt. Sein Großvater war nach der Abdankung des Zaren Leiter der lokalen Regierung in Pskow und unterstützte nach der Oktoberrevolution im Bürgerkrieg die Weißen. Nach dem Vormarsch der Bolschewiken flüchtete die Familie ins benachbarte Estland. Für den neuen Lebensabschnitt änderten die Flüchtlinge das »von« auf »Van« als Beweis für die bürgerliche und holländische Herkunft. Seit Anfang des 19. Jahrhunderts trugen alle erstgeborenen männlichen Vorfahren den Vornamen Alexander, also auch der Vater des Bundespräsidenten. Er studierte Wirtschaft an der Universität Tartu, wurde 1934 estnischer Staatsbürger und war zuletzt Manager der Niederlassung einer britischen Bank in Tallinn. Hier traf und heiratete er die Mutter, die als Tochter einer Estin und eines estnischen Apothekers im zaristischen Russland geboren war und 1917 mit ihren Eltern nach Tallinn ging, in die Hauptstadt des neuen, unabhängigen Estland. Sie war ausgebildete Sängerin und Pianistin. Im Jahr 1940 bedeutete der Einmarsch der Roten Armee in die Hauptstadt des im geheimen Zusatzprotokoll des Stalin-Hitler-Paktes der sowjetischen Einflusssphäre zugesprochenen Estland eine neue Bedrohung für die antikommunistische russische Flüchtlingsfamilie. Im Frühjahr 1941 gelang es der Familie Van der Bellen, als vermeintliche Deutsche Tallinn mit der Bahn nach Ostpreußen zu verlassen und nach einem Aufenthalt in einem Lager in der Nähe von Würzburg nach Wien zu gelangen. Hier wurde der Vater in einer Außenhandelsfirma beschäftigt und hier kam der künftige Bundespräsident zur Welt. Bald jedoch mussten die Van der Bellens vor dem Anmarsch der Roten Armee wieder flüchten. Sie hatten berechtigte Angst, als estnische Staatsbürger in die Sowjetunion verschleppt zu werden. Schließlich fanden sie Schutz im Zollhaus von Feichten im Tiroler Kaunertal, einem malerisch gelegenen Dorf auf fast 1300 Meter Höhe, das auch heute nur knapp 600 Einwohner hat. Hier und als Schüler und Student in Innsbruck wuchs Van der Bellen auf. Sein Vater gründete 1948 eine Außenhandelsfirma für den Export von Produkten der chemischen Industrie. Er erzählt noch heute, wie groß die Angst der Eltern, die zu Hause miteinander Russisch sprachen, vor den Sowjets war: »Mir wurde als Kind in Innsbruck eingeschärft, dass ich den Weg am sowjetischen Konsulat vorbei unbedingt meiden sollte – zu gefährlich.« Obwohl Russisch die Erstsprache seiner Eltern war, hat Van der Bellen sie nie gelernt. »Meine Eltern wollten bei mir alles vermeiden, das darauf hinweist, dass wir Flüchtlinge sind.«[247]

Das evangelische Immigrantenkind hat keine Diskriminierung gespürt, war sogar Klassensprecher im Innsbrucker Gymnasium, studierte Volkswirtschaft und machte als Professor für Volkswirtschaftslehre Karriere an der Universität, zuerst in Innsbruck und dann in Wien. Bis heute könne er sich keinen schöneren Beruf vorstellen, heißt es in seiner autobiografischen Schrift. Er war eine Zeit lang – von Mitte der 1970er- bis Ende der 1980er-Jahre – SPÖ-Mitglied und auch etwa zehn Jahre Freimaurer.

Alexander Van der Bellen, ruhender Pol in turbulenten Zeiten

Es war sein einstiger Doktorand Peter Pilz, der damalige Bundessprecher der Grünen, der den immerhin 50 Jahre alten Universitätsprofessor für die Grünen, die seit 1987 im Nationalrat vertreten waren, als Kandidat zur Wahl 1994 gewinnen konnte. Van der Bellen blieb durchgängig Abgeordneter bis 2012. Als Klubobmann und Sprecher der Grünen bis 2008 hat er durch seine gewinnende Persönlichkeit und seinen gemäßigt-liberalen, proeuropäischen Kurs laut dem unabhängigen Historiker der Grünen, Univ.-Prof. Robert Kriechbaumer, einen entscheidenden Beitrag zu den Wahlerfolgen der Grünen bis 2013 geleistet.[248] Der Wähleranteil stieg in dieser Periode von 4,8 Prozent auf 12,42 Prozent und die Zahl der Abgeordneten von 8 auf 24. Noch wichtiger war die Tatsache, dass bei der Nationalratswahl 1999 die Strahlkraft Alexander Van der Bellens für 65 Prozent der Wechselwähler das stärkste Wahlmotiv war. Das übertraf prozentuell sogar die Anziehungskraft Jörg Haiders für die FPÖ-Wähler (40 Prozent).[249]

Van der Bellen gelang nicht nur die Beendigung der in aller Öffentlichkeit ausgetragenen innerparteilichen Streitigkeiten, eine zunehmende Professionalisierung der Partei- und Öffentlichkeitsarbeit sowie eine der Medienlogik entsprechende Personalisierung der Grünen, sondern auch die sukzessive Änderung der oft fundamentalistischen ideologischen Positionen. Auch wenn hier in erster Linie die ungeheuer bedeutende, demokratie-stabilisierende Rolle Van der Bellens als Bundespräsident gewürdigt werden soll, darf sein früherer, eminent wichtiger Beitrag zum Überleben einer linksliberalen Partei in schwierigen Zeiten nicht vergessen werden.

Erst heute, im Rückblick auf die Zeit der Wirren zwischen 2017 und 2021, vom Ibiza-Video bis zu den Chat-Skandalen, vom Sturz Straches bis zum erzwungenen Ausscheiden von Kurz, lässt sich meiner Meinung nach die schicksalhafte Bedeutung des im Kapitel »Österreich: Immer wieder ›unter Beobachtung‹« bereits kurz skizzierten Sieges Van der Bellens bei der Stichwahl für das Amt des Bundespräsidenten 2016 ermessen. Es genügt, die Stationen vor und nach der Nationalratswahl 2019 in Erinnerung zu rufen, die innenpolitischen Turbulenzen, die den Hintergrund zu der in der Geschichte der Zweiten Republik beispiellos hohen Frequenz der Wechsel der Regierungen und der Minister bildeten: die Angelobung von über 65 Regierungsmitgliedern und die sechsmalige Angelobung einer Bundeskanzlerin bzw. eines Bundeskanzlers. Auch in der internationalen Presse wurden die jede Dramatisierung vermeidenden, betont beruhigend wirkenden Auftritte und Reden des Bundespräsidenten gewürdigt.

Bereits zum Amtsantritt hielt der neue Bundespräsident eine »bescheidene und zugleich große Rede«, so die *Süddeutsche*-Korrespondentin Cathrin Kahlweit.[250] Schon die ersten Worte bekundeten die Einzigartigkeit seines persönlichen Schicksals und seiner Identität an der Spitze der Republik: »Österreich ist ein wahrlich großes Land! Ich stehe heute hier mit einem Gefühl der Unwirklichkeit! Sie sehen hier ein Flüchtlingskind. In Wien geboren, mit meinen Eltern ins Kaunertal geflohen. Und jetzt darf ich als Bundespräsident vor Ihnen stehen.« Sein Hinweis auf Österreich als »ein Land der unbegrenzten Möglichkeiten« traf ins Schwarze, wenn man sich seine so komplizierte Familiengeschichte vor Augen hält. Zu seinem Amtsverständnis sagte er: »Ich werde alles daransetzen, ein überparteilicher Bundespräsident zu sein, ein Bundespräsident für alle in Österreich lebenden Menschen. Ich werde mich dann zu Wort melden, wenn grundsätzliche Fragen unseres Gemeinwesens verhandelt werden, oder gar auf dem Spiel stehen.«[251] Van der Bellen hat dieses Versprechen in kritischen Zeiten immer wieder in die Tat umgesetzt. Seine Hoffnung, dass »in sechs Jahren möglichst alle Menschen in Österreich sagen sollen: Ja, die Dinge haben sich zum Besseren verändert«, wurde allerdings nicht erfüllt. Wir erleben stattdessen sowohl in der Innenpolitik wie auch international durch die Covid-19-Pandemie und den Ukraine-Krieg eine dramatische Zeitenwende mit gewaltigen gesellschaftlichen und wirtschaftlichen Folgen.

Diese waren natürlich auch Thema unseres langen Gesprächs fast am Vorabend seiner Entscheidung über die neuerliche Kandidatur zur Bundespräsidentenwahl.[252] Zuerst sprachen wir über seine Familie. Er hat erst kürzlich von einem Verwandten erfahren, dass seine Mutter nicht in Moskau, sondern in Pskow geboren ist. Sein jüngerer Sohn, im Fremdenverkehr tätig, lebt in Tulcea in Rumänien. Dessen Frau, eine Rumänin, ist dort beschäftigt. Der Bundespräsident sieht die beiden und das Enkelkind nur ein- bis zweimal im Jahr. Leider leben die drei anderen Enkelkinder aus der ersten Ehe seines jüngeren Sohnes in Australien. Sein älterer Sohn betreibt eine Rinderfarm im deutschen Bundesland Baden-Württemberg. In zweiter Ehe ist Alexander Van der Bellen seit 2015 mit seiner langjährigen Lebensgefährtin Doris Schmidauer verheiratet, die viele Jahre Geschäftsführerin des Grünen Parlamentsklubs war.

Dann antwortete er auf meine Fragen über die politische Entwicklung in unserem Land nachdenklich und offen, aber natürlich »off the record«, also nicht zum Zitieren. Trotzdem halfen mir seine Erläuterungen, manche kritischen Situationen und die handelnden Persönlichkeiten besser zu verstehen. Ich verließ das traditionsreiche Bürozimmer, in dem ich während eines halben Jahrhunderts oft mit den Vorgängern – Rudolf Kirchschläger, Kurt Waldheim, Thomas Klestil und Heinz Fischer – gesprochen habe, mit dem Gedanken an das Glück, dass diese außergewöhnliche Persönlichkeit in den für die Zweite Republik so entscheidenden Tagen letztlich die richtungsweisenden Entscheidungen zu treffen hatte.

Man darf die Tatsache nicht übersehen, dass trotz aller Turbulenzen in der Innenpolitik seine Wahl zum Bundespräsidenten und sein seither anhaltendes Popularitätshoch in den Umfragen ein untrügliches Zeichen des Wandels bedeutet. Es genügt, nur an die Zeiten zu erinnern, in denen man noch hoffte, mit Plakaten von Josef Klaus als »ein echter Österreicher« gegen den jüdischen, also selbstverständlich als nicht echter Österreicher geltenden Bruno Kreisky bei der Nationalratswahl 1970 gewinnen zu können.

Alma Zadić: Vom Flüchtlingskind zur Ministerin

In mancher Hinsicht ist der Lebenslauf der Bundesministerin für Justiz, Alma Zadić, persönlich noch eindrucksvoller und in gesellschaftspolitischer Hinsicht vielleicht noch ermutigender.

Sie ist die erste Justizministerin und darüber hinaus das erste Regierungsmitglied, das nicht in Österreich geboren wurde. Wer hätte das gedacht, als sie 1994 mit zehn Jahren ohne Deutschkenntnisse als Flüchtlingskind mit ihren Eltern aus der bosnischen Stadt Tuzla nach Wien kam. Ihr Lebenslauf beschreibt im besten Sinne des Wortes eine Bilderbuchkarriere.[253] Sie hatte in dieser heute überwiegend von Bosniaken bewohnten, mit 110 000 Einwohnern drittgrößten Stadt in der Föderation Bosnien-Herzegowina als Achtjährige den Ausbruch des von großserbischen Nationalisten begonnenen Krieges in Bosnien erlebt, hautnah auch die ethnischen Säuberungen, die gegen Menschen mit muslimischen Namen angezettelt wurden. »Im Mai 1992 wurde ich vom Vater von der Schule abgeholt und wir sind gelaufen, weil wir Schüsse gehört haben. Dann haben wir die nächsten paar Monate im Keller verbracht«, erzählte sie der *Zeit*. Der Vater war vor der Flucht Universitätsprofessor für Elektrotechnik gewesen, die Mutter arbeitete als Bauinspektorin für die Stadtgemeinde. Die Flucht nach Wien war eine unglaubliche Herausforderung. Keiner von ihnen konnte Deutsch. Der Vater machte sich zuerst allein auf den Weg nach Wien und bekam schnell eine

Stelle. Alma, ihre Mutter und der um vier Jahre jüngere Bruder Armin konnten erst ein Jahr später mit einem UN-Hilfskonvoi die umkämpfte Stadt verlassen.

Als »Zuagraster«, also nicht gebürtiger Wiener, noch dazu mit einem unauslöschlichen fremden Akzent, kann ich wohl besser als die meisten »echten« Österreicher ihre außergewöhnliche persönliche Leistung und ihren kometenhaften Aufstieg beurteilen. Im Lebenslauf heißt es, sie »besuchte eine Volksschule und das Realgymnasium Ettenreichgasse«. Hinter dieser trockenen Feststellung verbirgt sich das Drama des Neuanfangs für ein zehnjähriges Migrantenkind. Was der Anfang für eine Schülerin mit schmerzlichen Erfahrungen, die noch nicht Deutsch konnte, bedeutet hat, lässt sich nur vermuten. Sie erinnert sich noch heute, so die *Zeit*, an eine Straßenbahnfahrt, bei der sie den Schaffner fragte: »Geht es da zu diesem Sportzentrum?« Der schaute sie an und sagte: »Tschuschen haben hier nix verloren.« Sie fügt hinzu: »Das waren Momente, in denen mir klar wurde, dass ich nicht Teil der Gesellschaft bin, dass ich nicht dazugehöre.«

Auch in der Volksschule hatte sie ein ähnliches, für ein Kind erschütterndes Erlebnis. Als sie eine Lehrerin bittet, ihr eine Mathematikaufgabe zu erklären, erwidert diese abweisend: »Wozu, du schaffst es eh nicht.« In dieser ersten Schule war sie die einzige Schülerin, die nicht Deutsch konnte, und wie es im *Zeit*-Interview heißt, wäre sie fast an mangelnder Zuneigung zerbrochen. Nach dem Wechsel in eine andere Schule mit mehr Migrantenkindern und mit Extrastunden nach dem gemeinsamen Unterricht lernte sie sehr rasch Deutsch; sie wurde Vorzugsschülerin und maturierte mit blendenden Noten.[254] Anschließend studierte sie Rechtswissenschaften an der Universität Wien und absolvierte ein Auslandssemester in Mailand. Nach dem Abschluss der Studien als Magistra war sie Praktikantin beim Internationalen Tribunal für Kriegsverbrechen im ehemaligen Jugoslawien in Den Haag. Danach absolvierte sie ihr Gerichtsjahr in Wien und anschließend in zwei Jahren an der Columbia University in New York ihre LL.M.-Ausbildung. Im Jahr 2017 promovierte sie an der Universität Wien zum Doktor der Rechte. »Wenn du dich nicht doppelt so anstrengst, wirst du es hier nicht schaffen«, mit diesem Satz seien viele Kinder aus Migrantenfamilien wie sie aufgewachsen.

Natürliche Begabung, große Entschlossenheit und die Unterstützung der Eltern haben ihr geholfen, die enormen Herausforderungen zu bestehen. In allen Interviews hat sie überzeugend und abgeklärt die Dialektik zwischen der Suche nach Identität und der Selbstfindung thematisiert. In den Jahren in New York habe sie verstanden, dass man unterschiedliche Identitäten haben könne und sie sich gar nicht entscheiden müsse, ob sie jetzt nur Österreicherin oder nur Bosnierin sei: »Gerade das vielfältige New York hat mir gezeigt, dass man durchaus Österreicherin, Bosnierin und Europäerin gleichzeitig sein kann.«

Sechs Jahre war sie in einer internationalen Wirtschaftskanzlei im Bereich Konfliktlösung tätig. Auf meine Frage, wie sie den Weg in die Politik gefunden habe, antwortete sie mit dem Hinweis auf ihre Freundin Stephanie Cox und auf die Kontakte mit dem bekannten Anwalt und Autor Alfred Noll, beide später Abgeordnete auf der Liste Peter Pilz. Sie wurde dann wie Cox und Noll auf der Liste Pilz in den Nationalrat gewählt. Die Lehren aus den Jugoslawienkriegen für das Völkerrecht und die Menschenrechte sowie die verstärkte rechtsextreme Hetze hätten sie ebenfalls motiviert. Sie wollte gestalten und einen Beitrag zum Kampf gegen die Rechtspopulisten leisten.

Es war zweifellos ein gewaltiger Sprung aus der gesicherten Existenz einer internationalen Anwaltskanzlei in die unbarmherzige Welt der Politik. Auch ihr Wechsel von der Liste Pilz/JETZT zu den Grünen nach der Ausrufung der Neuwahlen in der Folge des Ibiza-Videos war ein mutiger Schritt. Die Grünen schafften bei dieser Wahl das historisch beste Ergebnis. Zadić, auf Platz fünf der grünen Bundesliste aufgestellt, wurde im September 2019 erneut in den Nationalrat gewählt und von Parteichef Werner Kogler zuerst ins sechsköpfige Sondierungsteam und dann als eines der vier grünen Regierungsmitglieder nominiert.

Ein wahrhaft fulminanter Aufstieg für ein Flüchtlingskind. Dass sie aber schon vor der Angelobung für viele Schlagzeilen sorgte, war die Folge einer massiven Hasskampagne von rechts. Der Hintergrund: Zadić hatte noch als Abgeordnete auf Twitter Fotos eines Burschenschafters geteilt, der Demonstranten gegenüber den Hitlergruß gezeigt haben soll. Darunter schrieb sie: »Keine Toleranz für Neonazis, Faschisten und Rassisten.« Der Burschenschafter erklärte, nur Schulfreunden unter den Demonstranten gewunken zu haben, und klagte. Zadić wurde vom Straflandesgericht Wien zu einer Zahlung von 700 Euro verurteilt. Da es sich um ein medienrechtliches Urteil handelte, kam es zu keinem Eintrag im Strafregister. Auf sozialen Medien hatten Identitäre und FPÖ-Anhänger noch dazu eine fremden- und frauenfeindliche Kampagne gegen »eine muslimische Justizministerin« gestartet, obwohl die Grünen klarstellten, dass Zadić ohne religiöses Bekenntnis ist. Da es auch zu Morddrohungen kam, erhielt sie Polizeischutz. Die FPÖ hatte das Staatsoberhaupt sogar aufgefordert, sie wegen des offenen Verfahrens nicht zur Ministerin anzugeloben. Bei der Amtsübergabe sprach ihr Vorgänger Clemens Jabloner von einer Beschimpfungsorgie und von einer »Niedertracht« jener, die für Hetze gegen sie verantwortlich seien.

Werner Kogler: Retter und Stabilisator

Dass die Grünen der Nominierung einer früheren Liste-Pilz-JETZT-Abgeordneten zur Justizministerin, die sich ihnen erst einige Monate zuvor angeschlossen hatte, ohne Weiteres zustimmten, war zweifellos das Ergebnis der Überzeugungsarbeit von Vizekanzler Werner Kogler und des damaligen Gesundheitsministers Rudolf Anschober. Die beiden, und vorher schon die langjährige grüne Ombudsfrau Terezija Stoisits, hatten Alma Zadić überhaupt für die Grünen gewonnen. Kein Grüner Bundessprecher hat je eine solche Autorität gehabt wie der 1961 geborene Werner Kogler, der nach der Absolvierung des Studiums der Volkswirtschaftslehre an der Universität Graz – gleichzeitig studierte er auch Rechtswissenschaften – von Anfang an in der Bewegung der Grünen aktiv war. Zwischen 1999 und 2017 Nationalratsabgeordneter, kündigte Kogler, nachdem die Grünen die Vier-Prozent-Hürde bei der Nationalratswahl 2017 nicht schafften und aus dem Parlament ausscheiden mussten, als interimistischer Bundessprecher[255] sofort an: »Das Wahlergebnis ist ein Rückschlag für die Grünen, ein Tiefschlag, fast ein Niederschlag. Aber keine Sorge, wir werden wieder aufstehen und neue Ziele anstreben.«[256] In den nächsten zwei Jahren führte er als Spitzenkandidat mit unglaublicher Energie und ungebrochenem Standvermögen die Grünen zu ihren größten Erfolgen seit der Gründung 1986, erst bei der Europawahl und dann bei der Nationalratswahl 2019, mit 13,9 Prozent Stimmenanteil und 26 Abgeordneten.

Die Beteiligung an der Regierung Kurz II war nicht nur für die Zukunft Österreichs eine Entscheidung mit weitreichenden Folgen. Sie war auch, nach über drei Jahrzehnten in der Opposition, eine zutiefst persönliche Kehrtwende. In der bereits erwähnten ausführlichen Geschichte der Grünen[257] kann man nachlesen, wie auch Kogler als Teilnehmer an den Verhandlungen über die Bildung einer Koalition mit der ÖVP in den Wirtschafts- und Pensionsfragen von Zeit zu Zeit starke Vorbehalte zum Ausdruck gebracht hat. Bevor ich ihn zum ersten Mal zu einem ausführlichen Gespräch traf[258], hatte ich dank eines gründlichen Namenregisters in Robert Kriechbaumers Werk seinen diversen Stellungnahmen folgen können. Im Rückblick auf die 2003 gescheiterten Verhandlungen mit der ÖVP unter Schüssel ist er noch heute nicht sicher, ob Wolfgang Schüssel damals nicht schon von Anfang an Parallelgespräche mit den Freiheitlichen geführt hat.

Wie dem auch sei, das persönliche Verdienst Werner Koglers um zwei bedeutende Weichenstellungen in der politischen Geschichte der Zweiten Republik muss vorbehaltlos anerkannt werden. Sein Beitrag zur Wiedergeburt der Grünen war die Grundlage für die erste ÖVP-Grüne-Koalitionsregierung, die nach dem neuerlichen, staatspolitisch katastrophalen Regierungsexperiment mit der FPÖ eine positive Wende bedeutet hat. Das zweite Verdienst um politische Stabilität war seine Rolle beim erzwungenen Rücktritt von Sebastian Kurz als Kanzler und auch bei dessen unfreiwilligem Ausscheiden aus der Politik. Als seit Januar 2020 amtierender Vizekanzler und Bundesminister für Kunst, Kultur, öffentlichen Dienst und Sport hat sich der aus einer steirischen Bauern- und Arbeiterfamilie stammende Politiker als verantwortungsvoller und in kritischen Situationen mutiger Politiker erwiesen.

Der oft zitierte Spruch von Helmut Qualtinger, »Österreich ist ein Labyrinth, in dem sich jeder auskennt«, gilt sinngemäß auch für die Umstände bei dem in zwei Phasen erfolgten Sturz von Kurz als Bundeskanzler und zwei Monate später als ÖVP-Partei- und Klubchef. Obwohl Kogler in beiden Fällen hinter den Kulissen bekanntlich entscheidend mitgewirkt hat, wollte er sich weder in der Öffentlichkeit noch im Gespräch mit mir mit Lorbeeren für seine Rolle schmücken lassen. Bescheidenheit und ein Gefühl für das richtige Maß, so selten in der österreichischen Innenpolitik, scheinen in meinen Augen prägende Züge in der Persönlichkeit des Vizekanzlers zu sein. Mich hat jedenfalls in unserem langen und offenherzigen Gespräch beeindruckt, dass er die Fähigkeiten des 2017 »abgesprungenen« Peter Pilz vorbehaltlos gewürdigt und die Fehlentscheidung bei der Besetzung des Gesundheitsministeriums mit dem Arzt Wolfgang Mückstein zugegeben hat.

Was seine Rolle im Fall Kurz betrifft, betonte der Vizekanzler auch unter vier Augen, dass es sich keineswegs um schon vorher geplante Schritte, sondern um Reaktionen auf die Enthüllungen durch die Chats gehandelt habe. Auf die Anmerkung eines *Spiegel*-Redakteurs, der lange als unbezwingbar gegolten habende Teflon-Kanzler Kurz sei an Werner Kogler gescheitert, antwortete dieser: »Es war nicht meine Absicht, jemanden scheitern zu lassen (…) Kurz und sein engster Kreis sind an sich selbst gescheitert.«[259] Immer wieder betonte der Chef der Grünen, dass sie den »ganzen Quargel« nicht aufgerührt hätten und dass Kurz schließlich unter starkem parteiinternem Druck der ÖVP-Landeschefs eingeknickt sei.[260] Die Grünen hätten sich um Verlässlichkeit und Stabilität bemüht.

Sigrid Maurers Schlüsselrolle in der Koalition

Diese Haltung ist vor dem Hintergrund früherer Grünen-Politik und angesichts der noch 2021 tobenden Machtkämpfe bei den Wiener Grünen keineswegs selbstverständlich. Kogler lobte ausdrücklich den Beitrag der Grünen Klubobfrau Sigrid Maurer. Die 1985 geborene Tirolerin ist die Einzige im Grünen Klub, die schon 2013–2017 Nationalratsabgeordnete war. Im Gegensatz zu ihrer früheren, eher aufrührerischen Rolle als Grüne Vorsitzende der Österreichischen Hochschülerschaft stellte sie in den letzten Jahren zusammen mit dem ÖVP-Klubchef August Wöginger die funktionierende Koalitionsachse dar. Wenn man ihre Reden im Nationalrat bei der Verteidigung der Regierungsbeschlüsse hört, ist es schwierig, sich vorzustellen, dass derselben Person vor zwölf Jahren für 18 Monate ein Hausverbot im Parlament erteilt wurde, weil sie von der Besuchergalerie Flugzettel in den Plenarsaal geworfen und Parolen skandiert hatte …

Aus einer Tiroler Lehrerfamilie stammend, ist die Politikerin in erster Linie durch ihre mutige öffentliche Gegenreaktion auf massenhafte Hassmails in sozialen Medien bekannt geworden. In einem Fall, als Maurer gegen sie gerichtete obszöne Nachrichten bekannt gemacht hatte, verklagte sie der namentlich identifizierte Betreiber des Facebook-Accounts, Inhaber eines Craftbeer-Shops, mit der Begründung, er habe die Nachricht nicht selbst verfasst; jeder, der sein Geschäft betrete, komme als Urheber infrage. Gerichte behandelten zwischen 2018 und 2021 die absurde Geschichte, bis der Ladeninhaber (später als Mordverdächtiger entlarvt) die Anklage schließlich zurückzog. Am 7. April 2022 wurde Maurer tätlich angegriffen, ein Mann hatte sie in einem Gastgarten in der

Wiener Innenstadt erkannt, wegen der Coronamaßnahmen der Bundesregierung beschimpft und ihr ein Glas ins Gesicht geworfen. Sie blieb unverletzt. Der von der Polizei gestellte junge Angreifer entschuldigte sich später für den Vorfall. Maurer erhielt zwar Hunderte Solidaritätsadressen, aber in den sozialen Medien hieß es auch, sie habe diesen Angriff irgendwie provoziert. Petra Stuiber stellte im *Standard* fest: »Der Hass, der Frauen entgegenschlägt, die sich in der Öffentlichkeit politisch äußern und exponieren, hat eine Dimension, die für eine zivilisierte Gesellschaft nicht hinnehmbar ist.«[261] Auf den tätlichen Angriff nur einige Tage später angesprochen, wirkte die Politikerin im persönlichen Gespräch mit mir gefasst, entspannt und beinahe philosophisch: Wenn man in der Politik sei, müsse man mit Angriffen rechnen …

Die öffentlichen Auseinandersetzungen dürfen aber nicht die Schlüsselrolle »Sigi« Maurers in der Koalitionsregierung vergessen lassen. Es gibt, im Gegensatz zu früheren Koalitionen, keinen Lenkungsausschuss, sondern die beiden Klubchefs bereiten jeweils wöchentlich die Themen für die Sitzungen des Kabinetts vor. Dass die Zusammenarbeit zwischen Maurer und Wöginger trotz der Krisen der vergangenen Monate bisher anscheinend gut funktioniert, dürfte die wichtigste Säule des ersten grün-schwarzen Regierungsexperiments sein.

Darüber hinaus muss man bei der Einschätzung der Rolle Maurers auch bedenken, dass die Mehrzahl der Grünen Abgeordneten (abgesehen von Kogler und Maurer) wenig bis keine parlamentarische Erfahrung hat. Bemerkenswert ist die Tatsache, dass Frauen mit 15 zu 11 die Mehrheit bilden und dass fünf Abgeordnete Migranten sind oder aus Zuwandererfamilien stammen. Dass heute Menschen wie Alexander Van der Bellen, Alma Zadić und relativ so zahlreiche Abgeordnete aus Migrantenfamilien das Schicksal Österreichs mitprägen, ist zweifellos ein Hoffnungsschimmer für die Zukunft. Sebastian Kurz hatte nicht zufällig, sondern wie alles, was er tat, auch die Begrüßungsfloskeln bei seinen häufigen Fernsehauftritten nach den Regieanweisungen seiner Berater formuliert. Er sagte also nicht zufällig immer »Liebe Österreicherinnen und Österreicher!« und ergänzte nie mit dem Zusatz, wie der Bundespräsident, »Und alle Menschen, die in Österreich leben!«.

Die lange Tradition der Fremdenfeindlichkeit

Um die zeitweiligen Erfolge der politischen Instrumentalisierung der Migrationsbewegungen durch Jörg Haider, seine Nachfolger und die von Sebastian Kurz geleitete türkis-blaue Regierung besser einordnen zu können, sollte man einen Blick auf die wahren Fakten hinter der für unsere Fremdenverkehrswerbung so wichtigen, romantisierten Darstellung der Doppelmonarchie werfen. Auch um die Jahrhundertwende 1900 waren der Zustrom von Migranten, die Abwehrmechanismen und die sprachlichen Integrationsprobleme keine Ausnahmen, sondern gehörten, so der Historiker Moritz Csáky, »als eine zentrale Kategorie dieser Region zu einem wichtigen Bestandteil der alltäglichen Lebenserfahrung«.[262] Er weist darauf hin, dass Zentraleuropa ein Laboratorium sei, in dem sich schon in der Vergangenheit Fremdenfeindlichkeit oder ähnliche Prozesse nachweisen ließen. Um 1900 galten 62 Prozent der 1,7 Millionen Einwohner Wiens als »Fremde«, denn nur 38 Prozent waren hier geboren und besaßen das Heimatrecht. Im Jahre 1910 waren 467 158 Einwohner Wiens in Böhmen und Mähren geboren.[263] Wien war damals die zweitgrößte tschechische Stadt. Rund 70 Prozent der Repräsentanten der Wiener Moderne waren nicht in Wien geborene Migranten, zumeist der ersten oder zweiten Generation. Vor allem die Zuwanderung aus Böhmen, Mähren und der Slowakei hinterließ anhaltende Spuren in Wien. Noch in der zweiten Hälfte des 20. Jahrhunderts hatten 27,5 Prozent der Hauptmieter in Wien, das heißt 201 880 hauptamtlich gemeldete Personen, einen tschechischen Familiennamen.[264] Es ist nicht allgemein bekannt, dass zwei Bundespräsidenten, Franz Jonas und Kurt Waldheim, tschechischer Herkunft waren. Csáky betont auch, dass man der halben Million böhmischer Migranten mit ähnlichen Antipathien und Abwehrmechanismen begegnete und von ihnen eine perfekte sprachliche Integration verlangte, wie das heute von der viel geringeren Anzahl an Zuwanderern aus Afrika erwartet wird.

Der Politikwissenschaftler Anton Pelinka machte in seiner Autobiografie auf eine verborgene Folge des verdrängten Germanisierungsdrucks aufmerksam – die Überanstrengung, sich der »deutschen« Umwelt zu beweisen, zu zeigen, dass man zumindest ebenso »deutsch« war wie diese: Der Deutschnationalismus österreichischer Herkunft sei auch aus diesem Anpassungsdruck auf eine eben nicht Deutsch sprechende Bevölkerung zu verstehen[265], betont Pelinka und erwähnt auch den hohen Prozentsatz nicht deutscher Namen slawischer Herkunft unter den Nazis. Nach dem Zweiten Weltkrieg und unter »normalen«, also friedlichen Verhältnissen gab es bei den Freiheitlichen zwei symbolträchtige Beispiele einerseits für den Abwehrmechanismus der Nachkommen von Migrantenfamilien und andererseits für die selektive Fremdenfeindlichkeit. Für das Beispiel der Germanisierung eines slawischen Namens steht die in den Medien thematisierte Namensänderung von Hojac auf Westenthaler im Falle des von Haider zum FPÖ-Klubobmann (2000–2002) geförderten Politikers Peter Westenthaler.[266] Der Fall des nach dem Skandal um das Ibiza-Video mit H.-C. Strache zurückgetretenen FPÖ-Klubobmannes Johann Gudenus zeigt die Wandlungsfähigkeit der Einstellung gegenüber den Fremden. Der für seine extrem ausländerfeindlichen Sprüche berüchtigte FPÖ-Politiker hatte bereits 2004 gefordert, »systematischer Umvolkung sofort ein Ende zu setzen«.[267] Dieser dem NS-Sprachgebrauch entlehnte Begriff löste allgemeine Empörung aus. Bei einer Wahlkampfveranstaltung 2013 ging Gudenus sogar noch weiter: »Jetzt heißt es, Knüppel aus dem Sack für alle Asylbetrüger, Verbrecher, illegalen Ausländer, kriminellen Islamisten und linken Schreier.«[268]

All das störte den Politiker in seinem Privatleben nicht im Geringsten. So heiratete er 2016 standesamtlich und 2017 sogar serbisch-orthodox kirchlich die serbisch-stämmige Tajana Tajčić in Banja Luka in der Republika Srpska, dem von Serben regierten Teilstaat der Föderation Bosnien-Herzegowina. Er und Vizekanzler Strache absolvierten im Februar 2018 einen offiziellen Besuch in Belgrad bei Staatspräsident Aleksandar Vučić. Strache soll in einem Interview mit der Belgrader *Politika* Kosovo als »Teil Serbiens« bezeichnet haben. Die FPÖ gewann bei der Wiener Gemeinderatswahl 2015 laut Schätzung von Meinungsforschern rund die Hälfte der Stimmen der 75 000 Wiener mit serbischen Wurzeln. Die wiederholten Kampagnen der Freiheitlichen gegen Türken, Bosnier und Moslems im Allgemeinen haben die Spannungen zwischen den Minderheitengruppen mit unterschiedlichen Wurzeln und die fremdenfeindlichen Vorurteile in der Bundeshauptstadt verschärft.

Die von den großserbischen Nationalisten entfesselten Jugoslawienkriege und die Flucht der Bosnier und Kosovo-

Albaner sind auch nicht ohne Folgen geblieben. Ich habe persönlich immer wieder die Kraft der tradierten Ressentiments, aber auch die Tendenzen zur »Überanpassung« erlebt. In den späten 1980er-Jahren rief mich einmal ein US-amerikanischer Professor mit kroatischen Wurzeln an, der auf Besuch in Wien war. Er sei sehr enttäuscht. Durch Zufall hatte er mehrere mit seinem Familiennamen identische kroatische Namen im Wiener Telefonbuch entdeckt und einige Nummern angerufen, um zu fragen, ob es unter ihnen vielleicht Verwandte gebe. Die Betroffenen waren ausnahmslos empört, sie hätten mit Kroatien nichts zu tun. Es war wohl eine übertriebene oder unbedachte, spontane Aktion des Auslandskroaten, aber das so unfreundliche Echo war zweifellos auch der Ausdruck eines noch immer wirksamen Anpassungsdrucks.

Als ich während der Jugoslawienkriege öfter in ORF-Sendungen die Ausschreitungen der serbischen Armee gegen die Kosovo-Albaner analysiert habe, wurde mir das von ORF-Putzfrauen bis serbischen Taxlern vorgeworfen. Jahrzehnte später wartete wiederum ein mir unbekannter Mann nach einem Kinobesuch auf mich: »Ich bin ein Arzt aus Kroatien und wollte mich für Ihre faire Berichterstattung über den Krieg nachträglich bedanken.« Es gab freilich auch nach kritischen Bemerkungen über Kroatien unwirsche Reaktionen. So hat sich nach einem Vortrag über nationalistische Tendenzen in der kroatischen Politik, insbesondere hinsichtlich der fehlenden Aufarbeitung des mörderischen Treibens des faschistischen Ustascha-Regimes, der bei der Veranstaltung anwesende damalige kroatische Botschafter seinem polnischen Kollegen zugewandt und angemerkt: »Kein Wunder – schauen wir, Lendvai ist Jude.« Der polnische Kollege war aber der katholische Widerstandskämpfer, Judenretter und Auschwitzhäftling Władysław Bartoszewski, noch dazu ein persönlicher

Freund, der mir diese Bemerkung sofort weitererzählte. Ich beschloss, diese Bemerkung zwar zu ignorieren, aber jeden weiteren Kontakt mit dem kroatischen Botschafter zu vermeiden. Wohl deshalb hat es mich besonders gefreut, dass ich im Vorwort zur kroatischen Ausgabe meiner Orbán-Biografie meine Beziehung zu Kroatien detailliert erzählen durfte. Die gleiche Überlegung leitete mich bei den einleitenden Anmerkungen zur slowenischen Ausgabe dieses Buches, wo ich mein gewandeltes persönliches Verhältnis zum »starken Mann« Sloweniens, dem Ministerpräsidenten Janez Janša, beschreiben konnte.[269] Ich habe Freunde in allen Volksgruppen des zerfallenen Jugoslawien gehabt und habe stets versucht, meine Leser und Zuschauer in ausgewogenen Kommentaren auch über die von albanischen, kroatischen und bosnisch-moslemischen Nationalisten begangenen Menschenrechtsverletzungen und Ausschreitungen zu informieren. Deshalb verurteile ich die Versuche, die selbstmörderischen Leidenschaften aus dem versunkenen Vielvölkerstaat zugunsten vermeintlicher wahltaktischer Vorteile in unser Land zu importieren.

Österreich, das Einwanderungsland

Zugleich lehne ich aber auch die Bestrebungen ab, die die Tatsache, dass Österreich längst ein Einwanderungsland geworden ist, immer wieder verleugnen wollen. Auch hier hilft ein kurzer Rückblick, um den Beginn dieser Entwicklung in Erinnerung zu rufen. Die Zahlen über Österreich als Ziel der Wanderungen aus dem Osten nach dem Zweiten Weltkrieg bestätigen die Diagnose des Prager Dichters Rainer Maria Rilke: »Österreich blieb immer im Bau, es ist eine chronisch gewordene Vorläufigkeit.«[270] Schauen wir uns zuerst die Bilanz der Einwanderung zwischen dem Ende des Zweiten Weltkriegs und dem Umbruch im Osten 1989/90 an: »Insgesamt kamen seit 1945 rund 2,6 Millionen Menschen als Aussiedler, Flüchtlinge oder Trans-Migranten nach Österreich. Immerhin rund 680 000 haben sich auf Dauer hier niedergelassen, darunter 350 000 Personen mit nicht deutscher Muttersprache. Von 1,1 Millionen ein- bzw. durchgewanderten Gastarbeitern und Familienangehörigen sind ebenfalls rund 500 000 im Land geblieben«, schrieben die Demografen Heinz Faßmann und Rainer Münz Mitte 1991. Damals wurden rund zwölf Prozent der Wohnbevölkerung außerhalb des heutigen Österreich geboren und sieben Prozent der Bevölkerung galten der Staatsbürgerschaft nach als »Ausländer«.[271] Die beiden Autoren dieser äußerst kritischen Betrachtung (Ex-Bildungsminister Faßmann ist derzeit Präsident der Österreichischen Akademie der Wissenschaften) stellten fest, dass die Republik über keine klar erkennbare, gesamtstaatlich koordinierte Migrationspolitik verfüge, obwohl längerfristig netto 25 000 Zuwanderer pro Jahr benötigt wären. Ein Vierteljahrhundert später hat Univ.-Prof. Faßmann eine Studie für den Rahmenbericht des von mir geleiteten Migrationsrats für Österreich mitverfasst. Das von der damaligen Bundesministerin für Inneres, Johanna Mikl-Leitner, 2014 eingesetzte Gremium aus Spitzenwissenschaftlern und Experten schlug Ende 2016 im umfangreichen Schlussbericht eine jährliche Nettozuwanderung von 50 000 Arbeitskräften vor.[272] Von einer konzeptiven Migrationspolitik kann allerdings heute ebenso wenig gesprochen werden wie vor drei Jahrzehnten.

Inzwischen zeigen die Zahlen allerdings eine rasante Steigerung der Anzahl Menschen mit ausländischem Geburtsort. Anfang 2021 war jeder fünfte Einwohner Österreichs (20,1 Prozent) im Ausland geboren, in Wien hatten sogar 37,1 Prozent der Menschen einen ausländischen Geburtsort. Wenn man Menschen, die selbst oder deren beide Elternteile im Ausland geboren sind, als Migranten klassifiziert, dann gilt fast jeder zweite Wiener (46 Prozent) als Migrant; jeder dritte Einwohner hat einen ausländischen Reisepass. Insgesamt lebten zum Stichtag Januar 2022 1 587 251 Menschen mit ausländischer Staatsbürgerschaft in Österreich.

Diese Gesamtstatistiken verdecken bedeutende Umschichtungen in der Zusammensetzung der Zuwanderer. Wer hätte in diesem Land mit noch immer oft tief sitzendem Minderwertigkeitsgefühl gedacht, dass Österreich das bevorzugte EU-Zielland deutscher Auswanderer sein würde. Laut der jährlich herausgegebenen Broschüre des ÖIF lebten Anfang 2021 244 927 in Deutschland Geborene in Österreich, dreimal so viele wie im Jahr 2000. Sie bilden mit Abstand die größte Migrantengruppe in unserem Land, gefolgt von den Bosniern (172 373) Türken (159 068), Serben (144 416), Rumänen (134 206) und Ungarn (83 914).[273]

Die Prozentsätze der Ausländer im Allgemeinen verdecken natürlich die große Bandbreite der Reaktionen, von freundlicher Aufnahme der Deutschen bis zur bloß zähneknirschenden Duldung der Araber, Schwarzafrikaner oder Afghanen. Es gibt Umfragen darüber, wie »eher hilfreich« oder »eher schädlich« Zuwanderungsgruppen für die Entwicklung Österreichs empfunden werden. Die Migranten aus dem ehemaligen Jugoslawien werden mit 53 zu 7 Prozent als hilfreich angesehen. Auch die jüdischen Rückkehrer, die Sudetendeutschen und die Flüchtlinge aus den kommunistischen Nachbarländern werden weit mehr als hilfreich denn als schädlich angesehen. Bei den türkischen Gastarbeitern ist das Verhältnis schon anders – 37 versus 22 Prozent. Flüchtlinge aus dem Nahen Osten (Syrer) und Afrika sehen nur 10 bzw. 7 Prozent als »eher hilfreich«.[274]

Interessant sind die nach Nationalitäten gegliederten Antworten auf die Einschätzung der jeweiligen Integration. »Sehr gut« bzw. »eher gut« finden 51 und 37 Prozent der Befragten die Integration der deutschen Migranten; 28 bzw. 49 Prozent lauten die Prozentsätze für die Ungarn; 26 und 49 für die Kroaten; 16 und 48 für die Polen; 13 und 46 für die Bosnier; 9 und 40 für die Serben. Bezüglich der Syrer und Iraker lauten die Prozentsätze für »sehr gut« bzw. »eher gut« 4 und 17 bzw. 14 Prozent. Schlusslicht sind die Somalier mit 2 und 12 sowie die Afghanen mit 2 und 8 Prozent.[275] Es gibt keinen Grund, die beiden zitierten Umfragen zu bezweifeln. Eine Statista-Umfrage vom August 2021 ergab, dass 53 Prozent der Teilnehmer das Zusammenleben der Österreicher und Zuwanderer für schlecht und nur 39 Prozent für gut halten.[276]

Die massive und wirtschaftlich nützliche Zuwanderung hat zweifellos die Vielfältigkeit der Gesellschaft gesteigert, gleichzeitig aber den Zusammenhalt geschwächt und die Spaltung vergrößert. Fast zwei Drittel der 1000 Befragten (62 Prozent) betrachteten bei einer repräsentativen Untersuchung, geleitet vom bekannten Sozialwissenschaftler Rudolf Bretschneider im Auftrag des Österreichischen Integrationsfonds (ÖIF) und durchgeführt im September 2020, die Migration als die größte Gefahr für die österreichische Identität. Bemerkenswert sind die Angaben über die Konfliktfelder. Mit 55 Prozent findet eine Mehrheit, dass sich während der Dauer ihres Lebens der Zusammenhalt in Österreich verschlechtert habe; nur 9 Prozent sehen eine Verbesserung. Als besonders spaltende Themen sehen 95 Prozent der Befragten die Aufnahme weiterer Flüchtlinge, 83 Prozent die Zuwanderung nach Österreich und 80 Prozent schon im September 2020 die Maßnahmen während der Covid-19-Pandemie.[277]

Bereits im weiter oben genannten Aufsatz von Faßmann und Münz, also vor 30 Jahren, hieß es, die Aufnahmebereitschaft der einheimischen Bevölkerung sei »am schwersten beeinflussbar« und sie dürfte – ganz anders als etwa 1956 – nicht sehr hoch sein. Alle relevanten Untersuchungen bestätigen, dass die wirtschaftlichen Vorteile und die fiskalischen Leistungen von Zuwanderern erheblich größer sind als die kurzfristigen Belastungen des öffentlichen Haushaltes und der Sozialversicherungen. Faßmann und Münz wiesen schon damals darauf hin, dass sogenannte »Ausländerprobleme« vielfach nicht von Immigranten verursacht würden: »Arbeitslosigkeit, Kleinkriminalität, Schwarzarbeit, Wohnungsnot sowie Fremdenfeindlichkeit gäbe es bei uns auch ohne Zuwanderer.«[278]

Eine Schlüsselfrage bleibt in meinen Augen über die berufliche Integration hinaus das emotionale Verhältnis zu Österreich. Als 1956er politischer Flüchtling betrachte ich die Staatsbürgerschaft – so wie sechs von zehn Befragten in der Bretschneider-Studie – als bedeutsam für meine Identität als Österreicher. Nie werde ich vergessen, wie misstrauisch seinerzeit mein Fremdenpass trotz Visum bei den Grenzübergängen angeschaut wurde und wie stolz ich war, meinen ersten österreichischen Reisepass vorzuzeigen. Dieses Gefühl gibt literarisch am einprägsamsten dieses Gedicht von Bertolt Brecht wieder:

»Der Pass ist der edelste Teil
von einem Menschen.
Er kommt auch nicht
auf so einfache Weise zustand

wie ein Mensch.
Ein Mensch kann überall
zustandkommen,
auf die leichtsinnigste Art
und ohne gescheiten Grund,
aber ein Pass niemals.
Dafür wird er auch anerkannt,
wenn er gut ist,
während ein Mensch
noch so gut sein kann
und doch nicht anerkannt wird.«[279]

Erfreulich ist jedenfalls, dass in der zitierten Studie nur 40 Prozent den Geburtsort als erheblich für die Definition eines Österreichers ansehen. Wichtiger ist es, die deutsche Sprache zu sprechen (74 Prozent), Österreich als Heimat zu empfinden (69 Prozent) oder Lebensweise, Werte und Gebräuche in Österreich zu schätzen (61 Prozent). Ich stimme, als nicht in Österreich Geborener, mit jenen 41 Prozent überein, die es als wichtige Eigenschaft von Österreichern ansehen, einheimische Freunde zu haben. Kleine oder größere Gruppenbildungen von Migranten mit bewusstem oder unbewusstem Ausschluss von »echten Österreichern« halte ich mittel- oder langfristig für ein unüberwindbares Hindernis der vollständigen Integration. Kein Wunder, dass bei der Befragung 96 Prozent angaben, Zugewanderte müssten sich an die Werte und Gebräuche Österreichs anpassen.

Dass die Einbürgerung noch keine Integration bedeutet, ist eine Binsenweisheit. Das hat kaum jemand so einprägsam formuliert wie der als Kind mit seiner Familie aus Bulgarien geflohene, erfolgreiche deutschsprachige Schriftsteller Ilija Trojanow: »Der Geflüchtete ist eine eigene Kategorie Mensch

(...) Egal, wie viele Jahre seit seiner Flucht vergangen sind, die Einheimischen kennzeichnen ihn als jemanden, der etwas Essentielles nicht mit ihnen teilt. Selbst die kürzeste Biografie hat Platz für seine Bindestrich-Identität.«[280]

Ich gehöre nicht zu den dieser Tage überall tätigen Zukunftsforschern, die über die Folgen der weltweiten Zeitenwende – geprägt durch die Covid-19-Pandemie, den Klimawandel und den Krieg Russlands gegen die Ukraine – spekulieren und Schlussfolgerungen präsentieren. Ich hoffe nur, dass die zur Stunde an die Zeit des Ungarn-Aufstandes 1956/57 erinnernde Hilfsbereitschaft für die Flüchtlinge aus der Ukraine anhalten und mit dem neuerlichen Erfolg der Integration die Warnung Ilija Trojanows verstanden wird: »Die Gefahr ist nicht, dass wir überfremdet werden, sondern dass uns die Fremde ausgeht.«[281]

ÖSTERREICH 2022: EIN BETRÜBLICHES SITTENBILD

Österreich war zuletzt nur in zwei kurzen Perioden – zwischen 2017 und 2019 während der türkis-blauen Koalitionsregierung und dann 2019/20 zur Zeit der Turbulenzen vor dem Rücktritt von Sebastian Kurz – »unter Beobachtung«[282] der internationalen Gemeinschaft und der Medien. Angesichts der prekären Struktur des ersten ÖVP/Grünen-Koalitionsexperiments und der anhaltend niedrigen Beliebtheitswerte der Regierungsparteien in den Meinungsumfragen scheint eine vorgezogene Wahl vor 2024 aus der Warte dieser beiden Parteien derzeit kaum eine realistische Alternative zu sein. Der vom SORA-Institut ins Leben gerufene »Österreichische Demokratie Monitor« hat Ende 2021 zum vierten Mal die Resultate repräsentativer Umfragen über die Einstellung zum politischen System in Österreich präsentiert[283] und festgestellt, dass beinahe sechs von zehn Menschen davon überzeugt sind, dass das politische System weniger oder gar nicht gut funktioniert. Vor allem die Maßnahmen zur Pandemiebekämpfung und die Chats um Sebastian Kurz (die Inseraten-Affäre) sind verantwortlich dafür, dass das Systemvertrauen auf dem Tiefpunkt ist. Trotzdem bekennen sich neun von zehn Menschen zur Demokratie als bester Staatsform. Wichtig ist auch, dass der Anteil jener, die für »einen starken Führer sind, der sich nicht um Parlament und Wahlen kümmern muss«, mit 20 Prozent seit 2018 gleich geblieben ist. Allerdings findet man bei dieser Frage über die Sehnsucht nach starken politischen Führungspersönlichkeiten 2014 einen wesentlich höheren Prozentsatz, nämlich 29 Prozent, ebenfalls bei einer Umfrage des SORA-Instituts.[284]

Die Studienautorin Martina Zandonella sieht vor allem auch eine beunruhigende Entwicklung bei den Menschen im untersten Einkommens-Drittel: 84 Prozent fühlen sich als »Menschen zweiter Klasse« behandelt und vier Fünftel sehen sich im Parlament nicht vertreten. Alarmierend ist auch die Tatsache, dass 41 Prozent der Menschen davon ausgehen, dass das, was die Chats um Kurz gezeigt haben, typisch für alle Parteien ist. Nahezu am laufenden Band zeigen Studien und Umfragen das bröckelnde Vertrauen zu den Institutionen und die Unzufriedenheit mit den Regierenden, die Ängste vor den Folgen der Pandemie, des Klimawandels und der Wirtschaftskrise.

Die Neutralitäts- und NATO-Debatte

Zur Stunde richten sich alle Blicke auf den Angriffskrieg Russlands gegen die Ukraine und die unberechenbaren Folgen der Handlungen eines atomar bewaffneten Diktators in Bedrängnis. Die Bedrohung von außen führte bei den aufgeschreckten neutralen Staaten im Norden, Finnland und Schweden, dazu, dass sie im Mai 2022 einen Antrag auf Beitritt zur NATO stellten, zu jenem Militärbündnis, das vor einigen Jahren Donald Trump als »obsolet« und Präsident Macron als »hirntot« bezeichnet hatten. Wie nicht anders zu erwarten, brach fast sofort auch in Österreich eine Neutralitätsdebatte aus, und Andreas Kohl, gescheiterter ÖVP-Präsidentschaftskandidat und früherer Nationalratspräsident, sprach sich sogar sofort für einen NATO-Beitritt Österreichs aus. Bereits vor 20 Jahren hatte sich Wolfgang Schüssel als Förderer einer Vollmitgliedschaft bei der NATO zu Wort gemeldet und am Nationalfeiertag 2001 als Bundeskanzler die Neutralität mit Mozartkugeln und Lipizzanern, also liebenswerten, aber letztlich bedeutungslosen Mythen, verglichen.[285] Bundeskanzler Karl Nehammer, Nachfolger des Kurzzeit-Regierungschefs Alexander Schallenberg, wollte die Debatte mit einem umstrittenen verbalen Schlussstrich beenden, bevor sie richtig beginnen konnte: »Österreich war neutral, Österreich ist neutral, Österreich wird auch neutral bleiben.«[286] Sein Versuch misslang, weil die Diskussion mit manch guten Vorschlägen vielfach auch von Heuchelei geprägt war. Zielführende und glaubwürdige Debatten über unsere Sicherheitspolitik müssten, glaube ich, vor allem von anerkannten Experten über die sinnvolle Verwendung eines erhöhten Bundesheerbudgets geführt und die Prioritäten von entsprechend ausgebildeten Managern ausgeführt werden. Die gegenwärtige ressortverantwortliche Politikerin sollte sich wieder ihrem so wichtigen eigentlichen Fachbereich, nämlich der Landwirtschaft, widmen.

Alle Umfragen seit eh und je zeigen, dass die Aufgabe der Neutralität bzw. ein Beitritt zur NATO von 80 Prozent der Bevölkerung abgelehnt wird. Ein solcher Versuch wäre also für jede Partei oder Regierung politischer Selbstmord. Dass Österreich mit derzeit 0,6 Prozent des Bruttoinlandsprodukts nach Irland den mit Abstand niedrigsten Anteil der Militärausgaben unter den EU-Ländern aufweist, gefährdet deshalb die Sicherheit des Landes nicht wirklich, weil Österreich (wie die Schweiz und Liechtenstein) ausschließlich von

EU- und NATO-Ländern umgeben ist. Dass die russische Regierung Österreich wegen der »emotionalen, antirussischen Rhetorik« der Bundesregierung nur als »scheinbar neutral« abqualifiziert hat, ruft die Vorwürfe der Sowjetunion nach der Niederschlagung des Ungarnaufstandes 1956 in Erinnerung. Bereits am 28. Oktober 1956 verlangte die ÖVP/SPÖ-Regierung unter Bundeskanzler Julius Raab in einem dramatischen Appell an die sowjetische Führung das Ende der Kampfhandlungen und dass »durch die Wiederherstellung der Freiheit im Sinne der Menschenrechte der Europäische Friede gestärkt und gesichert werde«. Kein anderes neutrales Land hat in dieser eindeutigen Form für die Freiheitsrechte der Ungarn Stellung bezogen. Manche führende Schweizer Politiker und Militärs kritisierten sogar die österreichische Haltung, die die Sowjets als »Provokation« empfinden mussten. Dabei waren damals nur einige Hundert Gendarmen und bis zum 2. November lediglich 1537 Mann des Bundesheers an der Grenze im Einsatz. Österreich hatte ein Jahr nach dem Staatsvertrag vor aller Welt den Unterschied zwischen militärischer Neutralität und weltanschaulichem Neutralismus demonstriert.[287] Seit der EU-Mitgliedschaft und der Teilnahme an der gemeinsamen Außen- und Sicherheitspolitik bedeutet die österreichische Neutralität im Wesentlichen ausschließlich: keine Zugehörigkeit zu Militärbündnissen, keine militärischen Stützpunkte auf österreichischem Gebiet und die Nichtteilnahme an Kriegen.[288]

In einem bemerkenswerten Leitartikel – »Die Neutralitätsdebatte illustriert die Krise der österreichischen Eliten« – rechnete der linksliberale Herausgeber und Chefredakteur der Wochenzeitung *Falter* Armin Thurnher mit der Scheinheiligkeit und Verlogenheit der kurz zuvor aufgeflammten Debatte ab.[289] Zugleich zählte er auf, welche vielfältigen und wichtigen Funktionen ein neutraler Staat haben könnte, und zog die Schlussfolgerung, der neutrale Staat müsste aber zuerst ein nach diesen Prinzipien funktionierender Staat sein. Ich bin auch dieser Meinung und meine auch, statt einer NATO-Debatte sollte man eine Debatte über die Außenpolitik eines echt neutralen Staates führen.

Kneissls Knicks vor Putin war nicht der Anfang

Es gibt nämlich, über die vielfältigen direkten Folgen des Ukrainekrieges hinaus – Flüchtlingsstrom, Wirtschafts- und Energieprobleme –, derzeit auch eine wenig beachtete potenzielle Gefahr, die sozusagen von innenpolitischen Akteuren ausgeht. Statt einer moralisch glaubwürdigen und staatspolitisch einwandfreien Haltung gegenüber Putins Russland, Orbáns Ungarn und den, manchmal nur zeitweilig regierenden, autoritären Regierungen in der Slowakei (Robert Fico) und Tschechien (Andrej Babiš), in Slowenien (Janez Janša) und Bulgarien (Bojko Borissow), in Belarus (Alexander Lukaschenko) und Serbien (Aleksandar Vučić)[290] hat man in den letzten Jahren immer wieder bedenkliche Tendenzen der unprofessionellen Naivität und verdeckter Komplizenschaft, geschmückt mit geistiger Fahrlässigkeit und der Ignoranz entsprungenem Hochmut beobachten können. Diese von einzelnen Politikern, Managern, Investoren und Journalisten vertretene Haltung war und ist politisch brandgefährlich und auch wirtschaftlich schädlich.

Man darf nicht vergessen, dass die österreichische Russland-Politik nicht erst mit dem Knicks Kneissls nach dem Walzer mit Putin oder mit den verbalen Unterwerfungsgesten von Kurz in eine bedenkliche Richtung gerutscht ist. Schon Jahre zuvor hatte Ex-SPÖ-Bundeskanzler Gusenbauer, wie schon im Kapitel »Geld statt Gesinnung« beschrieben, als fürstlich bezahlter Lobbyist für autoritäre postsowjetische Regime noch immer als einer der Vizepräsidenten der Sozialistischen Internationale und als Präsident des SPÖ-Renner-Institutes gewirkt. Noch wichtiger war seine Rolle als Co-Vorsitzender der vom Putin-Vertrauten und früheren Chef der russischen Staatsbahnen, Wladimir Jakunin, geführten Denkfabrik »Dialog der Zivilisationen« in Wien/Moskau, seit 2016 in Berlin. Er wurde noch als Bundeskanzler mit deren »Internationalem Preis« ausgezeichnet. Der Ex-Bundeskanzler hielt immer wieder Vorträge – so kritisierte er bei einer groß angelegten Veranstaltung der Organisation auf der griechischen Insel Rhodos die nach der Annektierung der Krim verfügten westlichen Sanktionen gegen Russland: »Sie sind kein Weg aus der Krise, sondern sie führen tiefer in die Krise.«[291]

In seinen Fußstapfen bewegte sich sein Nachnachfolger Christian Kern, der während seiner kurzen Kanzlerschaft keine Zeit verlor, sich beim Sankt Petersburger Wirtschaftsforum auch im Interview mit dem international tätigen russischen Propagandasender Sputnik »für die schrittweise Aufhebung der EU-Sanktionen« auszusprechen.[292] Ähnlich äußerten sich seine Begleiter Siegfried Wolf, Ex-Magna-Chef und langjähriger Manager im Konzern des russischen Oligarchen Oleg Deripaska, und Rainer Seele, Vorstandsvorsitzender der OMV, beide erhielten bei Gelegenheit von Putin auch den »Orden der Freundschaft«.

Beim Petersburger Wirtschaftsforum wurde laut Presseberichten[293] Kern, der einzige anwesende EU-Regierungschef, als »Stargast« behandelt und von Putin bei einem gemeinsamen Fototermin und Pressegespräch sogar geduzt. Kern kritisierte die EU-Sanktionen, in deren Folge das österreichische Bruttosozialprodukt 0,3 Prozent einbüßte. Während Kerns Kanzlerschaft wurde zudem die Einrichtung des Sotschi-Dialogs in die Wege geleitet. Dieses österreichisch-russische Forum in der Schwarzmeerstadt Sotschi soll zur Stärkung der bilateralen Beziehungen und zum zivilgesellschaftlichen Austausch zwischen den beiden Ländern beitragen. Offiziell gestartet wurde der Sotschi-Dialog im Mai 2019 während des Besuches von Bundespräsident Alexander Van der Bellen. Aufgrund der aktuellen Entwicklungen sind die Projekte des österreichisch-russischen zivilgesellschaftlichen Forums Sotschi-Dialog jedoch bis auf Weiteres ruhend gestellt.

Kern verzichtete zwar nach öffentlicher Kritik kurz nach dem russischen Angriff auf seine Funktion als Aufsichtsrat der russischen Staatsbahnen, der er seit Juli 2019 war, aber noch zwei Tage davor hatte er sich gegen »eine Rhetorik der donnernden Faust« ausgesprochen: »Sanktionen haben bestenfalls symbolische Wirkung. Einen Regime- oder Politikwechsel können sie nicht bewirken.« Außerdem sei nicht alles an der russischen Argumentation falsch.[294] Auch in der ORF-Sendung *Im Zentrum*[295] plädierte er für Verständnis gegenüber Russland und verwies auf die 26 000 russischen Soldaten, die für die Befreiung Österreichs ihr Leben geopfert hätten. Ganz abgesehen davon, dass unter den gefallenen Soldaten auch viele Ukrainer, Weißrussen etc. gewesen waren, werden solche Hinweise in Österreich und Deutschland zu Recht als absurde Versuche der Putin-»Versteher« betrachtet, von der Aggression und den Kriegsverbrechen des heutigen Regimes abzulenken.

Folgenschwere Abhängigkeit von russischem Gas

Es dürfte kein Zufall gewesen sein, dass bei einer Reise von Bundeskanzler Sebastian Kurz nach Petersburg ein Jahr später, im Herbst 2018, bei der ein Treffen mit Putin auf dem Programm stand, die gleiche »Mannschaft«, nämlich Siegfried Wolf und Rainer Seele, diesmal ergänzt durch den Milliardär René Benko, seine Begleitung bildete. Dass dank Wolf, der zwischen 2002 und 2015 im Aufsichtsrat der Staatsholding ÖIAG saß, ab 2014 als deren Aufsichtsratsvorsitzender, und dem von ihm favorisierten deutschen Manager Rainer Seele als OMV-Vorstandschef (2015–2021) der österreichische Mineralölkonzern völlig auf die engste Zusammenarbeit mit der russischen Gazprom ausgerichtet wurde, war ebenso bekannt wie ihr gutes Verhältnis zu Präsident Putin. Dass Österreich wie kaum ein anderes europäisches Land an Moskaus Gas-Tropf hängt, ist kein Zufall, sondern ihr »Verdienst« …

Der ausgebootete Vorgänger Seeles als OMV-Chef, Gerhard Roiss, enthüllte in einem aufsehenerregenden *profil*-Interview den Hintergrund. Er habe nach dem russischen Angriff beschlossen, »nicht mehr schweigend darüber hinwegzusehen, dass Österreich und die OMV von einer Gruppe von Leuten, allesamt Putin-Versteher, gezielt in eine Abhängigkeit von Russland gelenkt wurde. Diese Leute haben ihre eigenen finanziellen Interessen über jede Moral gestellt.«[296] Im Interview wurde auch thematisiert, dass der faktische Eigentümervertreter der OMV zwischen 2014 und 2017 ÖVP-Finanzminister Hans Jörg Schelling war, der nur einige Monate nach seinem Ausscheiden aus dem Amt Berater von Gazprom für das Nordstream-2-Pipeline-Projekt wurde, an dem auch die OMV beteiligt ist. »Schon während seiner Amtszeit hatten gemeinsame Russland-Besuche mit Seele und Siegfried Wolf in der Branche Aufsehen erregt«, hieß es in den Medien.[297] Ex-OMV-Chef Roiss: »Hier zeigt sich ein generelles Problem, das in den vergangenen fünf, sechs Jahren sichtbar wurde – die enge Verzahnung zwischen Politik und Wirtschaft. Wir haben nun nicht mehr nur Oligarchen aus dem Osten, wir haben längst auch kleine Austro-Oligarchen.«[298] Die teilstaatliche OMV und die russische Gazprom haben ihren bestehenden Gasliefervertrag, der bis 2028 laufen würde, im Juni 2018 in Wien im Beisein von Russlands Präsident Wladimir Putin bis 2040 verlängert. Ein Foto zeigt die beiden Firmenchefs Seele und Alexei Miller in fast inniger Umarmung, im Hintergrund stehen jovial lächelnd Kurz und Putin. Einige Wochen später nahm Putin an Kneissls Hochzeit in der Südsteiermark teil, die Bilder vom Tanz des russischen Staatschefs mit der österreichischen Außenministerin sorgten für weltweite kritische und hämische Kommentare. Dass Sebastian Kurz im Oktober desselben Jahres offiziell zur Eröffnung einer Ausstellung nach Moskau fuhr und damit Putin innerhalb eines Jahres zum vierten Mal traf, hat die Beobachter, nicht nur in Österreich, verwundert.[299]

Die Rolle der blauen Außenministerin Kneissl und die Folgen der türkis-blauen Koalitionsära, als alle Nachrichten- und Abwehrdienste unter Kontrolle der FPÖ-besetzten Innen- und Verteidigungsministerien waren, schädigen übrigens noch Jahre später das Ansehen Österreichs. Die Spitzenführung der FPÖ hatte bekanntlich Ende 2016 in Moskau mit der Kreml-Partei Einiges Russland eine »Vereinbarung über Zusammenwirken und Kooperation« unterzeichnet. Die beiden Parteien vereinbarten demnach unter anderem, regelmäßig über aktuelle Fragen zur Situation in Russland und Österreich zu beraten und Erfahrungen in Bereichen wie Parteiaufbau,

Jugendpolitik und Gesetzgebung auszutauschen. Unterstützt werden sollte zudem die Entwicklung der Zusammenarbeit im Wirtschafts- und Handelsbereich. Als das EU-Parlament nach dem russischen Angriff auf die Ukraine ein schärferes Auftreten der Europäischen Union gegen die Einmischung von Russland und China, einschließlich Sanktionen, verlangte, nannte der von den Abgeordneten in Straßburg beschlossene Bericht ausdrücklich die frühere Außenministerin Karin Kneissl (FPÖ) und die Freiheitliche Partei als Negativbeispiele für die Einflussnahme des Kreml auf die EU. Russland versuche über Parteien wie die FPÖ und andere rechtsgerichtete Parteien wie den Rassemblement National in Frankreich und die italienische Lega seine Position in den EU-Institutionen zu legitimieren, für eine Abschwächung der Sanktionen zu lobbyieren und die Folgen seiner internationalen Isolation abzumildern, heißt es in dem Bericht.[300] All das hindert die FPÖ nicht daran, auch inmitten des Ukrainekrieges ein Ende der Sanktionen gegen Russland – »im Hinblick auf die österreichische Neutralität« – zu fordern.[301]

Die brisanten Chat-Protokolle

Zurück zur Rolle des schon mehrmals erwähnten Unternehmers Siegfried Wolf, der aufgrund der inzwischen bekannt gewordenen Chats bei der Anknüpfung der Fäden zwischen Moskau und Wien eine Schlüsselrolle gespielt haben dürfte. Der 65 Jahre alte Multimillionär war 15 Jahre lang Spitzenmanager beim Magna-Autokonzern von Frank Stronach und anschließend bis 2019 Chef und Mitbesitzer einer Fahrzeug- und Maschinenbaufabrik in Russland, die mehrheitlich dem Imperium des Putin-nahen Oligarchen Oleg Deripaska gehörte.

Darüber hinaus war Wolf Aufsichtsratsvorsitzender der europäischen Niederlassung der größten russischen Bank, der Sberbank in Wien. Bundeskanzler Kurz hatte Wolf sehr geschätzt und wollte ihn wieder zum Vorsitzenden der umstrukturierten Staatsholding ÖBAG vorschlagen.

Die im März 2022 bekannt gewordenen Chats zeigen, wie Kurz bei der versuchten Abmilderung von US-Sanktionen gegen den russischen Oligarchen auf wiederholte Bitten von Wolf helfen sollte:[302] Unter anderem im *Standard* wurden die wiederholten Chat-Bitten Wolfs veröffentlicht. Dieser schrieb am 6. November 2018: »Sebastian guten Morgen – wenn du heute mit US redest dann sollten die uns bitte sagen was US noch von uns verlangt?« Einen Monat später bat er Kurz sogar, den damaligen US-Finanzminister Steve Mnuchin oder Außenminister Mike Pompeo anzurufen: »Ich brauche nochmal deine Hilfe in meiner Angelegenheit.« Am 21. Februar 2019, während der Reise von Sebastian Kurz in die USA, schrieb ihm Wolf wieder wegen der Sanktionen gegen Deripaskas Autokonzern GAZ, an dem auch Wolf beteiligt war: »Lieber Sebastian – guten Morgen. Sag konntest du etwas erreichen? Bitte um Info – Danke Sigi«. Die Antwort: »Lieber Sigi! War sehr, sehr gut. Bitte lass uns direkt reden sobald ich in Wien bin. AL«, so der damalige Kanzler. Was »sehr, sehr gut« genauer bedeutet, ist nicht bekannt. Allerdings: Deripaska steht nach wie vor auf der US-Sanktionsliste. Wolf probierte es auch später noch – im Januar 2020, also schon in der türkis-grünen Koalition – und bat Kurz, er möge »noch einmal White House (…) bitte anrufen«.

Es muss für einen normalen Staatsbürger wie ein Ausschnitt aus einer Netflix-Serie scheinen, wie ein österreichischer Unternehmer den eigenen Regierungschef bittet, bei zwei US-amerikanischen Kabinettsministern zugunsten eines der reichsten russischen Oligarchen zu intervenieren. Was in anderen demokratischen Ländern ein Megaskandal gewesen wäre, wurde von, für die Öffentlichkeit leichter verständlichen, pikanten Details über den Verdacht gegen Wolf selbst auf Bestechung einer Finanzbeamtin zur Lösung der eigenen Steuerprobleme überschattet. Im Dezember 2021 wurde bekannt, dass die österreichische Wirtschafts- und Korruptionsstaatsanwaltschaft bereits seit Juli 2021 gegen den ehemaligen österreichischen Generalsekretär im Finanzministerium Thomas Schmid und weitere namentlich nicht genannte Personen wegen Bestechlichkeit bzw. Bestechung ermittelte. Wolf sollen in diesem Zusammenhang rechtswidrig 629.941 Euro Steuerschulden erlassen worden sein. Eine zuständige Finanzbeamtin soll für ihre Mitwirkung befördert worden sein. Es gilt, wie immer, die Unschuldsvermutung. In der Folge kam es bei betreffender Finanzbeamtin zu Durchsuchungen im Büro und in der Wohnung durch die WKSta, bei Siegfried Wolf wurde das E-Mail-Postfach sichergestellt. Im Privatanwesen der Finanzbeamtin sollen laut Zeitungsberichten Steuerakten von Wolf aufgefunden worden sein.[303] In diesem Zusammenhang wurde ein Chat zwischen Thomas Schmid und einem Beamten im Kabinett des damaligen Finanzministers Hans Jörg Schelling bekannt. Am 6. Januar 2017 wandte sich »Sigi« (Wolf) an Thomas (Schmid) mit der Bitte, ihn bei der Anfechtung eines Steuerbescheids zu unterstützen. Im *profil* vom 22. Dezember 2021 ist der folgende Chat dokumentiert: Der Beamte schrieb an Schmid: »Weiß nicht genau was er meint … ich frag am Montag … nach was da los ist.«

Thomas Schmid antwortete: »Bitte treffe seinen Steuerberater am Montag … Chef hat ihm das zugesagt.«

Chef im Finanzressort war damals Hans Jörg Schelling.

Darauf der Mitarbeiter: »Sounds like fun-ok.«

Thomas Schmid: »Juhu! Bestes Programm zum Start in eine erfolgreiche Saison.«

Eine halbe Minute später, so Stefan Melichar und Michael Nikbakhsh in ihrem *profil*-Bericht, »reichte Schmid eine schnell getippte Nachricht nach, die nicht so sehr strafrechtliche als vielmehr politische Relevanz hat. Sie verdichtete das türkise Selbstverständnis in einem Satz:«

»Vergiss nicht – du hackelst in einem ÖVP Kabinett!! Du bist die Hure für die Reichen!«

»Danke, dass wir das so offen besprechen können!«, antwortete der Kabinettsmitarbeiter ...[304]

Beamte als »Hure für die Reichen«: Das wurde blitzschnell ein geflügelter Spruch österreichischer Provenienz.

Die Freunde von Putins Russland

Zum Abschluss der Charakterisierung des Verhältnisses von Wolf zu Putins Russland möchte ich noch an seine Lobgesänge auf Putin erinnern. So hat er nach der Annexion der Krim in einer Rede in Graz erklärt, er kenne den russischen Präsidenten Putin, mit dem er regelmäßig »sehr persönliche Gespräche« führe, sehr gut. Putin reagiere auf Kritik »positiv, cool und da ist er ein sehr, sehr, sehr korrekter Mann«. Putin habe »Leadership«, was er »in großem Maße« in der EU vermisse. »Da würde ich mir ein bissl mehr russische Demokratur wünschen. Dass Leute entscheiden und zu den Entscheidungen stehen. Wenn ich mir die EU anschaue, braucht es hier eine klare Führung, die hat Putin, auch wenn ich nicht immer seiner Meinung bin«, sagte Wolf. Man habe »hier ja keine Ahnung, welche Zustimmung er hat. Er gilt als einer, der sich nichts gefallen lässt«.[305] In einer Reihe von Interviews hat Siegfried Wolf die Annexion verteidigt und Putins Führungsqualitäten gelobt: »Ich kann nur Positives berichten, was ich mit Herrn Putin erlebt habe. Ein solches Land braucht eine starke Führung.«[306]

Es ist also nicht übertrieben, Siegfried Wolf als den Frontmann der sichtbaren Fraktion der Putin-Freunde in Österreich zu betrachten. Die Publizistin Anneliese Rohrer stellte in Erinnerung an Ungarn 1956 und die Tschechoslowakei 1968 »eine der eigenartigsten Fragen: Was macht die emotionale Bindung Österreichs an Russland aus? Gehören Lobhudelei, Liebdienerei, Opportunismus, Egoismus, die Sucht, im fremden Glanz zu sonnen, und die Hoffnung auf finanziellen Profit dazu? Was für ein fundamentales Missverständnis.«[307]

Wer erinnert sich noch an die Enthüllungen des früh verstorbenen Aufdecker-Journalisten Kurt Kuch (1972–2015) über die Blitzeinbürgerung der Tochter des früheren russischen Präsidenten Boris Jelzin, Tatjana Jumaschewa, die am 26. November 2009 laut seinem Bericht auf Betreiben des Magna-Konzerns stattgefunden haben soll. Begründet wurde die Blitzeinbürgerung damit, dass dies im besonderen Interesse der Republik läge. Walentin Jumaschew war Jelzins Kabinettschef, Jumaschews Tochter aus erster Ehe war mit dem Oligarchen Deripaska verheiratet. Neben Tatjana Jumaschewa, geborene Jelzina, erhielten auch ihr Mann Walentin Jumaschew sowie die in London geborene Tochter Maria die österreichische Staatsbürgerschaft. Auf Beweise für »Deutschkenntnisse, Grundkenntnisse der demokratischen Ordnung und Geschichtskenntnisse« wurde, so Kurt Kuch, verzichtet. Die mehrere Jahre lang in einem bescheidenen Winzerhaus am Neusiedlersee gemeldete Familie hat der Vermieter nie gesehen. Ab

2013 war die Familie Jumaschews, der übrigens auch für den Strabag-Konzern in Russland tätig war, in einem Stadtpalais angemeldet. Dessen Eigentümer war Ex-Magna-Chef Siegfried Wolf, schon damals tätig für Oleg Deripaska. Kurt Kuch thematisierte auch die wichtige Rolle Wolfs über seine in Zypern registrierte Firma bei dem letztlich geplatzten russisch-österreichischen Versuch zur Übernahme der Opel AG.[308]

Kuch wies auch darauf hin, dass es in Österreich aufgrund zahlreicher rigider Vorschriften nicht einfach sei, im Eilzugstempo Österreicher zu werden. Die vorzeitige Erteilung einer österreichischen Staatsbürgerschaft wurde in den letzten Jahren selbst ausgezeichneten Wissenschaftlern verwehrt. Ich darf hier auch aus persönlicher Erfahrung bestätigen, dass die Zustände in der Magistratsabteilung 35 für Einwanderung und Staatsbürgerschaft noch 2016 haarsträubend waren, als meine Frau Zsóka nach 13 Jahren gemeldeten Aufenthalts in Wien eingebürgert wurde. Laut Zeitungsberichten sind die Zustände bis vor Kurzem nicht besser geworden. Wenn man sich die unglaublich strikten Bedingungen und die Berichte über die vielen Fälle von verzweifelten Antragstellern ansieht, dann wird die Ungeheuerlichkeit der verschenkten Staatsbürgerschaften an vermögende und politisch einflussreiche Russen erst wirklich greifbar. Zur Zeit des von Kurt Kuch entdeckten Einbürgerungsskandals war übrigens Werner Faymann Bundeskanzler, der für die Angelegenheit zuständige Wirtschaftsminister war Reinhold Mitterlehner, der als Vizekanzler Anfang 2016 mit dem russischen Freundschaftszeichen ausgezeichnet wurde.

Flirt mit autoritären Nachbarn

Man darf sich allerdings beim Blick auf die Verführung durch die Regime der »starken Männer« nicht nur auf Putins Russland konzentrieren. Die Kurz/Strache-Regierung pflegte auch die Kontakte mit Viktor Orbán in Ungarn und Aleksandar Vučić in Serbien, trotz Kritik der Opposition und aus Brüssel, sehr intensiv, geradezu demonstrativ. Am Vorabend der ungarischen Parlamentswahlen 2018 absolvierte Orbán einen offiziellen Besuch in Wien. Schöne TV-Bilder zeigten, wie die ganze Führungsgarnitur der FPÖ in der ungarischen Botschaft Orbán ihre Reverenz erwies. Trotz der Liebedienerei durch Kurz, der im Juni 2018 sogar an einem Treffen der Visegrád-Staaten in Budapest teilnahm und die EU mit den stereotypen Phrasen – »man wolle als Brückenbauer fungieren und als solcher ein Signal nach Osten senden« – beruhigte, gehörte Orbáns wahre Liebe den Freiheitlichen. So begrüßte er als Gastgeber Vizekanzler H.-C. Strache in Budapest im Mai 2019 überschwänglich und erklärte der *Kleinen Zeitung* in einem Interview: »Europa sollte das Modell Österreich übernehmen. Die rechte Mitte arbeitet mit der Rechten zusammen. Von Budapest aus betrachtet, scheint das erfolgreich zu sein.«[309] Zwei Wochen später explodierte die »Ibiza-Bombe« mit den aufgenommenen brisanten Lobliedern Straches: Wir wollen eine Medienlandschaft, ähnlich wie Budapest. Orbáns Aufbauer Heinrich Pecina könne Strache sich als Helfer für eine Übernahme der *Krone* vorstellen.[310]

Kurz blieb aber auch nach der Bildung der neuen Koalitionsregierung mit den Grünen bis zum Ende seiner Kanzlerschaft bei dieser Linie und forderte »Fairness für Polen und Ungarn«.[311] Darüber hinaus intensivierte er die Beziehungen mit dem Orbán-nahen, rechtspopulistischen slowenischen

Regierungschef Janez Janša, ging mit ihm sogar bergsteigen und wünschte ihm auf Facebook viel Erfolg bei den Parlamentswahlen. Diese hat Kurz' Freund allerdings im April 2022 haushoch verloren. Er machte auch seine Aufwartung beim autoritären, nationalistischen serbischen Staatspräsidenten Aleksandar Vučić in Belgrad. Kurz bekam bei diesem Anlass sogar den »Orden der Republik Serbien am Band« für seine »Verdienste um die Beziehungen mit Serbien und der gesamten Region des Westbalkans.«[312]

Da fragen sich kritische Beobachter: Ist das alles bloß eine Mischung aus abgrundtiefer Ignoranz, angeborener Eitelkeit mit Naivität, oder mehr? Ist das eher so, wie Hans Rauscher meint, Kurz halte die osteuropäischen autoritären Herrscher für Vorbilder?[313] Oder hat sogar Armin Thurnher recht in seinem »Abschiedsleitartikel«: Kurz sei zweifach gescheitert: europäisch und staatlich. Er habe Österreich in eine ostmitteleuropäische Position geführt. »Statt bei der Demokratisierung und der Behebung rechtssystematischer Probleme von Staaten wie Ungarn und Polen oder Slowenien zu helfen, stellte er sich an die Seite der rechtsextremen Staatsführungen und diskreditierte dazu noch die Justiz im eigenen Land (...) Kurz war kein politisches Talent, sondern eine polit-schaustellerische Hochbegabung mit abgeschaltetem moralischem internem Warnsystem.«[314] Oder waren es die beiden zynischen ÖVP-Granden Wolfgang Schüssel und Andreas Khol, denen er in seiner Abschiedsrede ausdrücklich für ihren Rat dankte, die seinen Weltblick mitgeprägt hatten? Wir wissen all das nicht, aber die Tatsache, dass er bei dem bizarr-schrecklichen US-amerikanisch-deutschen Milliardär und Politaktivisten Peter Thiel als eine Art »Europa-Botschafter« angeheuert hat, scheint eher die düstere Version zu bestätigen.

Message-Control mit teuren Folgen

Wie wichtig es für die Kurz-Regierungen, oder, präziser formuliert, für den Regierungschef war, die Medien zu kontrollieren, zeigt der enorm große Apparat im Bundeskanzleramt. Allein das Kanzlerkabinett hatte 38 Mitarbeiter. Dazu kam die Stabsstelle »Think Austria« mit 6 Mitarbeitern. Weiters die Medienmitarbeiter mit einem Gesamtstand von 59 Personen. Insgesamt zählt man 109 Personen, diese Zahl beinhaltet aber auch die Funktionen des früheren Bundespressedienstes. Ein versierter Beobachter, selbst früherer Spitzenbeamter im Haus, rechnet mit etwa 64 unmittelbar für den Kanzler arbeitenden Presseleuten.[315] In seinem richtungsweisenden Buch *Hofräte, Einflüsterer, Spin-Doktoren* weist der langjährige Präsidialchef des Bundeskanzleramtes Manfred Matzka auf die Gleichschaltung der Regierungskommunikation (»message control«) vor allem unter Sebastian Kurz hin. Dazu zählen auch die PR-Beratung und die Außenkommunikation. Die Ausgaben dafür lagen 2005 bei 30 Millionen, 2018 bereits bei 45 Millionen Euro. Man darf auch die Studien und Gutachten nicht übersehen, die erstellt wurden. 2015/16 wurden von den Ministerien Aufträge für 180 Expertisen um 17 Millionen Euro vergeben. Im Jahr 2018 explodierte die Zahl derartiger Aufträge auf 2200. Zur Zeit der Drucklegung der Matzka-Studie standen die Kostenschätzungen dafür noch nicht zur Verfügung. Er schätzt die Ausgaben des Bundes, der Länder und der staatsnahen Wirtschaft für Beratung und Werbung seit dem Jahr 2000 auf zwei Milliarden Euro. Was für ein gewaltiger Sprung in der Anzahl der Mitarbeiter und der Summe der Ausgaben im Vergleich zur Zeit der Regierungen Josef Klaus (1964–1970) und Bruno Kreisky (1970–1983).[316]

Der Politikwissenschaftler Oliver Rathkolb hat in einem Artikel über die politische Beeinflussung von Medien festgestellt, dass die österreichische Regierung von 2013 bis Mitte 2020 117,2 Millionen Euro an Steuermitteln auf Inserate – vorzugsweise in Boulevardmedien – verwandte. »Die Bundesregierung in Berlin gab im selben Zeitraum nur etwas mehr – 129,8 Millionen – aus. Pro Kopf der Bevölkerung gerechnet, ergab das für das Jahr 2013 in Österreich 1,82 Euro, in Deutschland waren es zehn Eurocent«, so Oliver Rathkolb in der FAZ.[317] Eine österreichische Spezialität stellten zweifellos die Inserate mit den abgebildeten Ministern und Ministerinnen dar. Eine besondere Rolle spielen auch manche Bankiers. Der Generaldirektor der Oberbank, Franz Gasselsberger, erspart seinen Aktionären viel Geld, indem er selbst und allein, jeweils anders angezogen, immer wieder in großen Inseraten die Vorteile der Regionalbank anpreist. Es gibt wohl nirgends in Westeuropa, ja, wahrscheinlich auch nicht in den Vereinigten Staaten, einen so aktiven Bankchef, der so oft allein für die Zeitungsleser die Vorteile seiner Bank hervorhebt.

So etwas hat Andreas Treichl, der ein Vierteljahrhundert lang an der Spitze der viel größeren Erste Bank stand, nach meinen Informationen nie gemacht. Ins Rampenlicht der Öffentlichkeit trat er im Mai 2011. Als »Wutbanker« hatte er das politische Personal in Österreich als »feig«, »blöd« und »ahnungslos« kritisiert. In einer geistreichen und spöttischen Erwiderung[318] gab der Politikwissenschaftler Anton Pelinka zwar zu, dass es in höchsten Ämtern Dilettanten geben dürfte, doch betonte er zugleich: »Das Ausmaß an Dummheit, das man in der Politik ausmachen mag, [ist] deutlich stärker demokratisch legitimiert als das analoge Ausmaß an Dummheit bei Bankern oder Managern. Ein Staat wird dann von ›blöden‹ Politikern regiert, wenn diese von den Wählern in ihre Ämter berufen wurden. Kann das auch über ›blöde‹ Banker gesagt werden?« Auch das wurmte den Bankdirektor, so Pelinka, dass viele Politiker nicht kapierten, »warum es notwendig sein sollte, die Entschädigung für die Aufsichtsratsmitglieder der Ersten Bank zu verdoppeln, wo doch das Geldinstitut gerade erst mit Steuermitteln gerettet worden war«. Politisch schädlicher scheint für mich seine Initiative zu sein, die er unternahm, Anfang 2015 den bereits voll auf Viktor Orbáns Kurs befindlichen ungarischen Staat mit 15 Prozent an Bord der ungarischen Erste-Tochterbank zu nehmen, ebenso wie die Osteuropabank EBRD.[319] Seitdem hat das Orbán-Regime den Bankensektor im Interesse der von Orbán kommandierten Kleptokratie umgekrempelt. Die Erste Bank dient ihm als nützliche Dekoration. Überhaupt gibt es im Gegensatz zu CA-Generaldirektor Heinrich Treichl (1970–1981) (nicht mit seinem Sohn zu verwechseln!) und Walter Rothensteiner (RZB-Chef 1995–2017) dieser Tage kaum humanistisch und mäzenatisch gesinnte Bankiers und Industrielle. Für die meisten Politiker und Geschäftsleute gilt Friedrich Heers Spruch vom Wiener Herzen, das aus Kruppstahl sei.

Gerade die Entwicklung in Ungarn beweist übrigens immer wieder die ungeheure Bedeutung der Medienfreiheit für die Verteidigung der liberalen Demokratie. Zwei glückliche Zufälle – das Ibiza-Video und das konfiszierte Mobiltelefon von Thomas Schmid[320] mit 334 000 Chat-Nachrichten – haben auch zur Rettung der Pressefreiheit beigetragen. Dass aber diese zwei Ereignisse eine solche Breitenwirkung hatten, war nicht nur der Wirtschafts- und Korruptionsstaatsanwaltschaft (WKSta), sondern auch dem ORF und den österreichischen Zeitungen zu verdanken.

Die berüchtigte »message control« diente als in ihrer Dimension beispiellose Manipulationsstrategie der Regierenden, wohlgemerkt nicht nur der Kurz-Regierungen. Den Anfang machte im großen Stil, wie schon im Kapitel »Geld statt Gesinnung« berichtet, der heutzutage so wortkarge Altbundeskanzler Werner Faymann vor allem in der *Kronen Zeitung*, aber auch in anderen Boulevardmedien.

Das Schicksal des SPÖ-Chefs entspricht jenem des Zauberlehrlings in der Ballade von Goethe: »Die ich rief, die Geister, die werd ich nun nicht los.« Man soll sich nicht in Künsten versuchen, die man nicht richtig beherrscht. Die *Krone* war nach dem Sturz Faymanns der publizistische Schrittmacher für Sebastian Kurz. Ähnlich verhielt es sich mit der Gratiszeitung *Österreich* von Wolfgang Fellner. Aus dem Dreieck, bestehend aus dem Ehepaar Dichand mit *Krone* und Gratisblatt *Heute*, Fellner mit *Österreich* und TV-Kanal *Ö24* sowie der SPÖ-Spitze, wurde blitzschnell ein neues Dreieck aus den Dichands, Fellner und Sebastian Kurz. Die Enthüllungen des Ibiza-Videos und die Untersuchung wegen der angeblichen Käuflichkeit von Berichterstattung in den Fellner-Medien haben das Dreieck mit Kurz gesprengt.

Man darf aber auch die Tatsache nicht übersehen, dass unter ÖVP-Druck die Chefredaktion des *Kurier* und die Generaldirektion des ORF umbesetzt wurden. Die Unabhängigkeit der Berichterstattung hängt von den Besitzern der jeweiligen Medien, aber auch vom Mut und von der Standfestigkeit des Redaktionsstabes ab. Aus langjähriger persönlicher Erfahrung kann ich zum Beispiel bestätigen, dass während meiner Tätigkeit beim ORF als Chefredakteur, Intendant der Kurzwelle und Moderator des *Europa*-(früher *Ost-*)*Studios* niemals von oben oder von außen in meine Programm- und Personenauswahl interveniert wurde. Der einzige Versuch einer Generalintendantin, mich als Moderator abzulösen, scheiterte an der Unterstützung für mich von außen, aus der damaligen

ÖVP-Führung und von unabhängigen Persönlichkeiten. Versuche des Orbán-Regimes, den Ungarn-Korrespondenten des ORF Ernst Gelegs unter Druck zu setzen oder die Ausstrahlung einer von mir gedrehten Ungarn-Dokumentation zu verhindern, wurden von ORF-Generaldirektor Alexander Wrabetz ebenso fest zurückgewiesen wie 20 Jahre zuvor von Gerd Bacher das Ostblock-Kesseltreiben gegen mich und Barbara Coudenhove-Kalergi. Eine elementare Vorbedingung für den Widerstand gegen autoritäre Regime ist natürlich die Charakterstärke und in jeder Hinsicht die Unbestechlichkeit der Berichterstatter bzw. der Chefredaktion.

Es ist nicht zu bestreiten, dass unter den Bedingungen der Kommunikationsrevolution die Medienmacher unvergleichlich wichtiger sind als die Diplomaten. Die Politik wird auch daran gemessen, wie stark sie sich in konkreten Fällen für die Verteidigung der Pressefreiheit und vor allem für den Schutz der Korrespondenten einsetzt. Die Solidarität der Belegschaft, der Kollegen und des Freundeskreises kann sich in Krisensituationen als stärker erweisen als die Bestechungs- oder Druckversuche der Mächtigen im In- und Ausland. Der Kampf gegen die verschleierte und offene Inseratenkorruption ist zugleich eine Verteidigung der Medienfreiheit.

Rechtsstaat, Gewaltentrennung und eine unabhängige Justiz sind die entscheidenden Bedingungen für freie Medien. Zu Recht betont der erste Leiter der Wirtschafts- und Korruptionsstaatsanwaltschaft, Walter Geyer, als Gefahr bei der Inseratenkorruption »den sanften Beginn, den schleichenden Übergang vom Erlaubten zu Bedenklichem und den Gewöhnungseffekt«.[321]

Doch trotz allem, was in den Chats und den dadurch ausgelösten Untersuchungen über die abstoßende Fratze der Ära Kurz bekannt geworden ist, sehe ich im Großen und

Ganzen keinen Grund, die Erfolgsbilanz der Zweiten Republik zu bezweifeln. Der Titel dieses Buches, *Vielgeprüftes Österreich*, bedeutet auch einen Hinweis auf die Wunden der Vergangenheit, auf »das Selbstzerstörerische als österreichische Kardinaluntugend« (Raimund) im Spiegel der gescheiterten Ersten Republik und auf die Schatten über der alles in allem bisher glücklichen Epoche der »paradoxen Republik« (Oliver Rathkolb). Man muss die wirtschaftlichen Erfolge und den sozialen Frieden auch im europäischen Maßstab, im Hinblick auch auf die Nachbarn um uns herum sehen. Der Literaturkritiker Hans Weigel, einer der allerersten Rückkehrer aus der Emigration nach dem Zweiten Weltkrieg, geißelte einmal »die Neigung zur negativen Verallgemeinerung, das österreichische Selbstmisstrauen, den negativen Patriotismus der Österreicher (...) Das Wesen der österreichischen Leistungen ist nämlich, dass sie trotzdem stattfinden. Meist auch unter dem Ausschluss der Öffentlichkeit. Die Begleiterscheinungen sind provinziell, die Leistungen nicht.«[322]

Die offene Zukunft birgt für Europa und für unser Land unabsehbare Gefahren und, wie wir es nach 1945 und 1989 erfahren haben, gänzlich verschiedene Möglichkeiten. Das gilt erst recht für die bevorstehenden Jahre nach dem russischen Angriff auf die Ukraine. Viel wird über die neuerliche Krise der seit 1918 und 1945 vielgeprüften österreichischen Republik geschrieben. Der Schriftsteller Max Frisch schrieb einmal: »Krise ist ein produktiver Zustand. Man muss ihr nur den Beigeschmack der Katastrophe nehmen.« Auch sein sehr großer Landsmann, der Basler Historiker Jacob Burckhardt, meinte in seinen *Weltgeschichtlichen Betrachtungen*, es gebe erfolgreiche und gescheiterte Krisen.

Quo vadis, Österreich?

Es ist allerdings fraglich, ob das in absehbarer Zukunft gelingen kann. Nicht nur in Österreich, sondern weltweit wird das westliche Modell des Liberalismus – parlamentarische Demokratie, Rechtsstaat, Marktwirtschaft und soziale Sicherung, Pluralismus, Individualismus und Modernisierung – von der autoritären Herausforderung nicht nur durch Russland und China, sondern auch durch die rechts- und linkspopulistischen Bewegungen in den eigenen Gesellschaften gefährdet. Man darf aber die Tatsache nicht vergessen, dass im Gegensatz zu den ex-kommunistischen Staaten in Mittel-, Ost- und Südosteuropa das liberale Fortschrittsmodell der sozialen Partnerschaft in Österreich nicht erst seit 1989, sondern eigentlich seit 75 Jahren dem Land einen in seiner Geschichte noch nie gekannten Wohlstand sowie sozialen und politischen Frieden brachte.

Das historische Verdienst der Gründergenerationen bereits während der Besatzungszeit und erst recht seit dem Staatsvertrag ist aber kein Wechsel auf die politische Zukunft. Gerade die Umwälzungen der letzten Jahre bestätigten auch in Österreich: »Politik ist kein Ort der Geborgenheit.«[323] Die russische Invasion der Ukraine, der Bruch des Völkerrechts, die größte humanitäre Katastrophe seit dem Zweiten Weltkrieg erschütterten den Optimismus hinsichtlich der Unvermeidlichkeit und des endgültigen Sieges des Fortschrittsmodells. In unserem Land haben wir im Kampf gegen die Corona-Pandemie, bei der Bewältigung der wirtschaftlichen Schwierigkeiten, der Migration und des Klimawandels die besondere Last der Ära Kurz, die folgenschwere Verwechslung der Wirkungsmacht von politischen Personen mit Manieren der beinahe perfekten Inszenierung zu tragen. Ganz gleich, ob sich die vielen Vorwürfe gegen Kurz und seine Mannschaft strafrechtlich erhärten lassen oder nicht, haben die Enthüllungen über die moralischen Trümmer der türkis-blauen Regierung zur Diskreditierung der politischen Klasse an sich beigetragen.

Noch nie gab es so viele, so schwere, so unberechenbare, einander befeuernde Krisen wie seit der Ukraine-Zeitenwende. Es ist leider nicht zu bestreiten, dass die Qualität des politischen Spitzenpersonals mit wenigen Ausnahmen in dieser existenziellen Krise nicht ausreicht, dem Bedürfnis der Menschen nach glaubhafter und entschlossener Führung zu entsprechen, gerade weil wir »in finsteren Zeiten leben«[324]. In einer existenziellen Krise sollten polarisierende Selbstinszenierungen mit der unausgesprochenen Formel, »alles zu vertuschen«, keinen Platz haben. Eine zeitgerechte Warnung an die eigene Partei, an »die alte ÖVP«, sprach ohne Umschweife Claus Raidl, der ehemalige Präsident der Nationalbank, in einem Gastkommentar im *Kurier* aus.[325] Angesichts der wiederholten personalisierten Kampagnen über echte und vermeintliche Politikerprivilegien wählen einsatzfreudige und risikobereite Persönlichkeiten immer häufiger besser bezahlte Managementpositionen statt politischer Funktionen, in denen sie stets unter medialer Beobachtung stehen.

Wenn auch zum Zeitpunkt des Abschlusses dieses Textes die ÖVP und ihre Vorfeldorganisationen im Mittelpunkt der Korruptionsaffären stehen, wäre es irreführend und unredlich, wenn man die Schönrederei und Verlogenheit des Umgangs in der anderen großen Partei, nämlich in der SPÖ, mit den nicht bereinigten und undurchsichtigen Bestechungsskandalen bereits in der »goldenen Kreisky-Zeit« vergessen würde. Keine andere Partei wurde übrigens von den eigenen prominenten Ideologen und Politikern so unbarmherzig kritisiert wie die SPÖ. Der Philosoph und Zeithistoriker Norbert Leser hatte bereits 2000 »einen erschreckenden Mangel an Persönlichkeiten im Bund und in den Ländern« festgestellt, »der wiederum auf ein falsches Ausleseverfahren und eine nicht bereinigte Struktur der SPÖ zurückzuführen ist«. Die Parteivorsitzende Pamela Rendi-Wagner wäre gut beraten, wenn sie diese Warnung Lesers beachten würde: »Es wäre verhängnisvoll, wenn die SPÖ glaubte, nur von den Fehlern der Regierungspolitik und ihrer Belastungspolitik profitieren und mit einem mehr oder weniger automatischen Schwingen des Pendels in die andere Richtung rechnen zu können.«[326] Genau 20 Jahre später hat Hannes Androsch, der frühere Vizekanzler und Finanzminister in der Ära Kreisky und heute international anerkannte Industrielle, in einer fulminanten Abrechnung mit den Schwächen der Bildungs-, Klima- und Migrationspolitik in einem kritischen Buch-Kapitel über die Sozialdemokratie dieser vorgeworfen, sie habe verlernt, vorhandene Ängste anzusprechen, und sie müsse sich auch einem weltoffenen Internationalismus verpflichten.[327]

Der in den letzten Krisenjahren immer wieder kritisierte Kompetenzdschungel und das Zuständigkeitswirrwarr sind die Folgen eines konservierten Föderalismus in Form einer hemmenden Bürokratie. Alle Versuche einer Föderalismus- oder Staatsreform sind bisher gescheitert. Die Landeshauptleutekonferenz ist nach wie vor ein in der Verfassung nicht vorgesehenes regelmäßiges, zweimal jährlich stattfindendes Treffen der neun Landeshauptleute, mit rotierendem Vorsitz. Es gilt in der Praxis als das weitaus mächtigste Organ der Bundesländer. Auch in dieser Hinsicht spielt die persönliche Stabilität an der Spitze eine entscheidende Rolle. So stellt die ÖVP seit 77 Jahren den Landeshauptmann oder die Landeshauptfrau in Niederösterreich, Oberösterreich, Tirol und Vorarlberg. Die SPÖ regiert in Wien auch seit 77 Jahren und im Burgenland seit 58 Jahren.

Diese persönliche und politische Stabilität steht im krassen Gegensatz zum Karussell auf Bundesebene. Zur Halbzeit der türkis-grünen Regierung steht an der Spitze der dritte Bundeskanzler mit dem dritten Gesundheitsminister, nach sieben Regierungsumbildungen und 20 Regierungserklärungen im Parlament.[328] Die Wiederkandidatur von Bundespräsident Alexander Van der Bellen und sein nach menschlichem Ermessen zu erwartender Wahlerfolg bieten nach den Erfahrungen in den Jahren 2016–2022 für mich die Gewähr der Stabilität an der Staatsspitze.

In diesem Buch habe ich eine kritische Bilanz der prägenden Persönlichkeiten und politischen Parteien nicht nur auf der Grundlage von Fachliteratur und Autobiografien, sondern auch nach spannenden Erfahrungen und zahlreichen persönlichen Hintergrundgesprächen mit früheren und gegenwärtigen Politikern und Politikerinnen gezogen. Dieses Buch will ohne Vorurteile und Scheuklappen meine Erinnerungen resümieren. Angesichts der Verbrechen, die ich zum Teil am eigenen Leib unter der braunen und der roten Diktatur erlebt habe, fühlte ich stets bewusst oder unbewusst die Verpflichtung, Zeugnis über die jeweils aktuell lauernden Gefahren abzulegen. Trotz der Schatten der Vergangenheit und der realen Gefahren der Gegenwart bin ich diesem Österreich und seinen Menschen, die mir in so schwierigen Zeiten eine neue Heimat geboten haben, unendlich dankbar. Die Liebe zu Österreich muss aber eine kritische sein und bleiben.

DANKSAGUNG

Dieses Buch wäre ohne die Hilfe, Kontrolle und Anregung durch meine Frau Zsóka Lendvai nicht möglich gewesen. Ihr gebührt vor allem mein Dank. Meiner Lektorin Barbara Köszegi und meiner Pressebetreuerin Dr. Barbara Brunner danke ich für ihre Ideen und Kreativität.

Zur Danksagung gehört die Liste jener Persönlichkeiten in alphabetischer Reihenfolge, die bereit waren, mir ihre Meinung über die politische Entwicklung mitzuteilen und meine Fragen zu beantworten: Hannes Androsch, Brigitte Bierlein, Trautl Brandstaller, Doris Bures, Erhard Busek (†), Hans Peter Doskozil, Thomas Drozda, Brigitte Ederer, Karoline Edtstadler, Heinz Fischer, Franz Fischler, Georg Frölichtsthal, Alfred Gusenbauer, Johannes Hahn, Michael Häupl, Clemens Jabloner, Peter Kaiser, Christian Kern, Herbert Kickl, Werner Kogler, Margaretha Kopeinig, Johannes Kunz, Sebastian Kurz, Lothar Lockl, Michael Ludwig, Manfred Matzka, Sigrid Maurer, Beate Meinl-Reisinger, Johanna Mikl-Leitner, Reinhold Mitterlehner, Wilhelm Molterer, Ariel Muzikant, Karl Nehammer, Eva und Thomas Nowotny, Ewald Nowotny, Josef Ostermayer, Wolfgang Peschorn, Peter Pilz, Ursula Plassnik, Erwin Pröll, Josef Pröll, Claus Raidl, Pamela Rendi-Wagner, Walter Rothensteiner, Alexander Schallenberg, Wolfgang Schüssel, Karel Schwarzenberg, Michael Spindelegger, Hannes Swoboda, Josef Taus, Alexander Van der Bellen, Franz Vranitzky, Alma Zadić.

ANMERKUNGEN UND QUELLEN

1 Der Komplex laut Duden: »Zusammenfassung, Verknüpfung von verschiedenen Teilen zu einem geschlossenen Ganzen«.
2 Für Details siehe: Paul Lendvai, *Auf schwarzen Listen – Erlebnisse eines Mitteleuropäers*, überarbeitete und erweiterte Neuauflage, Wien 2004, S. 156–159; ferner: Paul Lendvai, *Mein Österreich – 50 Jahre hinter den Kulissen der Macht*, Salzburg 2007, S. 11–15.
3 Friedrich Heer, *Der Kampf um die österreichische Identität*, Wien 1981, S. 9.
4 Friedrich Heer, *Europäische Rundschau*, 2/1977.
5 Ernst Bruckmüller, *Nation Österreich*, Wien 1996.
6 Gordon Brook-Shepherd, *Österreich*, Wien 1998, S. 503.
7 Dieter Stiefel, *Entnazifizierung in Österreich*, Wien 1981, S. 220.
8 Gordon Brook-Shepherd, a.a.O., S. 535. Er berief sich dabei auf regelmäßige Umfragen über die rückblickende Beurteilung des Nationalsozialismus: War er ein schlechter Gedanke, oder war die Idee gut und nur die Ausführung schlecht? Im Frühjahr 1948 war die Meinung noch immer geteilt, wobei circa 40 Prozent auf jede der beiden Versionen fielen.
9 Friedrich Heer, *Der Kampf um die österreichische Identität*, a.a.O., S. 9–13, auch für die folgenden Zitate.
10 Siehe eine Zusammenfassung der Debatten in Katrin Hammerstein, »Drei Staaten – zwei Nationen – ein Volk« – ein Konzept »fürs Museum«? In: *Deutschland Archiv*, 4. Mai 2017, www.bpb.de/247587, zuletzt abgerufen am 6. März 2022.
11 *Der Standard*, 19. November 2019.
12 »Bruno Kreisky über Österreich und die Welt – Ein Gespräch mit Paul Lendvai«, *Europäische Rundschau*, 2/1980.

13 Oliver Rathkolb, *Die paradoxe Republik, Österreich 1945 bis 2015*, aktualisierte und erweiterte Neuauflage, Wien 2015, hier besonders S. 24–32.
14 Ernst Bruckmüller/Peter Diem, *Das Österreichische Nationalbewusstsein*, Wien 2020. Detaillierte Aufschlüsselung in: Peter Diem, *Plattform HISTORIA 2022*, S. 3; *Austria semper reformanda*, Band 4, *Empirie*, S. 407–409.
15 *Falter*, 11/1988.
16 Zitiert nach Harald Weinrich, *Lethe, Kunst und Kritik des Vergessens*, München 1997, S. 230–231.
17 Ebd., S. 163–166.
18 Für Details siehe Paul Lendvai, *Mein Österreich*, a. a. O., S. 208–221 und S. 242–252.
19 *Wiener Zeitung*, 2. November 1999.
20 *Die Presse*, 9. Dezember 1998.
21 *Der Standard* und *Die Presse*, *5.* November 2019.
22 Oliver Rathkolb, a. a. O., S. 423.
23 A. Wess Mitchell, *The Grand Strategy of the Habsburg Empire*, Princeton, 2018, S. 328–329.
24 Eberhard Straub, »Die Hinternationale«, in: D. Pieper/J. Saltzwedel, *Die Welt der Habsburger*, München, 2. Auflage 2020, S. 279.
25 Martyn Rady, *Die Habsburger, Aufstieg und Fall einer Weltmacht*, Berlin 2021, S. 546–548.
26 *trend*, 27/2011.
27 Aus einem Interview mit mir am 10. Januar 2000 für eine TV-Dokumentation über Kreisky. Für meine engen Beziehungen zu ihm vgl. Paul Lendvai, *Mein Österreich*, a. a. O.
28 Der Name Schallenberg wird als Uradel urkundlich zum ersten Mal 1230 erwähnt. Siehe *Genealogisches Handbuch des Adels*, Limburg 1988, S. 406.
29 Vgl. für sein Leben: Barbara Tóth, *Karl von Schwarzenberg, Die Biografie*, Wien 2017, überarbeitete und aktualisierte Neuausgabe.
30 Vgl. Johannes E. Schwarzenberg, *Erinnerungen und Gedanken eines Diplomaten im Zeitenwandel*, Wien 2013.
31 Barbara Tóth, *Karl von Schwarzenberg*, Wien 2017, S. 185.
32 Barbara Tóth, ebd., S. 145.

33 Für den vollständigen Text der Rede, gehalten am 30. März 2015, siehe *Europäische Rundschau* 2/2015. Friedrich Torberg war ein jüdischer österreichischer Schriftsteller und Kulturkritiker (1908–1979). Marietta (1920–2000) war seine Frau und Nachlassverwalterin.
34 Marianne Enigl, »Der Adel und die Nazis«, *profil*, 22. Mai 2004. Siehe auch: Stephan Malinowski, *Die Hohenzollern und die Nazis, Geschichte einer Kollaboration*, Berlin 2021.
35 Barbara Tóth, a. a. O., S. 121–123.
36 Vgl. Andreas Huber, Linda Erker, Klaus Taschwer, *Der Deutsche Klub – Austro-Nazis in der Hofburg*, Wien 2021.
37 Ebd., S. 230–231.
38 *Der Standard*, 10. Juni 2019.
39 Albert Rohan, *Diplomat am Rande der Weltpolitik*, Wien 2002, S. 9–21.
40 Zitiert nach Harald Weinrich, *Lethe*, a. a. O., S. 17.
41 Die Library of Congress in Washington, D. C., verzeichnet rund 16 000 Bücher unter diesem Schlagwort, laut Peter Hayes, *Warum? Eine Geschichte des Holocaust*, Frankfurt, 2017, S. 9.
42 Johann Prossliner, *Lexikon der Nietzsche-Zitate*, München 1999, S. 370.
43 Carl Zuckmayer, *Als wär's ein Stück von mir*, Frankfurt 1966, S. 70–78.
44 Gertrude Enderle-Burcel und Ilse Reiter-Zatloukal (Hg.), *Antisemitismus in Österreich 1933–1938*, Göttingen 2018, S. 19.
45 Vgl. *Programm – Feierliche Einweihung der Shoah Namensmauern Gedenkstätte*, 9. November 2021, S. 64–71; *Der Standard*, 8. November 2021, APA, 9. November 2021.
46 Das Bundeskanzleramt stellte 4,46 Millionen Euro zur Verfügung, weitere 600.000 Euro kamen von den Bundesländern und 230.000 Euro von der Industriellenvereinigung.
47 *Der Standard*, 4. Oktober 2021.
48 *Der Standard*, 8. November 2021.
49 *Der Standard*, 24. Oktober 2021. Siehe auch Hannah Lessing, »Wider die Opferkonkurrenz«, *Der Standard*, 8. November 2021. Für die Kritik ausschließlich anonym gebliebener Historiker und Experten siehe »Shoah-Gedenkstätte – Ein Stein des Anstoßes«, *orf.at*, 4. Juli 2021, zuletzt abgerufen am 6. Mai 2022.

50 Paul Lendvai, *Mein Österreich*, a. a. O., S. 268–269.
51 Stuart E. Eizenstat, *Unvollkommene Gerechtigkeit*, München 2003, S. 352–369.
52 Zu diesen gehört das 2017 eröffnete Mahnmal am Aspangbahnhof in Wien, das an die 47 035 Menschen erinnert, die 1939–1942 in die Vernichtungslager deportiert wurden und von denen nur 1073 überlebten.
53 Harald Weinrich, *Lethe*, a. a. O., S. 14.
54 *Der Standard*, 9. und 18. November 2021.
55 APA, 2. September 2021.
56 *Die Presse*, 27. Mai 2019; *Süddeutsche Zeitung*, 29. Mai 2019.
57 *orf.at*, 11. November 2021.
58 *Kreisky Reden*, Band II, Wien 1981, S. 547.
59 Friedrich Peter hat in einer Erklärung alle Unterstellungen und Verdächtigungen (Wiesenthals) schärfstens zurückgewiesen. Er habe an keinen Repressalien während seiner Militärdienstzeit teilgenommen.
60 Ich habe in der *Kleinen Zeitung*, 19. Februar 1976, unter dem Titel »Die Last der Vergangenheit« über den Besuch berichtet.
61 Vgl. Paul Lendvai, *Mein Österreich*, a. a. O., S. 158–159; Heinz Fischer, *Reflexionen*, Wien 1998, S. 171–172; vgl. auch Heinz Fischer, *Die Kreisky Jahre*, Wien 1993.
62 Für die innenpolitischen Manöver und die Haltung der Besatzungsmächte siehe Oliver Rathkolb,a. a. O., S. 289–291 und S. 412–415.
63 Für eine geschönte Selbstpräsentation vgl. Viktor Reimann, *Die Dritte Kraft in Österreich*, Wien 1980; für eine umfassende kritische Darstellung vgl. Margit Reiter, *Die Ehemaligen, Der Nationalsozialismus und die Anfänge der FPÖ*, Göttingen 2019.
64 Viktor Reimann, *Fünf ungewöhnliche Gespräche*, Wien 1991.
65 Vgl. Heinz Fischer, *Reflexionen*, a. a. O., S. 167–172.
66 Friedrich Weissensteiner, »Der Wegbereiter Friedrich Peter«, *Wiener Zeitung*, 5. Mai 2004.
67 Vgl. Paul Lendvai, *Mein Österreich*, a. a. O., S. 151–157.
68 Freiheitliches Bildungsinstitut, *Die Geschichte der FPÖ, Folge 7, 1958–1978, Friedrich Peter und Annäherung an die SPÖ unter Kreisky*, https: / / www.fbi-politikschule.at / news-detail / artikel / die-geschichte-der-fpoe-folge-7 / , zuletzt aufgerufen am 8. März 2022.

69 Paul Lendvai, »Österreich zwischen Feindbild und Selbstbild, Die Schwierigkeiten des Landes mit seiner Vergangenheit rechtfertigen die Kampagne gegen die neue Regierung nicht«, *Frankfurter Allgemeine Zeitung*, 7. Februar 2000.
70 Anton Pelinka, *Nach der Windstille, Eine politische Autobiografie*, Wien 2009, S. 114–119.
71 *Wespennest*, Wien, Dezember 1999.
72 Paul Lendvai, *Mein Österreich*, a. a. O., S. 241–251.
73 Gespräch mit mir in Wien am 14. Februar 2007.
74 Gespräch mit mir, 12. April 2007.
75 Vgl. unter anderen Hubert Patterer, *Kleine Zeitung*; Wolfgang Fellner, *Österreich*, 12. Oktober 2008.
76 Für den vollständigen Text siehe Werner A. Perger, »Der Haider-Mythos«, *Die Zeit*, 14. Oktober 2008. Perger polemisierte hauptsächlich gegen Michael Fleischhacker, der Haider als »Kreisky-Erbe« bezeichnet hatte. Vgl. *Die Presse*, 11. Oktober 2008.
77 Manfried Rauchensteiner, *Unter Beobachtung, Österreich seit 1918*, zweite, erweiterte Aufl., Wien 2021.
78 Ebd., S. 9.
79 Ebd., S. 75–78. Vgl. für die Bedingungen auch Hugo Portisch, *Was jetzt*, Salzburg 2011, S. 50–53.
80 Der am 10. September 1919 von Staatskanzler Karl Renner in Saint-Germain-en-Laye unterzeichnete Friedensvertrag hat den Anschluss an Deutschland verboten.
81 Manfried Rauchensteiner, a. a. O., S. 112.
82 Hugo Portisch, *Was jetzt*, a. a. O., S. 54.
83 Für eine kritische Einschätzung Renners siehe Paul Lendvai, *Mein Österreich*, a. a. O., S. 40–47. Für eine umfassende und wohlwollende Neubewertung seines Wirkens vgl. Siegfried Nasko, *Karl Renner, Zu Unrecht umstritten? Eine Wahrheitssuche*, Wien / Salzburg 2016.
84 Manfried Rauchensteiner, a. a. O., S. 10.
85 *Frankfurter Allgemeine Zeitung*, 30. Januar 2018.
86 Für mein Eintreten für Österreich (nicht für Waldheim!) in Bild, Print und Ton siehe Paul Lendvai, *Auf schwarzen Listen*, a. a. O., S. 279–283, und *Mein Österreich*, a. a. O., S. 209–221.
87 https://www.parlament.gv.at/PAKT/VHG/XVIII/VER/VER_00001/imfname_765651.pdf, zuletzt aufgerufen am 23. Februar 2022.

88 *profil*, 18. Juni 2007.

89 Simon Wiesenthal, *Recht, nicht Rache*, Berlin 1988, S. 380–384.

90 Manfried Rauchensteiner, a. a. O., S. 332 und S. 430.

91 Peter Longerich, *Hitler, Biographie*, München 2015, S. 996–997.

92 Brigitte Hamann, *Hitlers Wien, Lehrjahre eines Diktators*, München 1998, S. 576.

93 Friedrich Heer, *Der Kampf um die österreichische Identität*, a. a. O., S. 433, S. 440. Vgl. auch David Bronsen, *Joseph Roth, Eine Biographie*, Köln 1974, S. 498.

94 Ralph Bollmann, *Angela Merkel*, München 2021, S. 668–672. Die AfD erreichte bei der Bundestagswahl 2021 10,3 Prozent, bei den Landtagswahlen 2019 in Thüringen 23,4 und in Sachsen sogar 27,5 Prozent.

95 Auch die rechtsnationalistische ungarische Fidesz-Partei unter Viktor Orbán war nach 1992 bis 2000 Mitglied der Liberalen Internationale. Beide Beispiele zeigen die Ignoranz, die bis heute in den europäischen Parteifamilien über ihre mitteleuropäischen Mitglieder herrscht.

96 Vgl. Bernhard Weidinger, *Im nationalen Abwehrkampf der Grenzlanddeutschen – Akademische Burschenschaften und Politik in Österreich nach 1945*, Wien 2015, S. 148–150.

97 Interview mit mir am 5. Februar 2007.

98 *Die Furche*, 16. Dezember 2021.

99 Ex-Finanzminister Karl-Heinz Grasser wurde am 4. Dezember 2020 wegen Untreue, Geschenkannahme und Beweismittelfälschung zu acht Jahren Haft (nicht rechtskräftig) verurteilt. Der verursachte Gesamtschaden beläuft sich laut Anklage auf zehn Millionen Euro. Im Januar 2022 wurde gegen ihn auch Anklage wegen Steuerhinterziehung um 2,16 Millionen Euro rechtskräftig erhoben.

100 Die besten Resultate der FPÖ-Präsidentschaftskandidaten wiesen 1980 Wilfried Gredler mit 16,9 Prozent und 1992 Heide Schmidt mit 16,4 Prozent auf.

101 Zum zehnmal größeren Stimmenvorsprung von Van der Bellen trug die unerwartete Steigerung der Wahlbeteiligung von 68,5 Prozent bei der ersten Wahl zu 72,7 Prozent bei der ersten (ungültigen) Stichwahl und schließlich zu 74,2 Prozent bei der gültigen zweiten Stichwahl bei.

102 Manfried Rauchensteiner, a. a. O., S. 542.

103 Seit 1. September 2020 können Nachkommen von Opfern des NS-Regimes mit ausländischer Staatsbürgerschaft einfach die österreichische Staatsbürgerschaft erhalten. 16 598 solche Anträge sind bisher bei der zuständigen Wiener Magistratsabteilung eingelangt, 6600 Fälle wurden bisher positiv abgeschlossen. *Die Presse*, 29. August 2021.

104 Der Text erschien in der *Europäischen Rundschau*, 3/2013.

105 Am 17. Mai 2019 veröffentlichten *Süddeutsche.de* und *Spiegel Online* Ausschnitte aus einem heimlich gedrehten Video über ein Treffen von Strache und dem FPÖ-Klubobmann Johann Gudenus mit der angeblichen Nichte eines russischen Oligarchen in einer Villa auf der spanischen Insel Ibiza im Juli 2017. Die zwei Politiker zeigten ihre Bereitschaft zur Korruption, zur illegalen Parteifinanzierung und zur »Orbánisierung« der Medienlandschaft. Strache wurde am 27. August 2021 in Wien wegen Bestechlichkeit (nicht rechtskräftig) zu einer bedingten Freiheitsstrafe von 15 Monaten verurteilt.

106 *Falter*, 23. Januar 2018.

107 Franz Schuh, *Lachen und sterben*, Wien 2021, S. 66.

108 *orf.at*, 26. Juni 2021.

109 *Die Presse*, 30. April 2019.

110 Manès Sperber, »Wien im Rückblick«, in: Manfred Wagner (Hg.), *Im Brennpunkt: ein Österreich*, Wien 1976, S. 66–67.

111 Friedrich Heer, a. a. O., S. 334.

112 Bernhard Weidinger, a. a. O., S. 456, S. 557, *profil*, 16. Februar 2018, sowie mein per Mail geführtes Interview mit Weidinger am 10. Dezember 2021.

113 Interview mit Bernhard Weidinger, ebd., Hans-Henning Scharsach, *Stille Machtergreifung – Hofer, Strache und die Burschenschaften*, Wien 2017, S. 9, S. 13–15.

114 Die Rede im Wortlaut: http://www.youtube.com/watch?v=6E-mi7agSGgo, zuletzt aufgerufen am 23. Februar 2022.

115 Für meine Analyse siehe *Der Standard*, 19. Oktober 2021.

116 Isaiah Berlin/Ramin Jahanbegloo, *Den Ideen die Stimme zurückgeben*, Frankfurt 1994, S. 53.

117 Siehe Siegfried Nasko, a. a. O., S. 359–374. Vgl. auch Hugo Portisch, *Österreich II*, Band I, Wien 1985, S. 150–160, Jacques Hannak, *Karl Renner und seine Zeit. Versuch einer Biographie*, Wien 1965.

118 Paul Lendvai, *Auf schwarzen Listen*, a. a. O., S. 49–75.

119 Es dauerte über 60 Jahre, bis Bundespräsident Heinz Fischer am 2. April 2006 als erstes Staatsoberhaupt der Zweiten Republik mit der »unzulässigen Schwarz-Weiß-Darstellung« öffentlich abrechnete. Siehe Paul Lendvai, *Mein Österreich*, S. 37–38. Für den vollständigen Text vgl. Heinz Fischer, *Überzeugungen*, Wien 2006, S. 73–75, 83–86.

120 Robert Knight, *Ich bin dafür, die Sache in die Länge zu ziehen*, Frankfurt 1988; 2. Auflage Wien 2000.

121 Siehe aus der letzten Zeit für unterschiedliche Wertungen Siegfried Nasko, a. a. O. und Michael Rosecker, *Karl Renner*, Wien 2020. Für die politischen Auseinandersetzungen über Renners Verhalten siehe Doris Bures in *Der Standard*, 13. Dezember 2020, und Franz Schausberger, *Der Standard*, 19. Dezember 2020.

122 Bruno Kreisky, *Zwischen den Zeiten*, Wien 1986, S. 46.

123 Zitiert nach Hannak aus dem Jahr 1949 ohne nähere Zeitangabe, Jacques Hannak, a. a. O., S. 671.

124 Oliver Rathkolb, a. a. O., S. 171.

125 Ernst Lothar, *Das Wunder des Überlebens*, 2. Aufl., Wien 2020, mit einem Nachwort von Daniel Kehlmann.

126 Robert Knight, a. a. O., S. 145–147.

127 Herbert Lackner, *Rückkehr in die fremde Heimat*, Wien 2021.

128 Die ersten Kreisky-Biografien – von Paul Lendvai/Karl Heinz Ritschel, *Kreisky, Porträt eines Staatsmannes*, und von Viktor Reimann mit einem ähnlichen Titel – erschienen 1972. Die umfassendste Biografie stammt von Wolfgang Petritsch und erschien 2010; die bisher letzte (Christoph Kotanko) in der Reihe der zahlreichen Schriften über Kreisky und seine Ära wurde zum 30. Todestag 2020 herausgegeben.

129 Vgl. Barbara Coudenhove-Kalergi, *Der Standard*, 27. Januar 2022.

130 Erst unter dem Vorsitz von Franz Vranitzky wurde die SPÖ am Parteitag 1991 in Sozialdemokratische Partei Österreichs umbenannt.

131 Der Kärntner Agrarexperte Johann Öllinger war SS-Untersturmführer und trat nach nur einem Monat als Minister aus »Krankheitsgründen« zurück.

132 Über meine Streitigkeiten mit ihm in den Fragen der NS-Vergangenheit habe ich in meinen Memoiren detailliert geschrieben. Das

Buch *Mein Österreich*, a. a. O., enthält ein ganzes Kapitel über die »braunen« Flecken in der SPÖ.

133 *Falter*, 15. Oktober 2018.

134 Herlinde Koelbl, *Jüdische Portraits*, Frankfurt 1989, Interview mit Bruno Kreisky, S. 195–208.

135 https://www.marxists.org/deutsch/archiv/plechanow/1898/rolle/rolle2.htm#t6, zuletzt abgerufen am 9. Mai 2022.

136 Paul Lendvai/Karl Heinz Ritschel, *Kreisky – Porträt eines Staatsmannes*, a. a. O., S. 142.

137 Ebd., S. 143.

138 Paul Lendvai, *Mein Österreich, a.a.O*, S. 130.

139 Armin Thurnher, *Das Trauma, ein Leben*, Wien 1999, S. 48.

140 Das Einreiseverbot war die Folge einer empörten Intervention des tschechoslowakischen Partei- und Staatschefs Gustáv Husák. Ich hatte nämlich in einem Kommentar nach einem Interview mit ihm enthüllt, dass die sowjetische Führung den Tod Breschnews im November 1982 auch vor ihm (wohl auch vor den anderen Ostblock-Parteichefs) zuerst geheim gehalten hatte.

141 Beim »Noricum«-Prozess wegen illegaler Waffenlieferungen der verstaatlichten VOEST an den Iran wurden Bundeskanzler Fred Sinowatz und Außenminister Leopold Gratz 1993 freigesprochen. Innenminister Karl Blecha wurde wegen Urkundenunterdrückung zu einer bedingten neunmonatigen Haftstrafe verurteilt.

142 Ralf Dahrendorf, »Die Sozialdemokratie ist am Ende ihrer Kunst«, *Die Zeit*, 27. März 1992.

143 Siehe Oliver Nachtwey, *Die Abstiegsgesellschaft*, Berlin 2016.

144 Franz Walter, *Vorwärts oder Abwärts – Zur Transformation der Sozialdemokratie*, Berlin, Neuaufl. 2021. Siehe auch Gerd Mielke/Fedor Ruhose, *Zwischen Selbstaufgabe und Selbstfindung – Wo steht die SPD?*, Bonn 2021, und Michael Hartmann, *Die Abgehobenen, Wie die Eliten die Demokratie gefährden*, Frankfurt 2018.

145 Text nach der Tonaufnahme des Vortrags bei einer Veranstaltung des Verbands Sozialistischer Studenten in Wien am 6. April 1967. Theodor W. Adorno, *Vorträge 1949–1968*, Berlin 2019, S. 440–441.

146 Franz Walter, a. a. O., S. 130.

147 *New York Review of Books*, 17. Dezember 2009.

148 Norbert Leser, *Der Sturz des Adlers*, Wien 2008, S. 189.

149 Aus einem Gespräch mit mir im Jahr 2007. Vgl. auch Trautl Brandstallers äußerst kritischen Aufsatz »Quo vadis SPÖ?« in der *Europäischen Rundschau*, 2/2004.

150 Anneliese Rohrer, *Charakterfehler – Die Österreicher und ihre Politiker*, Wien 2005, S. 188–189.

151 Michael Häupl, in Zusammenarbeit mit Herbert Lackner, *Freundschaft*, Wien 2022, S. 106–107.

152 Ebd., S. 136–138. Bei einem Moskau-Besuch während seiner Zeit als Vizepräsident der Sozialistischen Jugendinternationale küsste Gusenbauer, von Kameras dokumentiert, den Boden der damaligen Sowjetunion – nach eigener Aussage wollte er damit Papst Johannes Paul II. karikieren. Eine von Gusenbauers Mutter im Wahlkampf 2006 erzählte Anekdote besagt, er habe schon als Kind im Sandkasten Bundeskanzler werden wollen, was ihm von politischen Gegnern den Beinamen »Sandkastenkanzler« eintrug.

153 Andreas Koller, »Alfred Gusenbauer zum 60er«, *Salzburger Nachrichten*, 8. Februar 2020.

154 Vgl. unter anderen *profil*, 6. März 2018, *Der Standard* 27. Juli 2018, 21. September 2018, 7. November 2019, 3. September 2021.

155 Vgl. *trend* 25/2015 und *trend* 14. Juli 2021.

156 Georg Büchner, *Werke und Briefe, Münchner Ausgabe*, München 1988.

157 *profil*, 3. September 2021.

158 Interview mit mir, geführt am 13. April 2021.

159 *profil*, 28. Juni 2008.

160 Vgl. *Der Spiegel*, 19. September 2008; *Die Zeit*, 41/2008; *Süddeutsche Zeitung*, 8. Oktober 2008.

161 Franz Vranitzky, *Politische Erinnerungen*, Wien 2004, S. 429.

162 Michael Häupl, a. a. O., S. 142–150.

163 Ebd., S. 163.

164 *Die Zeit*, 7. Juli 2008.

165 Die Zitate stammen aus Interviews der Zitierten mit mir und, die letzten beiden, aus: Oliver Rathkolb, a. a. O., S. 226–228.

166 Oliver Rathkolb, ebd.

167 Michael Häupl, a. a. O., S. 162.

168 Er hat das in einem Interview, *Kurier*, 6. August 2017, so formuliert: »Ich hatte das große Glück, dass mein bester Freund mein Chef war.«

169 Michael Häupl, a. a. O., S. 193.
170 Gespräch mit mir, geführt am 28. April 2021.
171 Über diese Informationen und die diesbezüglichen Nachforschungen des Innen- und des Finanzministeriums vgl. auch *Der Standard*, 4. Februar 2022.
172 ZiB 2, 21. Oktober 2021.
173 Vgl. die ORF-Sendung *Im Zentrum* am 30. Januar 2022.
174 Michael Häupl, a. a. O., S. 193–195.
175 Gespräch mit mir, geführt am 5. Oktober 2021.
176 Herbert Braunsteiner, »Ich durchschwamm die Enns«, *Österreichische Monatshefte* 5/1960. Vgl. für sein abenteuerliches Leben: Edwin Knapp/Herbert Braunsteiner, *Ein erfülltes Leben als leidenschaftlicher Österreicher, großer Arzt, Wissenschaftler und Klinikvorstand*, Innsbruck 2014.
177 Siehe Robert Kriechbaumer/Franz Schausberger (Hg.), *Volkspartei – Anspruch und Realität, Zur Geschichte der ÖVP seit 1945*, Wien 1995, S. 24–26.
178 Ernst Trost, *Figl von Österreich*, Wien 1972, S. 49.
179 Ebd., S. 349.
180 Vgl. für eine ausführliche Würdigung Paul Lendvai, *Mein Österreich*, a. a. O., »Der Reformer Josef Klaus«, S. 95–109.
181 Robert Kriechbaumer/Franz Schausberger (Hg.), a. a. O., S. 71.
182 Kriechbaumer/Schausberger, ebd., S. 64.
183 *Kleine Zeitung*, 19. Januar 1978.
184 Alois Mock Institut für Zukunftsfragen (Hg.), *Alois Mock, Visionen im Spiegel der Zeit*, St. Pölten 2014, S. 57.
185 Martin Eichtinger/Helmut Wohnout, *Alois Mock: Ein Politiker schreibt Geschichte*, Wien 2008, S. 264.
186 *Salzburger Nachrichten*, 24. Mai 1989.
187 *profil*, 10. August 1992.
188 Peter Michael Lingens, »Das Märchen von der Mitschuld Mocks«, *Der Standard*, 16. August 1995.
189 Vgl. für eine detaillierte Beschreibung der ost- und südosteuropäischen Aktivitäten Alois Mocks Martin Eichtinger/Helmut Wohnout, a. a. O., S. 159–259.
190 Martin Eichtinger unter Berufung auf eine APA-Meldung vom 5. August 1989 in seiner Biografie *Alois Mock – Ein Politiker schreibt Geschichte*, a. a. O., S. 194.

191 Vgl. David Wise, »The Felix Bloch Affair«, *The New York Times*, 13. Mai 1990. Siehe auch *Der Spiegel*, 34/1989, sowie »The Felix Bloch affair – An unsolved case of cold war espionage«, *Association for Diplomatic Studies & Training*, 6. September 2019.

192 In: Kriechbaumer/Schausberger, a.a.O., S. 75.

193 Friedrich Nietzsche, *Menschliches, Allzumenschliches*, nach dem Text der 2. Auflage 1886, München 1994, S. 270.

194 Paul Lendvai, *Mein verspieltes Land – Ungarn im Umbruch*, Salzburg 2010. Das Buch erschien auch in Ungarn, der Slowakei, England und den USA. Für Auszüge aus Buseks Stellungnahme vgl. Paul Lendvai, *Leben eines Grenzgängers*, Wien 2013, S. 246.

195 Siehe Kriechbaumer/Schausberger, a.a.O., S. 86–90.

196 Feststellungen der politischen Analytiker Fritz Plasser und Peter A. Ulram, zitiert in ebd., S. 90.

197 Ebd., S. 93–94.

198 Vgl. Wolfgang Schüssel, *Offengelegt*, aufgezeichnet von Alexander Purger, Salzburg 2009, S. 78–79.

199 Vgl. Paul Lendvai, *Mein Österreich*, a.a.O., S. 241–275.

200 Interview mit Rudolf Burger, 14. Mai 2007.

201 Paul Lendvai, *Mein Österreich*, a.a.O., S. 259–260, und *Der Standard*, 26. Januar 2001.

202 Paul Lendvai, »Das Phänomen Wolfgang Schüssel«, in *Neue Zürcher Zeitung*, 30. November 2002.

203 Ebd.

204 Oliver Rathkolb, *Die paradoxe Republik*, a.a.O., S. 223.

205 Dies erzählte mir Wolfgang Schüssel in Gesprächen am 9. April 2021 und 15. Februar 2022.

206 *Die Presse*, 15. Juni 2012, *Der Standard*, 11. Juni 2012.

207 Für die gegensätzlichen Darstellungen vgl. *Kurier* 31. Mai und 9. Juni 2020. Die Fidesz zog im März 2021 aus der EVP-Fraktion im Europaparlament aus, um einem möglichen Ausschluss zuvorzukommen.

208 Abgesehen von den aufgezählten Funktionen hat Wolfgang Schüssel auch mehrere Bücher veröffentlicht, mit geistreichen Kommentaren zur Politik und Gesellschaft, illustriert mit seinen Zeichnungen.

209 Wolfgang Schüssel, *Offengelegt*, a.a.O., S. 273–277.

210 Ebd.
211 Gespräch Wilhelm Molterers mit mir am 23. Juni 2021.
212 Laurence J. Peter / Raymond Hull, *Das Peter Prinzip oder die Hierarchie der Unfähigen*, Reinbek 1970.
213 Gespräch mit mir am 9. April 2021.
214 *Der Standard*, 28. August 2012.
215 *profil*, 19. August 2013.
216 *Tagesanzeiger*, 14. März 2014.
217 *Süddeutsche Zeitung*, 18. September 2015.
218 *Die Presse*, 2. Oktober 2015, *profil*, 5. Oktober 2015.
219 Gespräch mit mir am 25. Mai 2021.
220 Reinhold Mitterlehner, *Haltung – Flagge zeigen in Leben und Politik*, Salzburg 2019.
221 Christoph Scheuermann, »Nennt mich Sebastian«, *Der Spiegel*, 36 / 2014.
222 *Die Presse*, 3. Dezember 2021.
223 Nina Horaczek / Barbara Tóth, *Sebastian Kurz – Österreichs neues Wunderkind?*, Wien 2017; Paul Ronzheimer, *Sebastian Kurz, Die Biografie*, Freiburg i. Br. 2018; Judith Grohmann, *Sebastian Kurz, Die offizielle Biografie*, München 2019; Thomas W. Albrecht, *Die Rhetorik des Sebastian Kurz*, Wien 2019; Klaus Knittelfelder, *Inside Türkis – Die neuen Netzwerke der Macht*, Wien 2020; Helmut Brandstätter, *Kurz & Kickl, Ihr Spiel mit Macht und Angst*, Wien 2019; Peter Pilz, *Kurz – Ein Regime*, Wien 2021.
224 Alle Zitate aus Robert Misik, *Herrschaft der Niedertracht*, Wien 2019, S. 45–47.
225 *Die Zeit*, 25. Oktober 2012.
226 Klaus Knittelfelder, *Inside Türkis – Die neuen Netzwerke der Macht*, a. a. O., S. 21–33.
227 Gespräch mit mir am 26. Mai 2021.
228 *Der Spiegel*, 36 / 2014.
229 Klaus Knittelfelder, *Inside Türkis*, a. a. O., S. 52.
230 *Die Zeit*, 6. Oktober 2016.
231 *Die Welt*, 13. Januar 2016.
232 *Die Presse*, 24. März 2017.
233 Vgl. Michael Gehler, *Tiroler Tageszeitung*, 8. August 2021, und *International*, 1 / 2022.

234 Ebd.
235 *Falter*, 19. September 2017; siehe auch Peter Pilz, *Kurz, ein Regime*, a. a. O., S. 43–52.
236 Die Partei JETZT, Liste Peter Pilz, gewann 2017 acht Sitze; 2019 schaffte sie den Einzug in den Nationalrat nicht mehr.
237 Manfred Matzka, *Hofräte, Einflüsterer, Spin-Doktoren – 300 Jahre graue Eminenzen am Ballhausplatz*, Wien 2020, S. 242–246.
238 *New York Review of Books*, 10. Februar 2022; *Der Standard*, 1. Januar 2022; *News* 3 / 2022.
239 Robert Misik, *Herrschaft der Niedertracht*, a. a. O., S. 33.
240 Klaus Knittelfelder, *Inside Türkis*, a. a. O., S. 15–16.
241 Ebd., S. 109–110.
242 Ebd., S. 221–224.
243 Alle Details sind dem in *News Spezial*, »Die Akte Kurz«, vom 12. Oktober 2021 veröffentlichten Wortlaut der Anzeige der WKStA, ferner dem *Falter* 41 / 21 entnommen.
244 FAZ, 30. August 2021.
245 Thomas Stangl, »Macht der Leere«, *Die Zeit*, 43 / 17. Abdruck mit freundlicher Genehmigung des Autors.
246 *Der Standard*, 22. Oktober 2000.
247 Für die meisten Details der Biografie siehe Herwig G. Höller, »Alexander Van der Bellen: Ein Flüchtlingskind«, in *Die Zeit*, 23. März 2016. Vgl. auch Alexander Van der Bellen, *Die Kunst der Freiheit*, Wien 2015, und Christian Neuwirth, *Alexander Van der Bellen, Ansichten und Absichten*, Wien 2001.
248 Robert Kriechbaumer, *Nur ein Zwischenspiel(?) – Die Geschichte der Grünen in Österreich; Von den Anfängen bis 2017*, Wien 2018, S. 147–345.
249 Ebd., S. 247.
250 *Süddeutsche Zeitung*, 26. Januar 2017.
251 Zitate aus der *Parlamentskorrespondenz* Nr. 60, 26. Januar 2017.
252 Gespräch mit mir am 27. April 2022.
253 Details aus der *Zeit*, 16. Januar 2020, dem *Standard*, 20. Januar 2020, *News* 4 / 2020 und meinem Interview, 20. November 2021.
254 Vgl. *Die Zeit*, ebd.
255 Bundessprecherin Ingrid Felipe und Spitzenkandidatin Ulrike Lunacek traten nach der Wahlniederlage im Oktober 2017 zurück.
256 Unter anderen *Vorarlberger Tageszeitung*, 21. Oktober 2017.

257 Robert Kriechbaumer, a. a. O.
258 Gespräch mit mir am 5. April 2022.
259 Interview im *Spiegel*, 28. Februar 2022.
260 Siehe auch Ö1-*Mittagsjournal, Im Journal zu Gast*, 16. Oktober 2021.
261 *Der Standard*, 8. April 2022.
262 Moritz Csáky, *Das Gedächtnis Zentraleuropas*, Wien 2019.
263 Ebd.
264 Ebd.
265 Anton Pelinka, *Nach der Windstille*, Wien 2009.
266 Vgl. für seine Erklärung *Der Standard*, 20. November 2012.
267 Vgl. *Der Standard*, 15. April 2004.
268 *profil*, 30. September 2013.
269 Siehe Paul Lendvai, *Die verspielte Welt, Begegnungen und Erinnerungen*, Salzburg 2019, S. 91–97.
270 Zitiert nach Moritz Csáky, a. a. O., S. 141.
271 Heinz Faßmann / Rainer Münz, »Aufnahmefähig, aber noch nicht aufnahmebereit«, in *Die Presse*, 15. Juni 1991.
272 Vgl. *Der Standard*, 14. Dezember 2016.
273 Alle Statistiken aus der Publikation *Bundesländer, Daten, Zahlen und Fakten zu Migration und Integration 2021* des Österreichischen Integrationsfonds (ÖIF), Wien 2021.
274 Statista, *Bewertung von Zuwanderungsgruppen in Österreich*, Umfrage im Oktober 2018.
275 Statista, *Bewertung der Integration von Ausländergruppen in Österreich*, Umfrage im August 2019.
276 Statista, *Bewertung des Zusammenlebens von Österreichern und Zuwanderern 2021*, Umfrage im August 2021.
277 *Die Presse*, 28. September 2021.
278 Heinz Faßmann / Rainer Münz, a. a. O.
279 Bertolt Brecht, »Flüchtlingsgespräche«, in: ders., *Werke. Große kommentierte Berliner und Frankfurter Ausgabe*, Band 18: Prosa 3. © Bertolt-Brecht-Erben / Suhrkamp Verlag 1995. Der Abdruck des Zitats erfolgt mit freundlicher Genehmigung des Suhrkamp Verlags.
280 Ilija Trojanow, *Nach der Flucht*, Frankfurt 2017, S. 11–12.
281 Ebd., S. 102.
282 Vgl. das Kapitel »Österreich: Immer wieder ›unter Beobachtung‹«.

283 Pressekonferenz am 14. Dezember 2021; *Sora News*, 14. Dezember 2021.

284 Oliver Rathkolb, a. a. O., S. 436.

285 Peter Pelinka, *Wolfgang Schüssel, Eine politische Biografie*, Wien 2003, S. 158.

286 *Kurier*, 8. März 2022.

287 Vgl. Paul Lendvai, *Der Ungarnaufstand 1956 – Eine Revolution und ihre Folgen*, München 2006, S. 223–225.

288 Siehe auch Helmut Wohnout, »Weltanschaulich nie neutral«, *Die Furche*, 21. April 2022.

289 Siehe *Falter* 10/22, 9. März 2022.

290 Da China weit weg und ein komplexer Sonderfall ist, wird das Regime von Xi Jinping hier nicht behandelt.

291 *Kurier*, 28. September 2014.

292 *Semiosis*, »Die SPÖ in bester russischer Gesellschaft«, 2. Mai 2019.

293 Ebd. und *Kurier*, 2. Juni 2017.

294 *Salzburger Nachrichten*, 22. Februar 2022.

295 ORF *Im Zentrum*, 23. Januar 2022.

296 *profil*, 5. März 2022.

297 Unter anderen *Kleine Zeitung*, 27. März 2018.

298 *profil*, 5. März 2022.

299 *trend*, 2. Oktober 2018.

300 *Kurier*, 9. März 2022.

301 *Kurier*, 25. März 2022.

302 Zitate aus *Der Standard*, 24. März 2022 und 26. März 2022, sowie *Die Presse*, 23. März 2022.

303 *Falter*, 20. Dezember 2021, *News*, 20. Dezember 2021, *profil*, 22. Dezember 2021, *Zackzack*, 15. Januar 2022.

304 *profil*, ebd.

305 *Der Standard*, 19. Juni 2014.

306 *trend*, 6. Februar 2014.

307 *Die Presse*, 23. April 2022.

308 *News*, 17/13.

309 *Kleine Zeitung*, 5. Mai 2019.

310 Heinrich Pecina ist Gründer und Seniorpartner der Vienna Capital Partners. »Er wurde im Hypo-Prozess der Untreue schuldig gesprochen und des Betrugs schuldig erkannt. Pecina gestand und

zahlte drei Millionen Euro Wiedergutmachung. Er erhielt 22 Monate Haft bedingt und eine Geldstrafe in Höhe von 288.000 Euro. Der Investmentbanker nahm das Urteil an.« *Wiener Zeitung*, 22. November 2017.

311 FAZ, 11. Oktober 2021, vgl. auch *Kurier*, 8. November 2019: »Kurz kritisiert westliche Arroganz gegenüber Osteuropäern«.

312 *Der Standard*, 5. September 2021.

313 *Der Standard*, 11. Dezember 2021.

314 *Falter*, 49/21.

315 Diese Schätzungen stammen zum Teil aus parlamentarischen Anfragebeantwortungen bzw. aus Recherchen der Neos.

316 Manfred Matzka, *Hofräte, Einflüsterer, Spin-Doktoren – 300 Jahre graue Eminenzen am Ballhausplatz*, Wien 2020.

317 FAZ, 20. Dezember 2021.

318 *Die Zeit*, 26. Mai 2011.

319 APA, 9. Februar 2015.

320 Thomas Schmid war Alleinvorstand der Staatsholding ÖBAG mit einem Bilanzvolumen von 27 Milliarden Euro. Laut *Der Standard*, 8. September 2021, verdiente er selbst 2020 411.000 Euro, ohne Zulagen. Diese betrugen für neun Monate zusätzlich 148.600 Euro. Für seine und andere Chats siehe das glänzende Buch von Florian Scheuba, *Wenn das in die Hose geht, sind wir hin – Chats, Macht und Korruption. Eine Spurensuche*, Wien 2022.

321 *Falter*, 17/22.

322 *Europäische Rundschau*, 2/1977.

323 Heinrich Oberreuter, *Parteien zwischen Nestwärme und Funktionskälte*, Zürich 1983, S. 123.

324 Bertolt Brecht, *An die Nachgeborenen.*

325 *Kurier*, »Es reicht!«, 1. Juni 2022.

326 Norbert Leser, *»… auf halben Wegen und zu halber Tat …«*, Wien 2000, S. 148–149.

327 Hannes Androsch (in Zusammenarbeit mit Bernhard Ecker), *Was jetzt zu tun ist*, Wien 2022, S. 96–97.

328 *profil*, 21. Mai 2022.

LITERATUR

Adorno, Theodor W.: *Vorträge 1949–1968*, Berlin 2019.

Aichholzer, J. / Friesl, Ch. / Hajdinjak, S. / Kritzinger, S. (Hrsg.): *Quo vadis, Österreich*, Wien 2019.

Albrecht, Thomas W.: *Die Rhetorik des Sebastian Kurz*, Berlin 2019.

Andics, Hellmut: *Der Staat, den keiner wollte*, Wien 1968.

Andics, Hellmut: *Die Insel der Seligen*, Wien 1968.

Androsch, Hannes (in Zusammenarbeit mit Bernhard Ecker): *Was jetzt zu tun ist*, Wien 2022.

Androsch, Hannes / Fischer, Heinz / Maderthaner, Wolfgang (Hrsg.): *Österreichische Sozialdemokratie seit 1889*, Wien 2020.

Androsch, Hannes / Pelinka, Peter (Hrsg.): *Zukunft – Perspektiven einer neuen Welt*, Wien 2018.

Androsch, Hannes: *Warum Österreich so ist, wie es ist*, Wien 2003.

Androsch, Hannes: *Was jetzt zu tun ist*, Wien 2020.

Auenhammer, Gregor: *Nicht auf die Größe kommt es an*, Wien 2013.

Axmann, David: *Friedrich Torberg*, München 2008.

Bacher, Gerd / Schwarzenberg, Karl / Taus, Josef (Hrsg.): *Standort Österreich*, Graz 1990.

Barea, Ilsa: *Vienna*, London 1966.

Becher, Peter (Hrsg.): *Kakanische Kontexte*, Salzburg 2014.

Beller, Steven: *Was nicht im Baedeker steht*, Wien 2008.

Berlin, Isaiah / Jahanbegloo, Ramin: *Den Ideen die Stimme zurückgeben*, Frankfurt 1994.

Bischof, Günter / Pelinka, Anton (Hrsg.): *The Kreisky Era in Austria*, London 1994.

Böhmer, Peter / Faber, Ronald: *Die Erben des Kaisers*, Wien 2004.

Bollmann, Ralph: *Angela Merkel*, München 2021.

Braendle, Christoph (Hrsg.): *Österreich ist schön, oder?*, Wien 2011.

Brandstaller, Trautl / Busek, Erhard: *Republik im Umbruch*, Wien 2016.
Brandstätter, Helmut: *Kurz & Kickl*, Wien 2019.
Brandstätter, Helmut: *Letzter Weckruf für Europa*, Wien 2020.
Brecht, Bertolt: »Flüchtlingsgespräche«, in: ders., *Werke. Große kommentierte Berliner und Frankfurter Ausgabe*, Band 18: Prosa 3. © Bertolt-Brecht-Erben / Suhrkamp Verlag 1995.
Bronsen, David: *Joseph Roth, Eine Biographie*, Köln 1974.
Brook-Shepherd, Gordon: *Österreich*, Wien 1988.
Brousek, Karl M.: *Wien und seine Tschechen*, München 1980.
Bruckmüller, Ernst / Diem, Peter: *Das Österreichische Nationalbewusstsein*, Wien 2020.
Bruckmüller, Ernst: *Nation Österreich*, Wien 1996.
Brusatti, Alois / Heindl, Gottfried (Hrsg.): *Julius Raab*, Wien 1986.
Bude, Heinz: *Solidarität*, München 2019.
Burger, Rudolf: *Ptolemäische Vermutungen*, Lüneburg 2001.
Burger, Rudolf: *Re-Theologisierung der Politik?*, Lüneburg 2005.
Busek, Erhard / Bećirović, Muamer: *Heimat*, Wien 2020.
Charim, Isolde / Rabinovici, Doron (Hrsg.): *Österreich – Berichte aus Quarantanien*, Frankfurt 2000.
Csáky, Moritz: *Das Gedächtnis Zentraleuropas*, Wien 2019.
Czernin, Hubertus (Hrsg.): *Wofür ich mich meinetwegen entschuldige – Haider, beim Wort genommen*, Wien 2000.
Eichtinger, Martin / Wohnout, Helmut: *Alois Mock – Ein Politiker schreibt Geschichte*, Wien 2008.
Eizenstat, Stuart E.: *Unvollkommene Gerechtigkeit*, München 2003.
Enderle-Burcel, Gertrude / Reiter-Zatloukal, Ilse (Hrsg.): *Antisemitismus in Österreich 1933–1938*, Wien 2018.
Enzensberger, Hans Magnus: *Versuche über den Unfrieden*, Berlin 2015.
Fischer, Heinz (Hrsg.): *100 Jahre Republik*, Wien 2018.
Fischer, Heinz: *Die Kreisky-Jahre 1967–1983*, Wien 1993.
Fischer, Heinz: *Eine Wortmeldung*, Salzburg 2016.
Fischer, Heinz: *Reflexionen*, Wien 1998.
Fischer, Heinz: *Spaziergang durch die Jahrzehnte*, Salzburg 2018.
Fischer, Heinz: *Überzeugungen*, Wien 2006.
Fischer, Heinz: *Wende-Zeiten*, Wien 2003.
Fleischhacker, Michael: *Politiker-Beschimpfung*, Salzburg 2008.
Föderl-Schmid, Alexandra: *Journalisten müssen supersauber sein*, Wien 2013.

Friedländer, Otto: *Letzter Glanz der Märchenstadt*, Wien 1975.
Gräser, Marcus/Rupnow, Dirk (Hrsg.): *Österreichische Zeitgeschichte*, Wien 2021.
Grohmann, Judith: *Sebastian Kurz*, München 2019.
Hackl, Erich (Hrsg.): *Wien, Wien allein*, Darmstadt 1987.
Hamann, Brigitte: *Hitlers Wien*, München 1996.
Hamann, Brigitte: *Österreich*, München 2009.
Hannak, Jacques: *Karl Renner und seine Zeit. Versuch einer Biografie*, Wien 1965.
Hannis, Ernst: *Der lange Schatten des Staates*, Wien 1994.
Hartmann, Michael: *Die Abgehobenen, Wie die Eliten die Demokratie gefährden*, Frankfurt 2018.
Haslinger, Josef: *Politik der Gefühle*, Darmstadt 1987.
Häupl, Michael, in Zusammenarbeit mit Herbert Lackner: *Freundschaft*, Wien 2022.
Hayes, Peter: *Warum? Eine Geschichte des Holocaust*, Frankfurt 2017.
Heer, Friedrich: *Der Glaube des Adolf Hitler*, München 1968.
Heer, Friedrich: *Der Kampf um die österreichische Identität*, Wien 1981.
Heindl, Waltraud: *Josephinische Mandarine*, Wien 2013.
Hinteregger, Gerald: *Im Auftrag Österreichs*, Wien 2008.
Hofer, Thomas/Tóth, Barbara: *Wahl 2019*, Salzburg 2019.
Horaczek, Nina/Tóth Barbara: *Sebastian Kurz*, Salzburg 2017.
Huber, Andreas/ Erker, Linda/Taschwer, Klaus: *Der Deutsche Klub – Austro-Nazis in der Hofburg*, Wien 2021.
Johnston, William M.: *Österreichische Kultur- und Geistesgeschichte*, Wien 2006.
Johnston, William M.: *Visionen der langen Dauer Österreichs*, Wien 2009.
Jung, Jochen (Hrsg.): *Glückliches Österreich*, Salzburg 1978.
Jung, Jochen (Hrsg.): *Vom Reich zu Österreich*, Salzburg 1983.
Judt, Tony: *Geschichte Europas von 1945 bis zur Gegenwart*, München 2006.
Kastner, Heidi: *Dummheit*, Wien 2021.
Kirchschläger, Rudolf: *Ins Heute gesprochen*, Wien 2015.
Klaus, Josef: *Macht und Ohnmacht in Österreich*, Wien 1971.
Knapp, Edwin/Braunsteiner, Herbert: *Ein erfülltes Leben als leidenschaftlicher Österreicher, großer Arzt, Wissenschaftler und Klinikvorstand*, Innsbruck 2014.

Knapp, Radek: *Von Zeitlupensymphonien und Marzipantragödien*, Wien 2020.
Knaus, Gerald: *Welche Grenzen brauchen wir?*, München 2020.
Knight, Robert (Hrsg.): *»Ich bin dafür, die Sache in die Länge zu ziehen«*, Frankfurt 1988.
Knittelfelder, Klaus: *Inside Türkis*, Wien 2020.
Koelbl, Herlinde: *Jüdische Portraits*, Frankfurt 1989.
Kopeinig, Margaretha: *Franz Vranitzky*, Wien 2021.
Korom, Philipp: *Die Wirtschaftseliten Österreichs*, Konstanz 2013.
Krawagna-Pfeifer, Katharina / Thurnher, Armin: *Die Wege entstehen im Gehen*, Wien 2008.
Kreisky, Bruno: *Der Mensch im Mittelpunkt*, Wien 1996.
Kreisky, Bruno: *Im Strom der Politik*, Wien 1988.
Kreisky, Bruno: *Reden*, Band I und II, Wien 1981.
Kreisky, Bruno: *Seine Zeit und mehr*, Wien 1998.
Kreisky, Bruno: *Zwischen den Zeiten*, Wien 1986.
Kriechbaumer, Robert: *Nur ein Zwischenspiel (?)*, Wien 2018.
Kriechbaumer, Robert / Schausberger, Franz (Hg.): *Volkspartei – Anspruch und Realität, Zur Geschichte der ÖVP seit 1945*, Wien 1995.
Kropiunigg, Rafael: *Eine österreichische Affäre*, Wien 2015.
Kunz, Johannes: *Erinnerungen*, 3 Bände, Wien 1989–1994.
Lackner, Herbert: *Rückkehr in die fremde Heimat*, Wien 2021.
Lappin-Eppel, Eleonore: *Ungarisch-Jüdische Zwangsarbeiter und Zwangsarbeiterinnen in Österreich 1944/45*, Wien 2010.
Lendvai, Paul: *Auf schwarzen Listen*, Wien 2004.
Lendvai, Paul: *Der Ungarnaufstand 1956 – Eine Revolution und ihre Folgen*, München 2006.
Lendvai, Paul: *Die verspielte Welt, Begegnungen und Erinnerungen*, Salzburg 2019.
Lendvai, Paul: *Mein Österreich*, Salzburg 2007.
Lendvai, Paul: *Mein verspieltes Land – Ungarn im Umbruch*, Salzburg 2010.
Lendvai, Paul / Ritschel, Karl Heinz: *Kreisky – Porträt eines Staatsmannes*, Wien 1972.
Leser, Norbert: *»… auf halben Wegen und zu halber Tat …«*, Wien 2000.
Leser, Norbert: *Der Sturz des Adlers*, Wien 2008.
Leser, Norbert: *Salz der Gesellschaft*, Wien 1988.

Leser, Norbert: *Skurrile Begegnungen*, Wien 2011.
Levitsky, Steven / Ziblatt, Daniel: *Wie Demokratien sterben*, München 2018.
Longerich, Peter: *Hitler, Biographie*, München 2015.
Lothar, Ernst: *Das Wunder des Überlebens*, 2. Aufl., Wien 2020.
Maier, Ferry / Ortner, Julia: *Willkommen in Österreich*, Innsbruck 2017.
Malinowski, Stephan: *Die Hohenzollern und die Nazis, Geschichte einer Kollaboration*, Berlin 2021.
Matzka, Manfred: *Hofräte, Einflüsterer, Spin-Doktoren*, Wien 2020.
Menasse, Peter / Wagner, Wolfgang (Hrsg.): *Vom Kommen und Gehen: Burgenland*, Wien 2021.
Menasse, Robert: *Das Land ohne Eigenschaften*, Wien 1992.
Menasse, Robert: *Dummheit ist machbar*, Wien 1999.
Mesner, Maria (Hrsg.): *Entnazifizierung zwischen politischem Anspruch, Parteienkonkurrenz und Kaltem Krieg*, München 2005.
Mielke, Gerd / Ruhose, Fedor: *Zwischen Selbstaufgabe und Selbstfindung*, Bonn 2021.
Misik, Robert: *Christian Kern*, Salzburg 2017.
Misik, Robert: *Die falschen Freunde der einfachen Leute*, Berlin 2019.
Misik, Robert: *Herrschaft der Niedertracht*, Wien 2019.
Mitchell, A. Wess: *The Grand Strategy of the Habsburg Empire*, New Jersey 2018.
Mitterlehner, Reinhold: *Haltung*, Salzburg 2019.
Mock, Alois: *Visionen im Spiegel der Zeit*, St. Pölten 2014.
Müller, Jan-Werner: *Freiheit, Gleichheit, Ungewissheit*, Berlin 2021.
Nachtwey, Oliver: *Die Abstiegsgesellschaft*, Berlin 2016.
Nasko, Siegfried: *Karl Renner*, Wien / Salzburg 2016.
Neugebauer, Wolfgang / Schwarz, Peter: *Der Wille zum aufrechten Gang*, Wien 2005.
Neuwirth, Christian: *Alexander Van der Bellen*, Wien 2001.
Nietzsche, Friedrich: *Menschliches, Allzumenschliches*, nach dem Text der 2. Auflage 1886, München 1994.
Oberreuter, Heinrich: *Parteien zwischen Nestwärme und Funktionskälte*, Zürich 1973.
Pelinka, Anton: *Nach der Windstille*, Wien 2009.
Pelinka, Anton / Weinzierl, Erika (Hrsg.): *Das große Tabu*, Wien 1987.
Pelinka, Peter: *Österreichs Kanzler*, Wien 2000.

Pelinka, Peter: *Wolfgang Schüssel*, Wien 2003.
Peter, Laurence J./Hull, Raymond: *Das Peter Prinzip oder die Hierarchie der Unfähigen*, Reinbek 1970.
Petritsch, Wolfgang: *Bruno Kreisky*, Salzburg 2010.
Pfabigan, Alfred (Hrsg.): *Vision und Wirklichkeit*, Wien 1989.
Pick, Hella: *Und welche Rolle spielt Österreich?*, Wien 1999.
Pieper, Dietmar/Saltzwedel, Johannes (Hrsg.): *Die Welt der Habsburger*, München 2020.
Pilz, Peter: *Kurz, ein Regime*, Wien 2021.
Pisa, Karl: *1945 – Geburt der Zukunft*, Wien 2005.
Portisch, Hugo: *Aufregend war es immer*, Salzburg 2017.
Portisch, Hugo: *Österreich an der Schwelle zum 21. Jahrhundert*, Wien 2000.
Portisch, Hugo: *Österreich II*, Wien 1985.
Portisch, Hugo: *Was jetzt*, Salzburg 2011.
Rady, Martyn: *Die Habsburger*, Berlin 2021.
Rathkolb, Oliver: *Die paradoxe Republik*, Wien 2015.
Rauchensteiner, Manfried: *Unter Beobachtung*, Wien 2017/2021.
Rauscher, Hans (Hrsg.): *Das Buch Österreich*, Wien 2005.
Rauscher, Hans: *Vranitzky – eine Chance*, Wien 1987.
Rauscher, Hans: *Was gesagt werden muss*, Salzburg 2017.
Reimann, Viktor: *Die Dritte Kraft*, Wien 1980.
Reimann, Viktor: *Fünf ungewöhnliche Gespräche*, Wien 1991.
Reiter, Margit: *Die Ehemaligen, Der Nationalsozialismus und die Anfänge der FPÖ*, Göttingen 2019.
Riedl, Joachim: *Das Geniale, Das Gemeine*, München 1992.
Rohan, Albert: *Diplomat am Rande der Weltpolitik*, Wien 2002.
Rohrer, Anneliese: *Charakterfehler – Die Österreicher und ihre Politiker*, Wien 2005.
Rohrer, Anneliese: *Ende des Gehorsams*, Wien 2011.
Ronzheimer, Paul: *Sebastian Kurz*, Freiburg i. Br. 2018.
Rosecker, Michael: *Karl Renner*, Wien 2020.
Scharang, Michael (Hrsg.): *Geschichten aus der Geschichte Österreichs 1945–1983*, Darmstadt 1984.
Scharsach, Hans-Henning: *Stille Machtergreifung*, Wien 2017.
Schneider, Katharina: *1001 Gründe Österreich zu lieben*, Wien 2013.
Scheuba, Florian: *Wenn das in die Hose geht, sind wir hin*, Wien 2022.

Scholl, Susanne: *Schäm dich, Europa!*, Wien 2021.
Schuh, Franz: *Lachen und Sterben*, Wien 2021.
Schulmeister, Otto (Hrsg.): *Spectrum Austriae – Österreich in Geschichte und Gegenwart*, Wien 1980.
Schüssel, Wolfgang: *Offengelegt*, Salzburg 2009.
Schüssel, Wolfgang: *Was. Mut. Macht.*, Salzburg 2020.
Schwarzenberg, Johannes E.: *Erinnerungen und Gedanken eines Diplomaten im Zeitenwandel 1903–1978*, Wien 2013.
Seidel, Hans: *Österreichs Wirtschaft und Wirtschaftspolitik nach dem Zweiten Weltkrieg*, Wien 2005.
Serloth, Barbara: *Nach der Shoah*, Wien 2019.
Siebenhaar, Hans-Peter: *Österreich, Die zerrissene Republik*, Zürich 2017.
Sieder, Reinhard / Steiner, Heinz / Tálos, Emmerich (Hrsg.): *Österreich 1945–1995*, Wien 2005.
Sporrer, Maria / Steiner, Herbert (Hrsg.): *Rosa Jochmann – Zeitzeugin*, Wien 1983.
Stadler, Kurt R.: *Adolf Schärf*, Wien 1982.
Stanek, Eduard: *Verfolgt Verjagt Vertrieben*, Wien 1985.
Stiefel, Dieter: *Entnazifizierung in Österreich*, Wien 1981.
Stiegnitz, Peter: *Österreich aus der Nähe*, Wien 2006.
Stourzh, Gerald: *1945 und 1955: Schlüsseljahre der Zweiten Republik*, Innsbruck 2005.
Stourzh, Gerald: *Vom Reich zur Republik*, Wien 1990.
Strauß, Martin / Ströhle, Karl-Heinz (Hrsg.): *Sanktionen*, Innsbruck 2010.
Strelka, Joseph (Hrsg.): *Der Weg war schon das Ziel*, München 1978.
Thalberg, Hans J.: *Von der Kunst, Österreicher zu sein*, Wien 1984.
Thurnher, Armin: *Ach, Österreich*, Wien 2016.
Thurnher, Armin: *Das Trauma, ein Leben*, Wien 1999.
Thurnher, Armin: *Republik ohne Würde*, Wien 2013.
Tóth, Barbara: *Karl von Schwarzenberg*, Wien 2017.
Tóth, Barbara: *»Unterschätzen Sie nicht meine Boshaftigkeit«*, Salzburg 2011.
Trojanow, Ilija: *Nach der Flucht*, Frankfurt 2017.
Trost, Ernst: *Das tausendjährige Österreich*, Wien 1994.
Trost, Ernst: *Figl von Österreich*, Wien 1972.
Ulram, A. Peter / Tributsch, Svila: *Kleine Nation mit Eigenschaften*, Wien 2004.

Ultsch, Christian / Prior, Thomas / Nowak, Rainer: *Flucht*, Wien 2017.
Unterreiner, Katrin: *Habsburgs verschollene Schätze*, Wien 2020.
Urschitz, Josef: *Stillstand*, Wien 2017.
Van der Bellen, Alexander: *Die Kunst der Freiheit*, Wien 2015.
Vranitzky, Franz: *Politische Erinnerungen*, Wien 2004.
Wagner, Manfred (Hrsg.): *Im Brennpunkt: ein Österreich*, Wien 1976.
Walter, Franz: *Vorwärts oder abwärts?*, Berlin 2010, Neuaufl. 2021.
Wassermann, P. Heinz: *Naziland Österreich!?*, Innsbruck 2002.
Weidinger, Bernhard: *»Im nationalen Abwehrkampf der Grenzlanddeutschen«*, Wien 2015.
Weigel, Hans: *Flucht vor der Größe*, Graz 1978.
Weinrich, Harald: *Lethe, Kunst und Kritik des Vergessens*, München 1997.
Weinzierl, Erika / Skalnik, Kurt (Hrsg.): *Die Zweite Republik*, 2 Bände, Graz 1972.
Weinzierl, Ulrich: *Hofmannsthal*, Wien 2005.
Weinzierl, Ulrich (Hrsg.): *Lächelnd über seine Bestatter: Österreich*, München 1989.
Weinzierl, Ulrich (Hrsg.): *Österreichs Fall*, Wien 1987.
Wetz, Andreas: *Näher als erlaubt*, Wien 2021.
Wiesenthal, Simon: *Recht, nicht Rache*, Berlin 1988.
Zöchling, Christa: *Haider – Licht und Schatten einer Karriere*, Wien 1999.
Zöllner, Erich: *Der Österreichbegriff*, Wien 1988.
Zuckmayer, Carl: *Als wär's ein Stück von mir*, Frankfurt 1966.

NAMENSREGISTER